한국의 대북정책과 지자체의 역할

비정부주체 중심 대북전략 구상

이 도서의 국립중앙도서관 출판시도서목록(CIP)은 서지정보유통지원시스템 홈페이지(http://seoji.nl.go.kr)
와 국가자료공동목록시스템(http://www.nl.go.kr/kolisnet)에서 이용하실 수 있습니다.
(CIP제어번호: CIP2015026317)

한국의 대북정책과 지자체의 역할

GAME CHANGE

비정부주체 중심 대북전략 구상

최용환 지음 경기연구원 엮음

한울
아카데미

들어가며

    통일은 과거 남북한이 함께 살았던 어떤 상태로 되돌아가는 과정이 아니다. 안타까운 현실이지만 남북한이 하나였던 시절의 기억을 가지고 있는 사람은 이제 소수이다. 남북한 모두 분단 이후에 태어나 전혀 다른 체제에서 교육받고 자라난 사람들이 대부분이다. 통일은 과거로의 회귀가 아니라 미래의 어떤 상태를 만드는 것이고, 그것은 어쩌면 새로운 국가를 건설하는 과정이 될 것이다. 이는 서구적 의미에서 본다면 민족건설(Nation Building)과 국가건설(State Building)이 결합된 복합적인 과정이다.

    그런데 한국이 현재의 북한 체제를 수용할 수 있을까? 아마도 이는 거의 불가능한 과제일 것이다. 내부적으로 좀 더 다원적이고, 대외적으로 좀 더 개방적인 체제로의 변화가 없는 상태에서 통일은 사실상 불가능하다. 하지만 어떤 체제도 그것이 가지고 있는 근본 가치와 체제 성격이 변하는 데는 많은 시간이 필요하다. 체제 변화는 정권 교체와 완전히 다른 것이기 때문이다. 그렇다면 한국의 대북정책은 중·장기적인 것이 될 수밖에 없다.

    반면 남북 관계는 상호적이기 때문에 대북정책의 출발은 남북한 양자의 수용 가능성에서 출발할 수밖에 없다. 관계가 단절된 상태에서 내놓는 수많은 대북정책이 일견 공허하게 보이는 것은 이 때문이다. 그렇다면 한국에게 필요한 것은 단기적으로 실현 가능하고, 중·장기적으로 지속 가능한 대북

정책이다. 지나치게 가혹한 평가일지 모르지만 지금까지 한국에는 특정 정권의 대북정책은 있었지만 대한민국의 대북정책은 없었다. 대북정책을 둘러싼 갈등은 이른바 남남 갈등이라는 이름으로 지속되고 있고, 이러한 갈등 구조는 정권 교체에 따른 대북정책 기조의 변화로 이어지고 있다. 그렇다 보니 우리의 대북정책은 짧게는 5년의 수명을 가진 단기 정책이 되고 있다. 정권이 바뀔 때마다 새로운 대북정책을 표방하는 현실이 그것이다.

중앙정부 이외에 다른 주체가 참여하는 다층적·복합적인 대북정책이 필요하다는 것이 이 책의 핵심적 주장이다. 물론 남북 관계의 특성상 중앙정부가 이를 주도하는 것은 불가피한 측면이 있다. 하지만 북한 체제의 변화를 원한다면 남북 교류의 이슈와 범위를 더욱 심화·확대할 필요가 있다.

특히 한국 사회의 민주화 이후 사회 내부에는 다양한 행위 주체가 등장했다. 한국 사회의 대표적인 시민사회 단체들이 등장한 시기가 1987년 민주화 이후라는 사실이 이를 증명한다. 이러한 사회 내부의 변화는 남북 관계에서도 다양한 주체의 부상으로 이어졌다. 수많은 종교, 사회 단체, 기업까지 남북 교류의 중요한 주체가 되고 있다. 물론 새로운 주체의 등장이 중앙정부의 주도성 약화를 의미하는 것은 아니다. 그럼에도 여기에서 새로운 주체에 관심을 갖는 것은 정치적·군사적 변수에 민감한 중앙정부와 달리 민간이 가지고 있는 유연성에 주목하기 때문이다.

이 책에서 관심을 가지는 새로운 주체 중 하나는 지방자치단체(지자체)이다. 지자체는 반관반민의 성격을 가지고 있어서 중앙정부에 비해 정치적 변수로부터 상대적으로 자유로운 반면, 민간에 비해서는 월등한 사업 기획력과 재정력을 가지고 있다. 또한 지자체는 선거를 통해 국민의 판단을 받을 수밖에 없기 때문에 정치적 책임성을 가지고 있다.

물론 지자체가 중앙정부를 대신할 수 있다거나, 남북 교류의 다른 주체보다 월등한 핵심 주체라는 것은 아니다. 다만 2015년 현재 17개 광역 자치단체 모두 남북 교류 관련 조례를 가지고 있고, 그 가운데 상당수 지자체는 자체적으로 남북 교류 기금과 전담 조직이 있다는 사실에 주목했다. 이 책의 핵심 주장은 지자체를 포함해 좀 더 다양한 주체가 남북 교류에 참여함으로써 남북한의 접촉면을 확대하자는 것이다.

그간 남북 관계의 경색 국면이 지속되면 한국 정부는 국제기구나 NGO를 통한 우회적 수단을 찾았다. 국제기구나 NGO 등 외부 주체를 통한 교류도 필요하지만 남북 교류의 접촉면 확대를 통해 지속 가능한 남북 관계 구조를 만드는 것은 더 중요한 과제이다. 왜냐하면 결국 통일을 통해 함께 살아야 할 사람들은 남북 주민이 될 것이기 때문이다. 한국 정부는 아직까지 이른바 '질서 있는 대북정책' 기조를 유지하고 있다. 즉, 중앙정부가 주도하는 정책의 틀 속에서 다른 주체의 행동 범위와 방향을 조정하고 싶은 것이다. 하지만 시민사회가 군대와 같이 일사불란하게 움직이는 것은 가능하지 않을 뿐만 아니라 바람직하지도 않다. 한국 사회가 가지고 있는 다원주의적 장점을 살려 다양한 층위에서 남북한 접촉면을 확대하는 전략을 고려할 필요가 있다.

이 책의 핵심은 당국 간 관계 중심의 중앙정부 주도 대북정책에서 벗어나 다양한 주체가 동시에 참여하는 다층적·복합적인 남북 관계의 게임 전략에 있다. 이를 위해서는 한국 대북정책의 기조가 바뀌어야 하고, 그것이 지속 가능해야 할 것이다. 물론 이것은 매우 힘든 과제이다. 정권을 만드는 것이 결국 정당이라는 점에서, 일관된 대북정책에 대한 정당 간 합의가 전제되어야 한다는 점에서 더욱 그렇다. 하지만 이른바 '남남 갈등'도 극복하지 못한다면 '남북통일'을 논의하는 것은 거의 무의미한 일이 될 것이다.

통일은 단순히 정치체제와 영토를 하나로 만드는 것에 그치지 않는다. 통일이 언제, 어떤 형태로 진행될지는 알 수 없으나 통일의 완결은 결국 사람의 통일로만 이뤄질 수 있다. 문제는 영토, 체제, 사람의 통일이 순차적으로 이뤄지는 과제가 아니라는 점이다. 남북 교류가 확대되어야 하는 것은 이 때문이다. 그렇다고 이 책이 일방적인 대북 지원이나 무조건적 교류 확대를 주장하는 것은 아니다. 실제 대북정책은 그보다 훨씬 조심스럽고 전략적인 견지에서 추진할 필요가 있다. 그럼에도 접촉면의 확대를 주장하는 것은 남북 관계에서 한국의 전략적 융통성을 확대하고, 중·장기적으로 북한의 변화를 기대할 수 있는 방안을 다수 확보하기 위해서이다.

북한 정권의 붕괴를 북한 체제의 붕괴와 동일시하는 것은 오산이다. 민주주의의 역사적 경험이 없는 체제에서 정권의 붕괴는 쉽사리 또 다른 권위주의 정권으로 이행되는 것이 일반적인 역사적 경험이다. 아랍의 봄 이후 중동의 혼란이 이를 증명한다. 즉, 북한 정권의 붕괴가 당연히 통일로 이어지리라는 것은 희망 섞인 기대(wishful thinking)에 그칠 가능성이 높다. 특히 성장하는 강대국 중국이 북한의 붕괴를 원하지 않는 상황에서는 더욱 그렇다.

결국 통일은 북한 주민들이 스스로 한국과의 통일을 선택할 때 가능할 것이다. 따라서 한국 대북정책의 핵심 대상은 결국 북한 주민들이 되어야 할 것이고, 이를 위해서는 새로운 남북 관계 게임의 논리를 고민해야 할 때이다.

차례

제**1**장

서론

1. 연구 배경 및 목적

지금까지 한국에서 통일 정책 혹은 대북정책은 중앙정부의 배타적인 권한 사항이었다. 남북 관계는 국가 안보와 직결되는 것으로 간주되었고, 안보는 국가의 일차적인 관심 사안이었기 때문이다. 그런데 남북 관계에서 중앙정부 이외 행위자의 역할이 점차 증가하고 있다.

1998년 6월 16일 정주영 현대 그룹 명예 회장이 소떼를 이끌고 북한을 방문했다. 당시 정 회장은 어릴 적 자기 아버지의 소 한 마리 판 값 70원을 들고 무작정 상경했던 것을 회고하면서, 한 마리 소를 천 마리로 불려 그 빚을 갚으러 귀향하노라고 말했다. 정 회장과 현대의 대북 사업이 정부 정책과 무관하지는 않았지만, 이 사건은 개인과 기업이 남북 교류의 주요한 행위자로 등장하는 순간이었다.

1999년부터 제주도는 대북 감귤 지원 사업을 시작했다. 이 사업은 전국 지자체가 추진한 남북 교류 협력 사업의 효시가 되었다. 이후 전국 지자체들이 남북 교류에 참여했고 상당수 광역 및 기초 지자체들이 남북 협력 경험을 갖게 되었다. 그런데 왜 한반도 가장 남쪽에 위치한 제주도가 처음으로 남북 교류를 추진하게 되었을까? 지자체들 가운데 가장 적극적으로 남북 교류에 관심을 보인 지자체는 강원, 경기, 인천 등 남북한 접경 지역 지자체들이었다. 경기도는 가장 많은 자체 기금을 조성했고, 강원도는 최초로 전담기구를 설치했다. 이들은 왜 남북 교류에 적극적으로 나서는 것일까?

지자체들 외에도 수많은 종교 단체, 인도적 지원 단체 등 시민사회 단체들이 대북 교류에 나서고 있다. 이들은 때로 정부 정책과 다른 목소리를 내기도 한다. '국민의 정부' 이후 이른바 '남남 갈등'은 한국 사회의 심각한 사회 갈등 중 하나가 되고 있다. 분명한 것은 국가의 대북정책에 대한 시민사회의 의견 개진이 매우 적극적으로 이뤄지고 있다는 사실이다.

국가정책에 대한 시민사회의 의견 개진은 대북정책에서만 나타나는 것이 아니다. 민주화 이후 한국 사회는 모든 국가정책의 수립·집행·평가 과정에 다양한 이해관계자가 참여하고 있다. 정책의 대상이 되거나, 그 정책의 영향을 받는 사람들의 이해관계를 고려하지 않는 정책은 효율성이 감소할 뿐만 아니라, 때로는 정책 추진 자체가 불가능한 경우도 많다. 국가와 시민사회 관계를 둘러싼 수많은 논쟁이 있지만, 모든 이슈에서 다양한 주체의 등장과 참여가 거부할 수 없는 시대적 추세임을 부인할 수 없다.

물론 외교, 안보, 국방 등 특정 영역에서 일차적 행위 주체가 국가(혹은 중앙정부)라는 사실은 여전히 분명하다. 하지만 그것이 해당 영역에서 국가가 유일한 행위자임을 의미하지는 않는다. 외교 영역에서 공공 외교, 문화 외교, 지방 외교 등의 개념이 등장했고, 안보에서도 인간 안보, 환경 안보, 경제 안보 등의 용어가 낯설지 않다. 군대와 국방 분야에서도 민간군사기업(PMC: Private Military Company)이 광범위하게 활동하고 있다. 이제는 전쟁까지도 공권력이 독점하는 시대가 지났다.[1]

---

[1]   Peter W. Singer, *Corporate Warriors: The Rise of the Privatized Military Industry*(Itha-

이 책의 첫 번째 문제의식은 여기에서 출발한다. 즉, 중앙정부 이외의 행위자를 중심으로 대북전략을 구상할 수는 없을까 하는 점이다. 물론 중앙정부 이외의 행위자 증가가 당연히 중앙정부 역할의 감소를 의미하는 것은 아니다. 오히려 중앙정부가 고려해야 할 요소가 증가했을 뿐 중앙정부의 역할은 더 중요해졌다고 볼 수 있다. 그러나 남북 관계의 행위자 변화라는 현실을 반영한 대북정책이 필요하다는 점은 분명해 보인다.

만약 기업이 남북 교류 협력 사업을 추진한다면, 이것은 분명히 이윤을 전제로 할 것이다. 물론 남북 관계의 현실을 고려할 때 초기 단계에서 어느 정도의 인도적 지원 등이 불가피할 수 있다. 하지만 어떠한 경우에도 남북 교류가 기업의 장기적 이윤을 해친다면 이는 기업이 감당할 수 있는 사업이 될 수 없을 뿐 아니라, 이러한 사업을 기업이 추진하도록 기대할 수도 없다. 2015년 현재도 개성공단에는 120여 개의 기업이 입주해 있다. 이들의 경영 활동이야말로 기업과 관련된 남북 교류의 대표적인 사례라고 할 수 있을 것이다.

반면 인도적 지원, 종교 단체 들은 이윤을 추구하지 않기 때문에 단체의 설립 목적에 맞추어 대북 지원과 교류 협력을 추진하게 된다. 이들의 사업은 대부분 비정치적이고 인도적이기 때문에 남북 관계의 정치적 부침과 무관하게 지속적으로 추진할 수 있다. 실제로 남북 관계가 경색되어 어려운 국면에서도 NGO 중심으로 추진된 각종 사회·문화 교류 등은 명맥을 이어오기도 했다.

그렇다면 지자체는 어떤가? 지자체가 남북 교류에 나선 것은 불과 10여 년에 지나지 않는다. 지방자치 역사가 짧은 한국에서 지자체가 남북 교류를 추진하는 것은 일견 지자체의 업무 범위를 벗어나는 것으로 보일 수 있다.

---

ca: Cornell University Press, 2003) 등의 논의 참조.

따라서 많은 사람이 지자체의 남북 교류를 단체장의 정치적 의도로 해석하기도 한다. 물론 표를 의식할 수밖에 없는 선출직 단체장의 정책 결정에 정치적 고려가 전혀 없을 것이라는 생각은 순진한 발상이다. 하지만 모든 정책을 단체장의 정치적 이익으로만 판단하는 것도 무리한 해석이다. 그렇다면 지자체들이 남북 교류에 나서는 이유는 무엇일까?

이 질문에 대답하기 위해서는 몇 가지 사례를 생각해볼 필요가 있다.

말라리아는 1980년대 이후 한국 사회에서는 거의 사라진 질병이었다. 그런데 1990년대로 넘어오면서 인천과 경기 북부 등 서부 접경 지역을 중심으로 말라리아 환자가 늘었다. 그 결과 이 지역에 거주하는 사람들은 언제부터인가 말라리아 보균자로 취급되어 헌혈에 제한을 받았다. 대한적십자사가 운영하는 헌혈의 집을 방문하면 헌혈을 제한하는 지역을 찾을 수 있다. 인천, 김포, 파주, 연천, 철원 등 서부 접경 지역 지자체들이 그 대상이다.

말라리아의 발병 증가 원인은 여러 가지로 생각할 수 있다. 지구온난화로 인한 열대성 질병의 증가, 해외여행 증가로 인한 외부 유입 등이 그것이다. 말라리아의 발병 증가가 지구 온난화의 결과라면 이는 남부 지역부터 증가해야 마땅하다. 하지만 한국에서 말라리아는 북부 지역에서 집중적으로 발생한다. 또한 말라리아 발병 증가 원인이 해외여행 증가로 인한 외부 유입이라면 외국과의 교류가 많은 대도시에 환자가 많아야 한다. 하지만 발병률이 높은 서부 접경 지역은 특별히 국제화된 지역이 아니다. 오히려 개발이 덜 된 농촌 지역이 대부분이다. 그렇다면 이 지역에 말라리아 발병이 증가하는 원인은 무엇일까?

1990년대 이후 서부 접경 지역에서의 말라리아 발병 증가는 명백하게 북한의 보건·의료 체계 붕괴로 인한 것이다. 경제난으로 보건·의료 체계가 붕괴하자 북한 지역에 말라리아 환자가 증가하고, 이들의 피를 빤 모기들이 휴전선을 넘어 내려오면서 서부 접경 지역에 말라리아 환자가 증가한 것이다. 처음에는 군 장병을 중심으로 발병했으나, 이제는 지역 주민들까지 확산되고 있다. 그렇다면 서부 접경 지역의 말라리아 방역·방제는 국가의 사무인가, 아니면 지자체의 사무인가? 바꾸어 말해 서부 접경 지역 단체장이 남북한 말라리아 공동 방역·방제를 제안한다면 그것을 지자체장의 정치적 욕심으로만 해석해야 할까?

말라리아뿐 아니다. 바람을 타고 이동하는 솔잎혹파리와 같은 산림 병충해 역시 남북한의 공동 대처가 필요한 사안으로 특정 지역 주민들에게 직접 영향을 미치는 문제이다. 말라리아가 인구가 집중된 서부 접경의 평야 지대에서 증가했다면, 산림 병충해는 산림과 산지가 많은 동부 접경 지역에서 심각한 문제가 되고 있다. 실제로 인천, 경기, 강원 등 접경 지역 지자체들은 말라리아 및 산림 병충해 방역·방제 사업을 남북한 공동으로 추진한 바 있다. 남북한 접경 지역에서는 이처럼 다양한 초국경적 질병과 병충해 문제 등 공동 대응과 협력이 필요한 문제들이 산적해 있다.

북한강과 임진강은 북한에서 발원해 휴전선을 넘어 한국으로 흘러드는 대표적인 강줄기이다. 북한은 두 강에 공히 댐을 건설했다. 북한강에는 금강산댐을, 임진강에는 황강댐을 건설했다. 금강산댐과 황강댐 모두 유역 변경식 발전을 한다. 금강산댐은 북한강의 물을 동해로, 황강댐은 임진강의 물을 예성강으로 돌려서 발전을 한다. 이미 두 강의 상류 지역에서는 갈수기 수량 감소 현상이 발생하고 있다.

금강산댐 건설 당시 한국에서 북한의 수공(水攻)을 우려한 소동이 있었다. 그런데 두 댐이 모두 유역 변경식 발전을 하기 때문에 갈수기에 하류 지역에 물 부족이 발생할 수도 있다는 것은 의외로 별로 관심을 받지 못하고 있다.

그것을 수공이라 말하기는 쉽지 않지만, 예고 없는 수문 개방으로 하류 지역에 수해가 발생하기도 했다. 2009년 9월 6일 새벽, 북한이 사전 예보 없이 황강댐을 방류해 야영객 등 6명이 사망하는 사건이 발생했다. 이후 북한이 이 사건에 대해 유감을 표명했지만, 이 같은 문제는 언제든지 발생할 수 있는 사안이 되고 있다.

결국 한국은 한강에 평화의 댐을 건설한 것처럼 임진강에도 군남 홍수조절댐을 건설해 이 문제에 대응하고 있다. 두 댐 모두 오로지 한 가지 목적, 즉 북한의 무단 방류 및 댐 붕괴(혹은 수공)에 대비한 목적으로 건설되었다. 따라서 이 거대한 댐들은 평상시 항상 비워둘 수밖에 없다.

지형상 한국이 하류 지역이기 때문에 수해만 문제가 되는 것이 아니다. 앞서 언급한 것처럼 갈수기에 북한에서 수문을 닫고 물을 내려주지 않으면 하류 지역은 가뭄이 심각해질 수 있다. 중·장기적으로는 임진강, 한강 등 남북 공동 수계(水系)에서 물 문제는 심각한 사안이 될 가능성이 있다. 문제는 그 영향이 특정 지역에 집중되어 이 문제에 대한 중앙정부의 관심이 높지 않다는 사실이다.

접경 지역 지자체들이 남북 교류에 관심을 가지게 된 것은 이런 문제들 이외에 남북 관계의 변화에서도 그 계기를 찾을 수 있다. 분단으로 형성된 남북 접경 지역은 군사적 긴장이 높아 저개발된 지역이다. 그런데 2000년대 초반 남북 관계가 개선되면서 개성공단, 남북 도로·철도 연결, 금강산 관광과 같은 굵직한 사업들이 접경 지역에서 전개되었다. 이는 접경 지역 주민들에게 남북 관계 개선이 그동안의 저개발을 극복할 수 있는 기회로 인식되는 계기가 되었다. 이후 통일경제특구, DMZ 세계생태평화공원 등 정부 구상이 발표될 때마다 접경 지역 지자체들이 경쟁적으로 이를 유치하려고 노력하는 것도 이 같은 맥락에서 이해될 수 있다.

그렇다면 접경 지역 지자체가 아닌 제주도가 최초의 남북 교류를 추진한 것은 어떻게 설명할 수 있을까? 이는 농산물 시장 개방 이후 제주도의 주산물인 감귤의 가격 변동성이 높아진 점에 주목할 필요가 있다. 즉, 제주도의 대북 감귤 지원 사업은 과잉생산된 감귤의 가격 안정성에 기여했다. 물론 이른바 '비타민 C' 외교라는 인도주의적 명분도 중요했다. 하지만 제주도민들, 특히 감귤 생산 농가의 지지야말로 이 사업이 10년이나 지속될 수 있었던 핵심 동력이었다.

이처럼 냉전시대라면 생각지도 못할 다양한 주체가 남북 교류의 새로운 행위자가 되고 있다. 그럼에도 불구하고 지금까지 대북정책은 중앙정부가 주도해왔다. 중앙정부가 주도한 남북 관계의 직접적인 결과물은 아니지만 남북 관계의 단절과 개선이 반복된 것도 사실이다. 그런데 문제는 남북 관계가 단절되었을 때, 변화 혹은 개선의 계기를 찾는 데 많은 시간이 소요된다는 점이다. 이것은 단순히 시간 소요의 문제가 아니다. 단절과 개선이 반복되면서 남북 관계가 축적되지 못하고 매번 새로운 시작과 단절의 악순환에 빠져들고 있다.

이러한 현상의 근본적인 문제는 남북 관계의 불안정성이다. 한국 정부의 대북정책은 정권이 교체될 때마다 새로운 이름으로 제시된다. '한반도 신뢰 프로세스', '상생·공영의 대북정책', '평화·번영 정책' 등이 그것이다. 모든 정책이 기본적으로 기능주의적 논리에 기반을 두고 있음에도, 지난 정권의 성과를 계승하기보다는 매번 새로운 시작을 추구하는 경향을 보인다. 그 결과 한국의 대북정책은 최장 5년의 한시적인 정책에 머물고 있다.

이 책의 두 번째 문제의식은 바로 지속 가능한 대북정책이다. 즉, 정권의 대북정책이 아닌 대한민국의 대북정책이 필요하다는 것이다. 모든 정책은 정치적 진공 상태에서 시작하는 것이 아니라, 지난 정권의 공과(功過)에서 출발할 수밖에 없다. 따라서 지난 정부의 성과를 계승하고 한계를 극복하는 대북정책이 요구된다.

간단한 '죄수의 딜레마(PD: Prisoner's Dilemma)' 게임에서도 양자의 합리적 선택의 결과가 최악으로 빠지지 않도록 만들 수 있는 가장 중요한 조건은 게임의 무한 반복, 혹은 언제 게임이 끝날지 모르게 만드는 것이다. 남북 관계가 죄수의 딜레마 게임에 비유될 수 있는지에 대해서는 다른 논쟁이 필요하겠으나, 종료 시점이 분명한 상황에서 추진되는 대북정책이 효과를 거두기 어렵다는 것은 매우 분명하다.

이 책은 남북 관계의 구조적 측면에서 지속 가능한 대북정책 수립을 목표로 한다. 이를 위해서 우선 기존 대북정책을 검토할 것이다. 이는 정책의 논리와 추진 과정, 행위 주체의 문제 등을 중심으로 다룰 것이다. 그리고 기존 정책의 한계를 극복하기 위한 이론적·논리적 접근 틀을 검토할 것이다.

그다음 지속 가능한 새로운 대북전략을 제시하고자 한다. 새 전략은 이슈, 주체, 접근 방식에서 기존의 접근법과 다르다. 새로운 대북 접근법은 중앙정부의 역할을 부인하지 않지만 비정부주체의 역할을 강조한다.

2. 선행 연구 검토

한국의 대북정책에 대한 선행 연구는 너무나 많고 다양하게 이뤄졌다. 이를 몇 가지로 범주화하면 첫째, 중앙정부와 국책 연구 기관들의 연구, 둘째, 기업, 시민 단체 등 대북정책에 대한 독자적 입장을 가진 기관들의 연구, 셋째, 개별 연구자 및 학회 등에서 이뤄진 연구 등으로 나눌 수 있다.

우선 중앙정부와 국책 연구 기관들의 연구는 정부의 공식적 입장을 이론적·논리적으로 구체화했다는 특징이 있다. 한국 정부가 공식적으로 통일 정책을 발표한 것은 노태우 정부 시절이다. 정부의 '한민족공동체 통일방안'이 발표된 것이 1989년이고, 대표적인 통일 연구 기관인 통일연구원이 발족된 것이 1991년이라는 점은 우연이 아니다. 탈냉전 시대가 도래하자, 변화된 통일 환경에 맞추어 한국 정부가 적극적으로 통일 논의를 주도하기 시작했다. 그 결과 정권이 바뀔 때마다 한국 정부는 통일 정책을 발표했고, 이를 뒷받침하기 위한 연구 기관 설립이 이뤄진 것이다.

통일연구원의 경우, '국가의 통일 및 대북정책 수립 지원'을 그 목적으로 하는 연구 기관이다. 즉, 정부의 통일 정책 혹은 대북정책이 발표되면, 통일 연구원 등 주요 국책 연구 기관들의 연구는 대체로 정부 정책의 논리적 근거와 추진 방향 구체화에 초점을 맞추게 된다. 이러한 연구들은 정부 정책을 이해하거나, 향후 추진 방향을 예측하는 데 많은 도움을 준다.

한국 사회는 민주화 이후 보수에서 진보로, 진보에서 다시 보수로 정권이 교체되었다. 정권이 바뀌면 다른 논리와 정책 과제를 도출하는 방식의 연구가 대북정책 자체를 주도하는 데는 한계가 있을 수밖에 없었다.

최근 시기를 중심으로 기존 연구 경향을 간략히 살펴보면 다음과 같다. 2008년 2월 25일 이명박 대통령은 취임사에서 후보 시절 정책이었던 '비핵·개방·3000'을 공식화했다. 하지만 2008년 7월 11일 국회 개원 연설, 8월 15일 광복절 경축사, 9월 22일 민주평통 자문회의 개회사 등에서 상생과 공영을 언급하면서 '상생·공영의 대북정책'으로 명칭이 변경된다.[2] 이명박 정부의 대북정책은 취임 1년 만인 2009년 3월 종합적인 외교·안보 구상으로 정리되어 발표된다.[3] 이후 2009년 8월 15일 광복절 경축사에서 대통령은 '한반도의 새로운 평화구상(신평화구상)'을 천명하고, 9월 21일 방미 중 북핵 문제 해결을 위한 '그랜드 바겐(Grand Bargain)'을 제안했다.

이처럼 대통령과 정부가 정책의 명칭을 변경하거나, 새로운 구상을 발표할 때마다 국책 연구 기관들의 대북정책 내용도 이를 따라갈 수밖에 없다.[4]

---

2 통일부, 『2009 통일백서』(서울: 통일부, 2009), 19쪽.

3 청와대, 『성숙한 세계국가: 이명박 정부 외교안보의 비전과 전략』(서울: 청와대, 2009).

4 이 과정에서 정부 정책은 '상생·공영의 대북정책'으로 명칭이 바뀌었으나, 뒤늦게 이

신평화구상,[5] 그랜드 바겐[6] 등 정부 정책이 새롭게 발표될 때마다 주요 국책 연구 기관들의 연구 역시 이에 초점을 맞추게 된다. 이러한 연구 경향은 국책 연구 기관들의 특성상 불가피하다고 할 수 있다.[7] 하지만 임기 5년의 단임제 대통령하에서 취임 1년 정도 후에 대북정책이 정리되기 때문에 정부 정책을 구체화한 국책 연구 기관 연구 성과의 유효기간은 최장 3~4년을 넘지 않는다.[8] 이러한 문제가 국책 연구 기관들의 잘못은 아니지만, 대북정책의 발전이라는 측면에서는 안타까운 일이다.

둘째, 정부 및 국책 연구 기관들과 다르게 대북정책에 대한 독자적 입장을 가진 기관, 단체 들 역시 대북정책에 대한 연구 결과물을 생산한다. 이러한 연구들은 정권의 변화와 무관하게 대체로 일관된 입장을 유지한다. 하지만 때로는 특정 단체의 입장을 강하게 대변하는 경향을 보이기도 한다. 물론 이러한 다양한 접근과 입장이 반영되어 실제 정책으로 구현되는 것이 바람직할 것이다. 그럼에도 파편적인 연구들의 정책적 기여는 상대적으로 낮

전 명칭의 연구 결과물이 발표되기도 한다. 이금순 외, 『비핵·개방·3000 구상: 행복공동체 형성방안』(서울: 통일연구원, 2009); 조명철·홍익표, 『비핵·개방·3000 구상: 남북경제공동체 형성방안』(서울: 통일연구원, 2009); 조민 외, 『비핵·개방·3000 구상: 한반도 비핵화 실천방안』(서울: 통일연구원, 2009).

5   김규륜 외, 『신평화구상 실현을 위한 전략과 과제』(서울: 통일연구원, 2009).

6   통일연구원, 『북핵 일괄타결(Grand Bargain)방안 추진방향』(서울: 통일연구원, 2009).

7   예컨대, 박근혜 정부가 취임하면 한반도 신뢰프로세스에 대한 연구[통일연구원, 『한반도 신뢰프로세스 추진전략』(서울: 통일연구원, 2013)]가 뒤따르는 식이다.

8   노무현 대통령 취임(2003년 2월) 이후 약 1년 후인 2004년 3월 평화·번영 정책이 구체화되었다. 국가안전보장회의, 『평화번영과 국가안보: 참여정부의 안보정책 구상』(서울: 국가안전보장회의 사무처, 2004). 이명박 대통령은 2008년 2월 25일 취임했으나 역시 1년 후인 2009년 3월 외교안보 비전이 구체화되었다. 청와대, 『성숙한 세계국가』. 박근혜 정부 역시 취임(2013년 2월) 1년이 훨씬 지난 2014년 7월 국가안보전략을 발표했다. 국가안보실, 『희망의 새 시대 국가안보전략』(서울: 국가안보실, 2014).

아 보인다.

　예컨대, 개성공단과 금강산 관광 등 특정 사업에 대한 현대경제연구원의 연구 보고서는 일관된 입장을 보인다. 또한 대북 인도적 지원 단체나 남북 협력을 주장하는 단체들의 연구 성과 역시 대체로 일관적이다. 물론 보수 단체의 연구 역시 일관된 견해를 견지하고 있다.

　셋째, 개별 연구자 및 학회 등에서 생산되는 다양한 대북정책에 대한 연구가 있다. 이러한 연구들은 대체로 새로운 접근법을 제시하기보다는 기존 정책에 대한 비판이 대부분이다. 또한 어떤 연구들은 특정 시점이나 사안에 초점을 맞추고 있기도 하다. 정책에 대한 비판이나 특정 사안에 대한 심도 있는 분석들이 새로운 정책 수립을 위해 많은 시사점을 주는 것이 사실이다. 하지만 포괄적이고 종합적인 전략 제시에는 미치지 못하는 경우가 많은 것도 현실이다.

　그뿐만 아니라, 대북정책 연구는 그 특성상 정부 정책의 영향을 받을 수밖에 없기 때문에 국책 연구 기관들이 가지는 한계는 대부분의 다른 연구에도 있을 수밖에 없다. 통일 및 대북정책 관련 연구의 한계는 한국의 대북정책 자체의 한계에 기인하기 때문이다.

　새로 집권한 정부는 과거 정부의 정책뿐만 아니라 표현과 용어 자체까지 새롭게 표현하고 싶어 한다. 정책의 연속성보다는 정권의 정책 홍보와 차별성에 더 큰 관심이 있기 때문이다. 이는 서독의 '동방정책'이 국내의 수많은 논란과 여러 번의 정권 교체에도 불구하고 정책 기조를 유지해온 것과 대조적이다.

제**2**장

남북 관계에 대한 새로운 접근법

1. 기존 대북정책 평가

1) 한국 대북정책의 이론적 배경

한국의 대북정책은 남북 관계의 안정적 관리와 한반도의 평화 유지, 남북한 간의 화해와 협력 도출, 북한 체제의 개혁·개방과 북한 사회의 변화 유도 등을 주요 목적으로 하고 있고 궁극적으로는 평화적 남북통일을 최종적 지향점으로 삼고 있다.

한국의 역대 정부는 대북정책의 이러한 목표들을 위해 다양한 형태의 전략과 전술을 구사해왔다. 북한의 남침 억지와 한국의 안보 강화가 당면 과제로 대두된 시기에는 현실주의적 전략과 전술에 주로 의존했고 북한과의 체제 경쟁에서 어느 정도 승리를 거둔 시점부터는 남북 관계의 긴장 완화와 상호 협력을 위해 자유주의적 패러다임에 기초한 전략과 전술을 적극 사용했다. 또한 한국 사회에 대한 북한 엘리트 계층과 북한 주민들의 인식 전환 그리고 북한 체제의 내부 변화를 위해 구성주의적 요소가 가미된 전략과 전술도 일정 부분 구사되었다.

(1) 현실주의

현실주의(realism)는 제2차 세계대전 이후 본격적으로 등장해 탈냉전 시대에 들어선 현재까지도 국제정치 이론의 지배적인 패러다임으로 자리 잡고 있다. 현실주의는 20세기 들어 인류가 맞닥뜨린 두 차례의 세계대전에 대한 경험과 반성의 산물이다. 전전(戰前) 세계를 풍미했던 낭만적 이상주의로는 국제정치의 진면목을 파악할 수 없고 "전쟁은 왜 일어나는가?", "국제정치에서 국가 간 관계의 본질은 무엇인가?" 등에 대한 좀 더 냉철한 성찰이 있어야만 양차 세계대전의 비극을 되풀이하지 않을 수 있다는 것이 현실주의적 사고와 논의의 출발점이었다.

초기 현실주의자들은 인간의 무한한 권력욕에서 전쟁의 원인을 찾고 이를 바탕으로 개별 국가의 행태도 유추했다. 한스 모겐소(Hans Morgenthau)[1]와 라인홀드 니버(Reinhold Niebuhr)[2]는 인간과 마찬가지로 인간들의 집합체인 국가도 다른 국가들을 지배하고자 하는 욕망을 숙명적으로 갖고 있고 이와 같은 욕망이 국제정치에서 갈등과 전쟁을 불러온다고 주장했다. 이후 케네스 월츠(Kenneth Waltz)[3]를 비롯한 신현실주의자들은 권력을 추구하는 인간의 본성보다는 국제사회의 체제적 성격 그 자체에서 갈등과 전쟁의 원인을 찾았다. 월츠는 주권국가들로 구성된 국제사회는 구성 국가들을 통솔할 수 있는 초월적 권위체(central authority 또는 world government)가 존재하지 않는다는 차원에서 무정부 상태라고 할 수 있고 이러한 상황에서 각 국가는

---

[1] Hans J. Morgenthau, *Politics among Nations: the Struggle for Power and Peace*(NY: Knopf, 1973).

[2] Reinhold Niebuhr, *Moral Man and Immoral Society: A Study in Ethics and Politics* (NY: Charles Scribner's Sons, 1960).

[3] Kenneth N. Waltz, *Man, the State, and War: A Theoretical Analysis*(NY·London: Columbia Univ. Press, 1959).

누구에게도 의지하지 못한 채 독자적으로 자국의 생존을 도모할 수밖에 없다고 주장했다. 무정부 상태(anarchy)와 각자도생(self-help)을 구조적·본질적 특성으로 하는 국제사회에서 국가 간 갈등과 대립 그리고 전쟁은 불가피하다는 것이 신현실주의자들의 핵심 논지이다.

국가 간 협력에 대해서도 현실주의는 비관적 해석과 시각을 드러내고 있다. "국가들은 단기적인 이해관계를 넘어서 좀 더 장기적이고 큰 이득을 위해 상호 협력할 수 있다"라는 주장에 대해, 조지프 그리코(Joseph Grieco)와 같은 현실주의자들은 이득의 절대적 양이 아니라 그 배분 방식이 중요하다고 반박한다. 그리코는 국가 간 상호 협력의 결실은 절대적 이득(absolute gains)과 상대적 이득(relative gains)으로 구분해야 하고 각 국가는 상대적 이득에 더 큰 관심을 갖기 때문에 국가 간 협력은 생성되기도, 지속되기도 어렵다고 지적한다.[4] 그리코의 주장은 상호 협력을 통해 한 국가가 좀 더 큰 이득을 챙길 경우, 그 국가는 상대적으로 점차 강해질 것이고 그 국가의 협력 파트너 국가는 상대적으로 점차 약해질 것이므로 무정부적 국제 체제에서 스스로의 안보를 지켜야 하는 개별 국가는 협력을 수용하지 않을 것이라는 논리에 기반을 두고 있다.

현실주의자들은 국제정치에서 가장 중요한 행위자는 국가라고 주장한다. 또한 국제정치의 본질은 국가 간의 경쟁과 갈등이므로 각 국가는 강한 국력과 외교력을 바탕으로 스스로의 생존과 번영을 추구해야 한다고 권고한다.

현실주의의 권고는 국제정치의 냉혹한 현실을 반영하고 있고 남북 관계

---

4   Joseph M. Grieco, "Anarchy and the limits of cooperation: a realist critique of the newest liberal institutionalism," *International Organization*, Vol. 42, No. 3(1988), pp. 485~507.

의 대립적 측면을 이해하는 기본 틀이 되고 있다. 어쩌면 서로 상대방 정권을 부정하며 탄생한 남북 정권 모두에게 현실주의적 시각이 존재하는 것은 불가피한 측면이 있다.

그러나 현실주의는 국제사회의 변화와 진전 그리고 국가 간 능동적 협력의 출현과 확대에 대해서는 설명력이 부족하다. 두 번의 세계대전을 치룬 유럽 국가들 간에 유럽연합(EU)이 성공적으로 창설되고 확대되는 것, 국제기구의 역할이 증대되고 다양한 이슈 영역에서 국가 간의 협력이 이뤄지는 것, 국가뿐만 아니라 기업, NGO와 초국경 협력체 등이 국제정치의 주요 행위자로 등장하는 것 등에 대해서는 적절한 설명이 이루어지지 않고 있다.

(2) 자유주의

자유주의(liberalism)는 현실주의와 달리 국제사회의 평화 유지와 국가 간 협력 가능성에 주목하는 이론이다. 자유주의자들은 기존의 현실주의적 패러다임은 국제사회의 발전과 국가 간 협력의 진전이 실제로 일어나고 있음에도 이를 제대로 설명하거나 반영할 수 없는 왜곡된 프리즘이라고 비판한다. 또한, 이들은 국제사회에서의 협력은 현실주의자들이 생각하는 것보다 훨씬 많이 이루어지고 있고 비록 그 속도는 더딜지라도 국가 간 협력과 유대는 향후에도 지속적으로 증대될 것이라고 주장한다.

자유주의는 19세기와 20세기 전반에 걸쳐 사회 엘리트 계층에서 크게 융성했던 이상주의와 계몽주의에 그 사상적 연원을 두고 있으나, 양차 세계대전과 이후 이어진 미·소 간의 냉전 시대를 겪으면서 그 정치적·정책적 영향력이 상대적으로 위축되었다. 그러나 자유주의는 무역을 비롯해 경제 및 사회·문화 분야에서의 국가 간 교류가 급증하고 다국적 기업과 NGO가 본격적으로 출현하기 시작한 1970년대 후반에 들어 다시 주목받기 시작했고 특히 탈냉전기에 들어와서는 국제정치의 중요 패러다임으로 화려하게 부활하면서 현실주의에 버금가는 영향력을 회복했다.

자유주의자들은 민주주의의 확산, 경제적 교류와 상호 의존, 국제기구의 활동 등을 통해 국가 간 협력 증대와 국제사회의 평화 유지를 도모할 수 있다고 주장한다. 자유주의의 원조라고 할 수 있는 임마누엘 칸트(Immanuel Kant)는『영구 평화론(Zum ewigen Frieden: Ein philosophischer Entwurf)』에서 민주적 정체성을 갖고 있는 국가들은 권위적·전제적 국가들에 비해 대내외적으로 좀 더 평화적인 태도를 보이고 특히 다른 유사한 민주적 국가들과는 우호적 관계를 유지한다고 진단한다.[5] 우드로 윌슨(Woodrow Wilson)도 민주주의의 확산은 국제사회의 평화를 가져오는 지름길이라고 강조하면서 민주적 국가들의 출현을 유도하고 지원하는 외교정책을 전개했다.

경제적 교류와 이에 따른 국가 간 상호 의존성 확대도 국제 협력과 평화를 가져오는 주요 기제라고 자유주의자들은 말하고 있다. 조지프 나이(Joseph Nye)와 로버트 코헤인(Robert Keohane) 등은 국가 간 경제 교류가 이뤄지면서 국가들의 번영이 상호 연결됨에 따라 국가 간 협력은 증대되는 반면, 전쟁 등과 같은 무력 수단은 갈등 해결의 도구로서 가치를 점차 상실하게 된다고 주장했다.[6] 즉, 국가 간 경제적 상호 의존이 군사적 충돌을 막아낸다는 것이 논지의 핵심이다. 또한 자유주의자들은 국제 협력과 평화를 위한 국제기구의 기능과 역할에 대해서도 강조하고 있다. 국제기구는 참여 국가들에게 상호 간의 이해관계를 조정하고 타협할 수 있는 장을 마련하는 한편, 상호 협력의 결실로 좀 더 큰 이득을 제시함으로써 국가 간의 협력을 촉진하고 국제사회의 평화를 제고할 수 있다는 것이다.

---

[5] Immanuel Kant and Mary Campbell Smith, *Perpetual Peace: a philosophical essay* (NY: Cosimo Classics, 2010).

[6] Robert O. Keohane and Joseph S. Nye, *Power and Interdependence: World Politics in Transition*(London: TBS The Book Service Ltd, 1977).

자유주의자들은 현실주의자들과 마찬가지로 국제정치 또는 국제사회에서 가장 중요한 행위자는 여전히 국가들이라는 점에 동의하지만, 국가와 더불어 국제기구, 다국적·초국적 기업, NGO 등 비정부주체들의 역할과 기능에도 유의하고 있다. 또한 자유주의자들은 주요국의 지도자들에게 국제 협력 확대와 국제 평화 유지 방안으로 민주주의의 전파와 확산, 경제 교류의 강화, 국제기구의 역할 증대 등을 강조하고 있다.

그러나 자유주의는 국제사회에서 힘의 역할을 간과하거나 상대적으로 경시하는 문제점이 있다. 미국이 국제사회의 반대나 만류를 무시하고 독자적으로 이라크를 침공해 전쟁을 벌인 것, 국제기구의 역할과 기능도 미국을 비롯한 강대국들의 참여와 지지가 없다면 매우 제한적일 수밖에 없다는 것, 미국의 교토의정서(Kyoto protocol) 비준 거부에서 볼 수 있듯이 초강대국들은 결국 자국의 이해에 부합하지 않는 국제 협력은 무시한다는 것, 개발도상국들을 비롯해 상당수 국가에게는 글로벌 시장경제의 도래가 오히려 국가 경제를 왜곡시킨다는 것, 중동, 중앙아시아, 아프리카, 남미 국가들의 사례처럼 권위주의적 국가들의 민주주의 이행 과정에서 평화보다는 내전과 폭력 같은 갈등과 혼란이 증대된다는 것 등에 대해서는 설명력의 한계를 보인다.

(3) 기능주의

자유주의적 입장에서 국가 통합 및 협력 등과 관련해 한국의 통일 문제에 크게 영향을 미친 논리는 기능주의(functionalism)이다. 기능주의는 서로 다른 정치체(polity) 간의 통합이나 협력 체제를 추구할 때 자주 논의되는 이론으로 대표적인 주창자는 데이비드 미트라니(David Mitrany)이다. 미트라니는 제2차 세계대전과 같은 참혹한 전쟁을 방지하기 위해서는 국가 간 분야별 교류 협력과 기능 통합을 바탕으로 하는 평화 협력 체제 구축이 필요하

다고 주장했다.[7]

미트라니는 특정 분야에서의 교류는 또 다른 분야에서의 교류를 가져오고, 이와 같은 교류가 여러 분야에서 지속될 경우 정책 제반 분야에서의 기능 통합과 함께 평화 협력 체제를 구축하는 효과를 가져올 것이라고 설파했다. 또한 그는 이와 같은 평화 협력 체제가 궁극적으로는 국가 간 통합까지 가져올 수 있을 것이라고 기대했다. 미트라니로 대표되는 기능주의의 논리는 다음과 같이 요약할 수 있다.

첫째, 기능주의는 상이한 정치체 간 통합을 궁극적 지향점으로 하고 있다. 기능주의에 따르면 서로 상이한 정치체 간의 교류 및 협력을 통해 상호 의존적 관계가 형성되고, 상호 의존적 관계는 공동의 이익이나 목적을 창출하게 된다. 이러한 공동의 이익이나 목적은 당초 상이했던 양 정치체를 불가분의 관계로 변환시키면서 결국 정치체 간 통합까지 촉진할 수 있다.

둘째, 기능주의는 정치체 간의 통합을 위한 방법으로 제도의 통합보다는 기능의 통합에 우선적인 관심을 두고 있다. 즉, 각 정치체가 갖고 있는 제도나 기관 등과 같은 상부 구조 또는 하드웨어의 통합을 먼저 이루고 이를 바탕으로 분야별 정책이나 기능을 통합하는 것이 아니라, 그 반대 순으로 통합을 이뤄나가야 한다는 것이 기능주의의 입장이다. 따라서 전자의 통합 방식을 제도(institution)에 중점을 두는 접근방식이라 한다면, 기능주의는 내용과 실질(substance)에 중점을 두는 접근 방식이라 할 수 있다.

셋째, 기능주의는 정치체 간의 통합을 위해 "비정치적이고 기술적 차원의 교류에서 점차 정치적인 교류 및 통합으로 이행"이라는 점진적인 추진

7 David Mitrany, "The Functional Approach to World Organization," *International Affairs*, Vol. 24, Iss. 3(1948), pp. 350~363; David Mitrany, *A Working peace system*(Chicago: Quadrangle Books, 1966).

전략을 제시하고 있다. 즉, 기능주의는 교류 협력의 범위를 상대적으로 갈등의 소지가 적고 또 실천이 용이한 분야부터 추진하고 점차 갈등의 소지가 많고 실천이 쉽지 않은 분야로 확대해야 한다는 입장이다. 따라서 초기에는 환경 보전, 도량형 기준 확립, 우편 서비스 협력 등의 비정치적이고 기술적인 분야에서 교류 협력을 시작하고 그 경험을 바탕으로 점차 정치적인 분야에서의 협력을 추구해야 한다는 것이 기능주의가 제시하는 추진 전략이다.

넷째, 기능주의는 학습 효과(learning effect)와 분기 이론(ramification theory)에 논리의 토대를 두고 있다. 학습 효과는 어느 특정 분야에서의 교류 협력 경험이 협력의 양 주체에게 축적되어 또 다른 분야에서의 협력을 용이케 함을 말한다. 분기 이론은 어느 한 분야에서의 협력은 또 다른 분야에서의 협력을 필연적으로 유발한다는 것을 말한다. 예를 들어 환경 보전과 같은 분야에서의 협력은 초기에는 환경 보전에 대한 이해의 일치와 환경 정책의 선언적 공조로 출발하지만 차츰 환경 분야 당국자나 전문가 간의 인적 교류, 환경 보전 기술의 이전과 교환 등으로 교류 협력 분야가 확대되는 것과 같은 이치라고 할 수 있다. 기능주의는 이러한 학습 효과와 분기 이론을 기본 논리로 교류 협력의 지속성과 확대 가능성을 주장하고 있다.

(4) 신기능주의

신기능주의(neo-functionalism)는 비정치적인 분야의 교류 협력에서 정치적 통합까지 지향하는 기능주의와 기본 관점을 같이하되 기능 통합뿐 아니라 제도나 기관의 통합도 함께 강조하는 이론이다. 에른스트 하스(Ernst Haas)가 주창한 신기능주의[8]는 기존의 기능주의가 보인 설명력과 예측력의 한계[9]

---

8   Ernst B. Haas, "International Integration: The European and Universal Process," *International Organization*, Vol. 15, No. 3(1961), pp. 366~392.

를 극복하기 위해 새로이 고안된 이론으로 핵심적인 내용은 다음과 같다.

첫째, 신기능주의는 기능주의와 마찬가지로 정치체 간의 통합을 위해서는 각 분야에서의 교류 협력이 기본 토대가 되어야 하고, 초기에는 비정치적인 분야에서의 교류 협력을 다지고 점차적으로 정치적 성격이 강한 분야로 교류 협력을 확대해야 한다는 주장을 담고 있다.

둘째, 그러나 신기능주의는 기능주의와 달리 제도나 기관 등의 상부 구조나 하드웨어의 통합 필요성도 아울러 강조하고 있다. 즉, 신기능주의는 분야별 협력 및 기능 통합이 지속성을 유지하고 그다음 단계로 확대되기 위해서는 기관의 통합이나 공동 기구의 설치 등이 병행되어야 한다는 입장을 취하고 있다. 이와 같은 구조나 하드웨어의 통합은 이미 확보된 기능 통합을 보호하고 다음 단계의 통합을 위한 버팀목 구실을 한다는 것이다.

셋째, 신기능주의는 결국 정치체 간 통합 과정을 바라보는 시각에서 기존 기능주의와 다르다. 기능주의는 비정치적이고 기술적인 분야에서의 교류 협력이 자연스럽고 또 자발적으로 정치 통합까지 이어진다는 시각을 가진 반면에, 신기능주의는 이러한 과정에서 인위적이고 의도적인 개입이 있어야만 교류 협력의 확대와 다음 단계로의 진전이 좀 더 용이하다는 입장이다. 따라서 신기능주의는 정치체 간 통합 과정에서 기관 통합이나 기구 설치 등과 같은 제도적인 통합의 중요성과 의의를 아울러 내세우고 있다.

1940년대에 출현한 기능주의와 이후의 신기능주의는 국제 평화와 안정을 추구하는 정치가, 정책 결정자, 학자 등에게 상당한 영향을 미쳤고 이후

---

9   국제정치를 무정부(anarchy)와 자력생존의 공간으로 바라보는 현실주의는 기능주의가 국제정치에 있어 힘(power)의 논리와 안보(security)의 중요성을 경시하고 있다고 비판하면서, 유토피아적 사고에 기초한 매우 순진한 이론에 지나지 않는 기능주의는 결국 현실에서는 설명력과 예측력을 확보할 수 없다고 주장하고 있다.

현실주의와 함께 국제정치를 바라보는 양대 시각 중 하나로 자리 잡은 자유주의의 형성에 많은 기여를 했다. 기능주의와 신기능주의는 특히 1950년대 중반부터 논의되기 시작한 유럽 통합의 이론적 토대가 되었고 유럽의 경제적 통합이 현실화되면서 기능주의와 신기능주의의 유용성과 실효성이 다시금 긍정적인 평가를 받고 있다.

다음에 상술하겠지만 탈냉전 이후 한국 정부의 대북정책 기조는 기능주의(신기능주의)적 입장을 따르고 있다. 즉, 비정치적 분야에서의 협력을 강화하고, 이러한 협력 경험의 확산(spill over) 효과를 활용해 남북 통합을 이룩하겠다는 것이다. 또한 한국 정부는 남북 교류 과정에서 남북 관계의 제도화에 대한 관심을 지속적으로 증가시켜왔는데, 이는 신기능주의적 접근법에 근접한다고 할 수 있다. 하지만 한국 정부 대북정책의 기조에서 기능주의와 신기능주의를 명확하게 구분하는 것은 매우 어렵다. 그럼에도 한국의 대북정책이 기능주의(신기능주의)의 기본적인 논리를 따르고 있다는 점은 분명하다.

문제는 기능주의적 접근법이 기대했던 성과를 거두지 못하고 있다는 사실이다. 어쩌면 그것은 분단과 남북 체제의 현실에 따른 불가피한 결과로 볼 수도 있다. 남북 정부는 모두 상대방을 정치적 실체 혹은 국가로 인정하지 않는다. 한국 정부가 기능주의적 접근법을 취하고 있지만, '자유주의'와 '민주주의'에 기반을 둔 통일을 지향하고 있는 한, 북한이 한국 정부의 정책을 순순히 수용하지 못할 것이다. 북한 역시 자주, 평화통일, 민족 대단결을 부르짖고 있으나, '온 사회의 주체사상화'[10]라는 목표를 포기하지 않는 이상 한국이 이를 받아들일 수는 없다.

이런 상황에서 양자가 통일을 추구한다면 그 결론은 힘의 논리에 따라

---

10 『조선로동당 규약』(2010.9.28).

일방이 다른 일방을 흡수통일하는 수밖에 없다. 남북한 주민에게는 '한민족'이라는 의식이 여전히 존재하고 남북한 정권에게도 통일은 포기할 수 없는 국가적 과제이다. 그런데 남북한은 평화적 방법에 의한 통일을 주장한다. 즉, 합의에 의한 통일이 사실상 거의 불가능한 상황에서 평화적 방법을 모색해야만 하는 딜레마에 빠져 있는 것이다.

이처럼 통일은 한국이나 북한 중 하나가 바뀌거나 양자가 모두 바뀔 때만 가능하다. 그렇다면 한국이 바뀔 수 있는 가능성은 얼마나 될까? '자유주의', '민주주의', '시장경제' 등 한국 사회의 기본 원칙을 바꾸면서까지 통일을 추구할 수 있을까? 혹시 그것이 가능하다 하더라도 그런 방식의 통일이 바람직한 것일까? 이에 대한 대답은 명백하게 부정적이다.

그렇다면 북한이 변화해야 하는데, 전체주의 체제의 진정한 변화는 대중의 각성과 이에 따른 혁명적 수단으로만 가능했다. 바꾸어 말하면 남북한이 아무리 통일을 언급하더라도, 북한 체제의 주인은 북한 주민이고 그들의 선택이 북한의 미래를 결정할 것이다. 그것이 한국 체제가 기반을 둔 민주주의의 기본 원리이기도 하다. 즉, 한국이 북한에게 어떤 체제를 강요하면서 민주주의에 기반을 둔 통일을 말하는 것은 이율배반적이다. 결국, 논리적 결론은 북한의 변화를 기다리는 것, 변화된 북한 주민들이 한국과의 통일을 희망하도록 노력하는 것밖에 없다.

그렇다면 한국의 대북전략은 목표를 현실화할 필요가 있다. 즉, 현 단계에서 달성이 불가능한 통일을 먼저 추진하기보다는 우선적으로 북한 문제를 관리하면서 '공존'을 지향하는 정책이 필요하다. 공존은 공존 의지의 유형에 따라 크게 세 가지로 나눌 수 있다. 첫째, 적대적 공존(hostile coexistence)은 상대와 공존할 의사가 없으나 어쩔 수 없는 상황에서 내키지 않는 공존을 수락하는 경우이다. 따라서 적대적 공존은 처음부터 '잠정성'을 가진다. 상황이 바뀌면 언제든지 상대와의 공존을 거부할 것이기 때문이다.

둘째, 중립적 공존(neutral coexistence)은 상대방 존재의 존중 이상도 이하도 아닌 공존이다. 특별히 적대할 이유가 없고 나서서 도와줄 이유도 없는 공존이다. 셋째, 협력적 공존(cooperative coexistence)은 상대가 원하는 것을 적극적으로 도와주려는 의지를 가지고 상호 공존을 수락하는 경우에 발생한다. 협력적 공존 의지는 상대를 위한 희생의 각오가 포함된다.[11]

한국의 대북정책은 남북 관계를 적대적 공존 관계에서 협력적 공존 관계로 바꾸어 나가는 것, 그 과정에서 북한이 스스로 변화할 계기를 마련해주는 것이 우선되어야 한다.

현실주의와 자유주의 접근법의 차이는 국제 질서를 바라보는 기본적인 시각차에서 기인한다. 즉, 국제사회의 기본 논리를 '만인에 대한 만인의 투쟁 상태'라는 토머스 홉스(Tomas Hobbes)적 시각으로 본다면 현실주의적 결론은 불가피하다. 반면 박애주의에 기반을 둔 자유주의적 시각은 기본적으로 국가의 압제에서 벗어나기 위한 개인주의적 가치를 강조하는 입장이다. 다양한 행위자의 협력과 보이지 않는 손에 의한 질서를 주장하는 자유주의적 시각은 이상적이지만 현실성이 떨어진다는 점이 줄곧 지적되었다.

사실 현실주의와 자유주의 시각은 동일한 현존 질서에 대한 두 가지 다른 입장이라고 할 수 있다. 즉, 어느 하나가 절대적으로 옳거나 그르다고 이야기할 수 없다. 그렇다면 한국에게 필요한 것은 남북 관계의 현실을 냉정하게 직시하고, 남북 관계의 공존을 심화하기 위한 전략적 접근법일 것이다. 전략적 접근은 북한의 발전된 핵 능력과 군사적 위협이 제기되는 현실을 인식하는 가운데서 당면한 긴장 관계를 해소하고, 남북한 간의 관계를 정립하는 방법론과 연관되어 있다.

---

11 이상우, 『함께 사는 통일』(서울: 나남출판, 1995), 384쪽.

2) 기존 정책 평가[12]

(1) 냉전기 대북정책

대한민국 정부 수립 이후 통일과 관련한 한국 정부의 첫 번째 입장 표명은 1948년 12월 18일 제1회 국회 폐회식에서 이승만 대통령에 의해 이뤄졌다. 당시 이승만 대통령은 유엔과 협의해 북한 지역에서 자유선거를 실시하고 100명 내외의 의원을 선출해서 국회의 비워놓은 자리를 채우자고 주장했다.[13] 하지만 선거를 통한 남북통일 주장은 이후 '북진통일론'으로 대체되고 이것이 북한의 '국토완정론'과 충돌해 결국 한국전쟁으로 이어졌다.

4·19 이후 냉전 논리를 고수하던 이승만 대통령이 물러나고 민주당 정권이 수립되면서 한국의 통일 방안은 '북한만의 총선거에서 유엔 감시하의 남북한 총선거'로 다소 유연하게 변화했다. 여기서 남북한 총선거는 인구 비례에 의한 선거이고 북한 지역에서 유엔 한국 위원회의 활동을 보장하라는 전제가 있었기 때문에 북한이 받아들이기 어려운 제안이었다.[14]

이에 김일성은 어떠한 외국의 간섭 없이 민주주의적 기초 위에서 자유로운 남북한 총선거를 실시하자고 주장했다. 그리고 만일 공산화가 두려워 남북한 총선거를 받아들일 수 없다면 과도적 대책으로 연방제를 실시하자고 제안했다. 나아가 김일성은 한국이 연방제마저 받아들일 수 없다면 남북한

---

12 최용환, 「한국의 통일 정책 평가와 과제」, ≪신아세아≫, 제17권 제4호(2010), 244~273쪽; 최용환, 「남북교류 Track II는 없는가?」, ≪수은북한경제≫, 가을호(2014), 20~42쪽; 최용환, 「남북 고위급회담과 남북관계 전망 및 전략」, "최근 북한의 변화와 남북교류협력 추진 방향", 민화협 제5차 전문가 간담회 자료집(2014.11.13).

13 이승만, 「북한지역 선거로 남북통일」, 제1회 국회 폐회식 속기록(1948.12.18), 1355쪽. 심지연, 『남북한 통일방안의 전개와 수렴: 1948~2001 자주화·국제화의 관점에서 본 통일방안 연구와 자료』(서울: 돌베개, 2001), 112쪽 재인용.

14 같은 책, 48~49쪽.

의 실업계 대표들로 구성되는 순전한 경제 위원회라도 조직해 서로 협조하고 원조하자고 제의했다.[15] 북한의 연방제 제안은 당시 북한의 경제적 우위에 대한 확신과 4·19 이후 한국 내 혁신 세력의 기반이 확대되고 있다는 판단 등에 근거한 것이었다.[16] 연방제 외에도 당시 북한은 대남 송전, 남북 경제·문화 교류, 작가·예술인 교류, 올림픽 단일팀 구성 등 다양한 대남 제안을 내놓았다.[17]

5·16군사쿠데타를 통해 집권한 박정희 대통령은 조국 근대화를 강조하면서 '선(先)건설, 후(後)통일'의 정책 기조를 표방했다.[18] 1960년대의 경제적 성과에 대한 자신감과 1969년 닉슨 독트린 이후의 데탕트 분위기를 반영해 박정희 대통령은 1970년 8월 15일 '평화통일구상선언'[19]을 발표했다. 이

---

15 김일성, 「조선 인민의 민족적 명절 8·15 해방 15돐 경축대회에서 한 보고」, 『김일성 저작집 14: 1960.1~1960.12』(평양: 조선로동당출판사, 1981), 243~248쪽.

16 김학준, 「정치적 통합방안으로서의 연방제」, 이상우 엮음, 『통일 한국의 모색』(서울: 박영사, 1987), 240~241쪽.

17 1960년대 초 북한의 대화 공세는 당시 국력 우위에 있었던 김일성의 자신감을 반영한 것으로 보인다. 당시 북한의 주요 제안은 다음과 같다.
    - 1960년 4월 21일: 조선로동당, 남북 정당·사회단체 대표 연합 회의 구성 제의.
    - 1960년 8월 14일: 김일성, 남북한 총선거의 과도 조치로 남북 연방제 제안.
    - 1960년 11월 21일: 한국에 송전 용의 표명.
    - 1960년 11월 22일: 북한 최고인민회의, 남북 경제·문화 교류 및 남북 협상 회의 제의.
    - 1961년 1월 7일: 북한 조국전선, 남북 협상 용의 표명.
    - 1961년 3월 3일: 조선문학예술동맹 결성대회, 남북 작가·예술인 교류 접촉 제의.
    - 1961년 5월 13일: 북한 조국평화통일위원회 결성 대회, 남북 다각적 접촉 주장.
    - 1962년 7월 28일: 북한 올림픽 위원회, 도쿄 올림픽 남북 단일팀 구성 토의 제의.

18 박정희, 「대통령 연두교서」(1967.1.17), 「연두기자회견」(1970.1.9). 심지연, 『남북한 통일방안의 전개와 수렴』, 277~284쪽 재인용.

19 평화통일구상선언은 북한이 적화통일이나 대한민국의 전복 노력을 포기하고, 유엔의 권위와 권능을 인정한다면 유엔에서의 한국 문제 토의에 북한(원문에는 북괴)이 참석하는 것을 반대하지 않을 것이라는 정도의 상징적인 내용을 천명하고 있다. 허

후 1972년 7월 4일, 분단 이후 최초의 남북한 간 공식문서라고 할 수 있는 '7·4남북공동성명'이 발표되었다.

7·4남북공동성명은 분단과 한국전쟁 이후 남북한 간에 합의한 최초의 공식 문서이다. 이는 1960년대 한국이 이룩한 경제적 성과에 기초한 자신감과 1969년 닉슨 독트린 이후의 미·중 데탕트 분위기를 반영한 것이었다. 특히 미·중 데탕트는 남북한 모두에게 중요한 국제정치적 변화로 인식되었음이 틀림없다.

1970년대 초 남북 대화의 문을 연 것은 당국자 간 회담이 아니라 적십자 간 접촉이었다. 1971년 8월 12일 대한적십자사 총재(최두선)가 대북 적십자 회담을 제의하자 조선적십자회가 이를 즉각적으로 받아들였다. 그 해 8월 20일부터 9월 16일까지 남북 적십자 간 파견원 접촉이 판문점에서 다섯 차례 이뤄졌다. 이어서 1971년 9월 20일부터 1972년 8월 11일까지 스물다섯 차례의 남북 적십자 예비회담이 진행되었다. 물론 7·4남북공동성명에는 1971년 11월 20일부터 다음 해 7월 1일까지 이뤄진 스물네 차례의 남북 실무자 간 실무 접촉 그리고 양측 실무자 및 이후락-박성철의 비밀 교환 방문이 핵심적이었음은 분명하다.[20]

하지만 1970년대 남북 관계는 더 이상 진척되지 못했고 실질적으로는 군비경쟁이 가속화되었다. 냉전 시기 한국 정부의 대북 제안은 북한이 거부했고 북한이 제시한 연방제 통일 방안은 한국이 거부했다.

1979년 박정희 대통령 시해 사건이 발생하고, 이른바 '서울의 봄' 시기가 도래하자 북한이 대화를 제의하기도 했다. 1980년 1월 12일 북한 정무원 총리 리종옥이 당시 국무총리 신현확 앞으로 남북 고위급 회담을 제의해왔다.

문영 외, 『한반도 평화체제: 자료와 해제』(서울: 통일연구원, 2007), 175~179쪽.
20 노중선, 『남북대화 백서: 남북교류의 갈등과 성과』(서울: 한울, 2000), 13~14쪽.

이틀 후 신현확 총리는 남북 총리 회담 실무급 대표 접촉을 제의해 1980년 8월 20일까지 열 차례의 실무 접촉이 진행되었으나 결국 회담은 무산되었다. 남북한은 총리 회담의 의제 선정 문제로 맞서다가 광주민중화운동 이후 북한이 비상계엄 해제, 군정 철폐, 파쇼 행위 중지, 민주 인사 석방 등을 요구하면서 논의가 공전(空轉)되었다.[21]

1985년 가을에는 남북한 당국자들이 남북 정상회담 추진을 위해 서로 비밀리에 특사를 파견하기도 했다. 1985년 9월과 10월 북한의 허담·한시해 일행과 한국의 장세동·박철언 일행이 남북한을 교환 방문해 전두환과 김일성을 면담했지만 실효를 거두지 못한 채 중단되었다.[22]

제5공화국 수립 이후 전두환 대통령은 1982년 1월 22일 국정 연설을 통해 통일 헌법의 제정부터 남북한 총선거를 통해 통일 민주공화국 완성에 이르는 과정을 구체화한 '민족화합민주통일방안'을 제시했다.[23] 이 제안에서 전두환 대통령은 통일을 이룰 때까지 잠정 조치로서 '남북한 기본 관계에 관한 잠정 협정'의 체결을 제의했다. 하지만 한국 정부의 통일 방안은 북한이 무시했다. 평화협정 체결을 위한 3자 혹은 4자 회담 등의 제안도 있었으나, 남북한의 군사적 대치 상황 해소 논의에 대한 북한의 입장,[24] 미얀마(버마)에서 발생한 아웅산 테러 사건 등으로 인해 실질적 진전 없이 관련국이 의견을 제시하는 수준에 그쳤다.

냉전 시기 남북한은 모두 현실주의적 입장을 견지했다. 한국전쟁 이후

---

21 같은 책, 42~46쪽.

22 같은 책, 14쪽.

23 전두환, 『全斗煥大統領演說文集 第2輯』(서울: 대통령비서실, 1982), 366~368쪽.

24 북한은 미국이 정전협정의 당사자로서 한국에 군대를 주둔하고 있고 군 통수권을 장악하고 있기 때문에 남북한 긴장 상태의 해소를 위해서는 미국과 먼저 문제를 풀어야 한다고 주장했다. ≪로동신문≫, 1984년 1월 11일 자.

남북 관계는 기본적으로 체제 경쟁이었다. 1970년대 초반 7·4남북공동성명이 있었으나, 이 역시 진정한 남북 대화나 교류에 뜻이 있었다기보다는 변화된 국제 환경에 맞추어 상대방을 떠보는 정도에 지나지 않았다.

남북한 정권은 공히 상대방 정권을 부정하면서 탄생했다. 여기에 냉전의 국제 질서를 고려했을 때 한국전쟁은 어쩌면 예견된 결과였다고 할 수 있다. 문제는 전쟁을 치르고도 통일되지 못하고 다시 분단된 한반도의 현실일 것이다. 전쟁이 남긴 상대방에 대한 적대감과 불신은 쉽사리 해소되지 않았고 그 갈등의 뿌리는 지금까지도 이어지고 있다.

이런 상황에서 대북정책은 배타적이고 독점적인 정부 정책의 영역에 속했다. 정부 정책과 다른 입장을 발표하는 것은 엄격하게 통제되었고 일반 개인이나 단체가 북한 정보를 접하거나 북한 주민을 접촉하는 것도 금지되었다.

(2) 탈냉전기 대북정책

1980년대 중반까지 공식적 남북 대화나 교류가 전혀 없었던 것은 아니지만 남북한 간의 핵심적 대화는 밀실에서 이뤄졌다. 1980년대 말에 이르자 당시의 탈냉전 분위기, 한국의 경제적 성공으로 인한 자신감 등에 기반을 두고 1988년 7월 7일 노태우 대통령은 '민족자존과 통일 번영을 위한 특별선언(7·7선언)'을 발표했다. 이러한 노태우 정부의 통일 구상은 이듬해인 1989년 9월 11일의 '한민족공동체 통일방안'으로 구체화되었다.

이 구상에서 노태우 대통령은 "남과 북은 서로 다른 두 체제가 공존하고 있다는 현실을 바탕으로 서로가 서로를 인정하고 공존·공영하면서 … 남북 간에 개방과 교류 협력을 넓혀 신뢰를 심어 민족국가로 통합할 수 있는 바탕을 만들어 가자"라고 제안했다. 이러한 바탕 위에 사회·문화·경제 공동체(민족공동생활권)를 형성해 정치적 통합 여건을 성숙시키고, 통일 과정의 제도화를 위해 남북한이 연합하는 기구(최고 결정 기구로서 '남북정상회의', 쌍방 정부 대표로 구성되는 '남북각료회의', 남북 국회의원으로 구성되는 '남북평의회' 등) 를 구성해 통일 헌법안을 만들어 최종적으로 통일을 달성하자는 논리였다.[25]

기능주의에 입각해 교류와 협력을 강화하자는 제의에 대해 김일성은 한국이 평화 보장을 위한 초보적인 조치도 취하지 않으면서 교류 우선론에 매달리고 있다고 비난하고, "조국 통일은 누가 누구를 먹거나 누구에게 먹히지 않는 원칙에서 하나의 민족, 하나의 국가, 두 개의 제도, 두 개의 정부에 기초한 연방제 방식으로 실현되어야 한다"라고 주장했다.[26] 이러한 북한의 주장은 1990년대 초반 그동안 혁명의 대상으로 간주해왔던 한국이 거꾸로 흡수통일을 기도하고 있다고 비난한 사례에서 볼 수 있듯이,[27] 동구 사회주의권 붕괴 이후 북한의 심각한 위기의식을 반영한 것으로 해석할 수 있다. 탈냉전 시기에 접어들면서 남북한 간 경제력 격차는 더욱 커졌고 한국의 적극적인 북방 정책(Nord Politik)의 결과로 북한의 외교적 고립은 심화되었다.

불과 30년 전인 1960년대 초반 북한이 가졌던 자신감과 통일 분야에서의 공세적 위치는 1980년대 말에 이르러 역전되었고 1990년대 중반에 이르면 한국 사회에서는 북한 붕괴론과 통일 비용에 대한 논의가 본격화되기에 이르렀다. 실제로 제1차 북핵 위기의 해결 과정에서 제네바 합의에 대한 비판이 일자, 빌 클린턴(Bill Clinton) 행정부의 관리들은 공공연하게 북한 붕괴에 대해 언급했다. 예컨대, 미국이 북한과의 협상을 체결한 데 대해 셀리그 해리슨(Selig Harrison)은 당시 클린턴 행정부와 의회의 많은 사람 사이에 팽배했던 '북한 붕괴론'이 작용했다고 주장한다. 즉, 경수로 건설에는 약 10년이

---

25   노태우, 「한민족공동체 통일방안(1989.9.11)」, 『노태우 대통령 연설문집 제2권』(서울: 대통령비서실, 1990), 255~263쪽.

26   ≪로동신문≫, 1991년 1월 1일 자.

27   ≪로동신문≫, 1991년 6월 25일, 8월 21일 자.

소요되는데, 10년이란 기간은 북한이 붕괴하는 데 충분한 시간이라는 것이다.[28] 사실 1990년대 중반 북한에 자연재해가 겹치면서 경제난이 심각하게 대두되자, 미국뿐만 아니라 한국[29]과 일본에서도 북한의 급작스러운 붕괴에 대한 언급이 공공연하게 이뤄졌다.

1990년부터 1992년까지 남북한의 총리를 대표로 한 남북 고위급 회담이라는 새로운 정치 회담이 여덟 차례 개최되었다. 이 과정에서 '남북 사이의 화해와 불가침 및 교류 협력에 관한 합의서(남북기본합의서)'와 '한반도의 비핵화에 관한 공동선언(비핵화공동선언)'이 채택되었다. 남북기본합의서과 비핵화공동선언의 채택은 분단 이후 남북 관계에서 이룩한 가장 중요한 성과 중 하나라고 할 수 있다.[30]

물론 이 과정이 순탄했던 것은 아니다. 북한이 팀 스피릿 훈련 중지, 콘크리트 장벽 철거 등을 주장하면서 회담은 중단과 재개를 반복했다. 한국은 북한의 비핵지대화, 팀 스피릿 훈련 중지 등 요구에 대응해 한반도 핵 부재 선언, 팀 스피릿 훈련 일시 중단 등의 당근을 제공하면서 회담의 모멘텀

---

28 R. Jeffrey Smith, "US Accord with North Korea May Open Country to Change," *Washington Post*, October 23, 1994; Jim Hoagland, "The Trojan Horse at North Korea's Gate," *Washington Post*, August 2, 1995; Jim Mann, "US Watches North Korea for Signs of Collapse," *Los Angeles Times*, Febuary 13, 1996.

29 1997년 6월 5일 민족통일연구원과 한국개발연구원은 "분단비용과 통일비용"에 대한 학술회의를 개최했다. 민족통일연구원·한국개발연구원 공편, 『분단비용과 통일비용』(서울: 민족통일연구원, 1997).

30 노무현 대통령은 1980년대 말과 1990년대 초반의 성과에 대해 다음과 같이 평가했다. "지난날 1988년 7·7선언에서부터 1991년 남북 기본 합의까지의 과정을 보면 남북 관계는 그동안 한나라당이 만들어 놓은 틀 위에서 다 해결될 수 있습니다. 없던 것이 한 가지 있습니다. 신뢰가 없었습니다. 남북 간에는 제도적인 합의가 부족했던 것이 아니라 남북 간 신뢰가 없었던 것입니다." 노무현, 『성공과 좌절: 노무현 대통령 못 다 쓴 회고록』(서울: 학고재, 2009), 199쪽.

(momentum)을 이어나갔다. 하지만 북핵 문제가 악화되면서 1993년 팀 스피릿 훈련 재개가 선언되자, 북한은 남북 대화 재개 의사가 없다면서 회담을 중단시켰다.

1992년 말과 1993년 초반에는 한국과 미국의 대선과 정권 교체가 있었다. 미국은 클린턴 행정부 출범 이후 대북전략을 가다듬지 못했고, 한국은 핵에 대해 강경한 입장을 가진 김영삼 정부가 출범하면서 1993년 초반 한반도의 군사적 긴장은 최고조에 이르렀다.

1993년 2월 25일 취임사에서 김영삼 대통령은 "어떤 동맹국도 민족보다 나을 수 없다"라고 선언하고, 3월 19일 미전향 장기수 이인모를 송환시켰다. 하지만 북한이 핵확산금지조약(NPT: Nuclear non-Proliferation Treaty) 탈퇴를 선언하고 핵 문제가 악화되자, 그 해 6월 4일 취임 100일 기자회견에서 "핵을 가진 자와는 악수하지 않겠다"라는 강경한 입장을 표명했다.

하지만 1994년 6월 지미 카터(Jimmy Carter) 전 미국 대통령의 중재로 남북 정상회담 개최에 합의하는 등 남북 관계 전환의 계기가 마련되었다. 그러자 1994년 8월 15일 김영삼 대통령은 전임 정부에서 발표한 '한민족공동체 통일방안'을 발전시켜 '민족공동체 통일방안'을 제시했다. 이 제안은 "세계사는 이미 자유민주주의의 승리를 선언했고, 우리는 현재 민주주의의 시대에 살고 있다"라는 인식을 바탕으로 점진적·단계적 통일을 지향하는 것이었다. 이 제안은 '화해·협력 단계', '남북 연합 단계,' '1민족 1국가의 통일국가 완성'이라는 3단계 통일 방안이었다.[31] 민족공동체 통일방안은 전임 정부의 정책을 계승한 것이었고 기능주의적 입장에 기반을 둔 점진적·단계적 방안이라는 점에서 그동안 한국 정부의 통일 정책과 궤를 같이 한다고 볼 수 있다.

---

31 김영삼, 『김영삼 대통령 연설문집 제2권』(서울: 대통령비서실, 1994), 327~329쪽.

하지만 1994년 7월 9일 김일성의 급작스러운 사망으로 남북 정상회담은 무기한 연기되었고 뒤이은 조문 파동으로 남북 관계는 다시 경색되고 말았다. 물론 이 시기 남북 관계의 경색은 점차 심각해지는 북핵 문제와 남북 대화보다는 북·미 양자 회담에 매달리는 북한의 태도 등이 더 근본적인 원인이었다고 할 수 있다. 즉, 탈냉전 시대에 접어들었음에도 남북 관계는 정치·군사적인 변수의 영향을 크게 받았고 최고 정책 결정자의 의지와 이에 따른 당국 간 협상이 핵심이었다. 이러한 경향은 남북 관계가 크게 개선된 김대중 정부 시기와 그 이후에도 지속되고 있다.

김대중 대통령은 야당 시절 '화해·협력 단계'와 '남북 연합 단계'를 하나의 단계(1단계)로 보고, 대신 연방 단계(2단계)를 상정한 '3단계 통일론'을 주장했다.[32] 김대중 대통령은 야당 시절 자신의 통일 방안과 한민족공동체 통일 방안의 차이점으로 후자가 흡수통일을 목표로 하고 있는 데 반해 전자는 그렇지 않다는 점을 들었다.[33] 김대중의 3단계 통일론은 한국 정부의 공식 통일 정책으로 채택되지 않았지만, 이 주장 역시 기능주의에 기반을 둔 점진적 통일론이고 자유민주주의를 토대로 한다는 점에서 이전 정부의 주장과 맥락을 같이 한다고 볼 수 있다.[34]

김대중 대통령은 베를린 선언에서 "가장 현실적이고 합리적인 정책은 당장 통일을 추구하기보다는 한반도에 아직도 상존하고 있는 상호 위협을 해소하고 남북한이 화해·협력하면서 공존·공영을 추구하는 것입니다. 통일은 그다음 문제입니다"라고 주장했다.[35] 햇볕 정책으로 알려진 김대중 정부의

---

32 아태평화재단, 『김대중의 3단계 통일론』(서울: 아태평화출판사, 1995).

33 최완규, 「남북한 통일방안의 수렴가능성 연구: 연합제와 낮은 단계의 연방제」, ≪북한연구학회보≫, 제6권 제1호(2002), 14쪽.

34 최용환, 「한국의 통일 정책 평가와 과제」, 250~251쪽.

35 김대중, 「독일 통일의 교훈과 한반도 문제」, 허문영 외, 『한반도 평화체제』, 138쪽.

대북정책에 대해 북한은 이솝우화의 사례를 들며 신뢰를 보이지 않았으나, 결국 2000년 6월 15일 역사적인 남북 정상회담을 개최하게 되었다. 김대중 정부가 출범한 1998년 이후부터 점차 확대되기 시작한 남북 교류는 2000년 남북 정상회담 이후에는 급격한 양적 증가세를 보였다.

홍미로운 것은 김대중 정부 이후 한국 정부는 더 이상의 '통일' 방안을 제시하지 않았다는 점이다. 김대중 정부 정책의 공식 명칭은 '화해·협력 정책'이었고 일반적으로는 '햇볕 정책(이후에는 포용 정책)'으로 알려졌다. 김대중 정부를 계승한 노무현 정부의 정책은 '평화·번영 정책'이었고 보수 정권인 이명박 정부의 정책도 통일이라는 용어가 사라진 '상생·공영의 대북정책'이었다.

노무현 정부는 기본적으로 김대중 정부의 정책을 계승한 '평화·번영 정책'을 추진했다. 하지만 노무현 정부는 2002년 10월 불거진 제2차 북핵 위기와 거의 동시에 출범했고 참여정부는 출범과 동시에 북핵 문제 해결의 3대 원칙으로 북핵 불용, 대화를 통한 평화적 해결, 한국의 적극적 역할을 천명했다.[36] 정권 초기 대북 송금 문제, 집권 여당의 분당 문제 등이 불거지면서 남북 관계가 일시 경색되기도 했지만, 기본적으로는 전임 정부의 정책을 계승하는 기조를 이어나갔다. 이 정책은 관용과 인내로 북한을 설득하고 극단으로 몰아가지 않는 일관된 포용 정책이었다.[37] 이런 기조에서 이뤄진 대북 지원은 평화의 비용이자 통일의 비용으로 간주되었다.[38] 이 정책의 배경

---

36 국가안전보장회의, 『평화번영과 국가안보』, 32~33쪽.
37 노무현, 「대통령 신년연설」(2007.1.23), 「외국인 투자유치 보고회 발언」(2006.11.2), 「민주평통 운영·상임위원회 합동회의 발언」(2004.12.13). http://www.pa.go.kr (최종검색일: 2014.12.2)
38 노무현, 「군 주요 지휘관과의 대화 발언」(2006.6.16). http://www.pa.go.kr(최종검색일: 2014.12.2)

에는 북한이 개혁·개방으로 나설 수밖에 없다는 인식이 깔려 있었고 북한이 개혁·개방으로 나서는 비용을 한국이 상당 부분 부담할 수 있다는 대통령의 의지가 있었다.[39]

하지만 김대중·노무현 정부의 포용 정책이 화해·협력과 평화·공존을 내세우지만 궁극적으로는 북한을 개혁·개방으로 이끌어 한국 주도의 평화통일을 이루려는 것이었음을 부인하기는 힘들다.[40] 즉, 경협과 교류를 통해 북한의 대남 의존을 더욱 심화시킴으로써 북한의 체제 변화를 유도하고 결국에는 자유민주주의로의 평화통일을 이룬다는 논리를 배경으로 깔고 있는 것이다. 그렇다면 한국의 대북정책은 표면상 기능주의적 방법론에 입각하고 있지만, 그 기저에는 현실주의가 자리 잡고 있다[41]고 볼 수 있다.

2008년 출범한 이명박 정부는 대통령이 후보 시절 제시한 '비핵·개방·3000' 정책을 기조로 '상생·공영의 대북정책'을 추진했다. 이 정책의 논리는 북한이 먼저 핵을 폐기하면 그에 상응해 북한의 경제 발전을 돕고, 국제사회와의 협력을 지원함으로써 북한의 자립 경제를 돕고 한국 경제에도 기여하는 남북 관계를 만들겠다는 것이다. 이는 '새로운 한반도의 평화 구조' 창출 → '남북 경제 공동체' 구축 → 장기적으로는 '민족 공동체의 정치적 통일'의 수순으로 진행되는 것으로, 노태우 정부의 '한민족공동체 통일방안'(1989.9.11), 김영삼 정부에서 제시된 '민족공동체 통일방안'(1994.8.15)과 궤를 같이하는

---

39 노무현 대통령은 2007년 2월 16일 이탈리아 동포 간담회에서 "우리가 다 주더라도, 우리가 다 부담하더라도 이 문제(북핵 문제)는 해결해야 됩니다"라고 말했고 2007년 취임 4주년 대화에서는 "북한이 개혁·개방할 것이라고 믿는다"라고 발언했다. http://www.pa.go.kr(최종검색일: 2014.12.2)

40 김근식, 「남북합의의 안정성 평가와 새로운 남북합의의 필요조건」, 2014 동아시아 평화경제연구원 학술세미나자료집(2014.11.18), 95쪽.

41 김태현, 「남북한 관계의 이상과 현실: 현실주의 국제정치이론의 입장에서 본 남북한 관계」, 2000년도 한국정치학회 추계학술회의 발표논문집(2000), 12~13쪽.

구상이었다. 요컨대, 이명박 정부의 대북정책은 '북한 핵 폐기에 대한 강한 의지', '실용과 생산성에 대한 강조', '방법에 있어 호혜적 상호주의' 등으로 요약할 수 있다.[42]

하지만 북핵 폐기에 대한 이명박 정부의 강한 의지와 한국 정부에 대한 북한의 강한 불신은 남북 관계의 경색으로 이어졌고, 남북 교류 역시 감소하거나 정체되었다.

특히 2010년에 발생한 천안함 및 연평도 포격 사건은 남북 관계 경색의 결정적 계기가 되었다. 천안함 사건 이후 발표한 '5·24조치'로 개성공단을 제외한 남북 교류는 사실상 중단되었고 개성공단이 남북 교류의 상징적 사업으로 남아 있는 상태라고 할 수 있다. 5·24조치의 효과가 나타나기 시작한 2011년 이후 개성공단 사업이 남북 교역에서 차지하는 비율은 99%가 넘는다.

2013년 출범한 박근혜 정부의 대북정책 기조는 '한반도 신뢰프로세스', '동북아 평화 협력 구상', '유라시아 이니셔티브' 등으로 요약된다. 특히 작은 통일부터 시작해 큰 통일을 지향한다는 원칙은 전형적인 기능주의적 입장이라고 할 수 있다.

정리하면, 한국 정부의 대북정책 기조는 기능주의적 접근이라는 점에서 일맥상통하는 점이 있으나 기본적으로는 현실주의적 배경을 깔고 있다. 그 결과, 정치적·군사적 변수와 정책 결정자들의 대북 인식 등이 남북 관계에 크게 영향을 미쳤다. 즉, 남북 관계는 양측의 정치적 수사에도 불구하고 쉽사리 현실주의적 상황으로 회귀하는 경향이 있다. 결국, 정책 기조와 언술에서의 유사성에도 불구하고 실제 정책의 구현과 그 결과는 많은 차이를 만들어내고 있다. 이것은 어쩌면 발가벗은 현실주의적 입장과 전술적 기능주

---

42 최용환, 「한국의 통일 정책 평가와 과제」, 252~253쪽.

의 채택을 둘러싼 논쟁이라고 할 수 있다. 이러한 논쟁은 한국 사회 내에서 대북정책을 둘러싼 보수와 진보의 갈등, 이른바 '남남 갈등'으로 나타나고 있다. 남남 갈등이라는 용어가 한국 신문에 처음 등장한 것이 1997년경이라는 지적이 맞다면,[43] 남남 갈등이 대북정책에서 기인한 것이라는 주장은 설득력 있다.

문제는 이러한 남남 갈등의 결과, 정권의 변화에 따라 대북정책 방향이 크게 달라진다는 사실이다. 모든 정책은 백지 상태에서 시작하는 것이 아니라 이전 정부 정책의 결과에 영향을 받을 수밖에 없다. 따라서 정책의 일관성과 안정성이 보장되기 힘든 것이 현실이다.

2. 대북정책 환경의 변화와 새로운 접근법 필요성

1) 대북정책 환경의 변화

(1) 국제 질서의 변화

지난 10여 년간 한반도를 둘러싼 가장 큰 국제 질서의 변화는 중국의 부상과 미국의 상대적 쇠퇴라고 할 수 있다. 20세기말 냉전이 끝나자 미국은 사실상 유일한 패권국이 되었다. 1991년 걸프전은 유일 패권국이자 세계 경찰로서 미국의 힘을 보여준 전쟁이었다. 1997년 즈비그뉴 브레진스키 (Zbigniew Brzezinski)는 그의 저서에서 미국은 군사·경제·기술·문화 등 네

---

[43] 김재한은 한국언론재단 DB에 의하면 남남 갈등이라는 용어가 처음 신문에 등장한 것은 ≪한겨레신문≫, 1997년 8월 2일 자라고 지적한다. 김재한, 「남남갈등과 대북 강온정책」, ≪국제정치연구≫, 제9집 제2호(2006), 25쪽.

가지 결정적 영역에서 최고 강국이고 진정한 의미에서 독보적·세계적인 의미의 초강대국이라고 주장했다.[44]

하지만 미국의 독보적 지위는 브레진스키의 예상보다 빠르게 쇠퇴했다. 이라크와 아프가니스탄에서 보여준 미국의 군사력은 여전히 압도적이었지만 완벽하지 않았다. 지속적·소모적인 전쟁에서 미국은 취약점을 드러냈고 2008년의 금융 위기와 재정 적자에 허덕이는 모습은 미국의 경제력에 대한 신뢰까지 무너졌다.

반면 중국은 너무나 빠르게 성장했다. 물론 중국의 성장이 미리 예상되지 않은 것은 아니다. 예컨대, 미국 국가정보위원회(NIC: National Intelligence Council)는 2030년경 GDP, 인구 규모, 군사비 지출, 기술 투자를 기준으로 한 평가에서 아시아가 북아메리카와 유럽의 합을 추월할 것으로 예상하기도 했다.[45] 물론 이러한 전망의 배경에는 중국이 있었다.

유럽의 상대적 쇠퇴 역시 주목할 만한 변화이다. 이른바 PIGS(Portugal, Italy, Greece, Spain)라는 신조어가 탄생할 만큼 유럽 일부 국가들의 재정 위기 우려가 지속되고 있고 이는 유럽연합의 장래를 어둡게 하고 있다. 유럽과 미국의 상대적 쇠퇴는 근대 이후 세계를 지배해온 서구 중심 질서의 변화를 예고한다. 이와 관련해 파리드 자카리아(Fareed Zakaria)는 지난 500년 동안 힘의 지형을 바꾼 세 가지 대이동을 지적한다. 첫 번째 대이동은 서방 세계의 부상, 두 번째는 미국의 부상, 세 번째는 나머지의 부상이라는 것이다. 자카리아는 나머지의 부상은 아시아 지역에서 가장 뚜렷하게 나타나고 있으나, 아시아에만 국한된 것은 아니라고 주장한다.[46]

---

44 Zbigniew Brzezinski, *The Grand Chessboard: American Primacy And Its Geostrategic Imperatives*(NY: Basic Books, 1997), Ch. 1.

45 National Intelligence Council, *Global Trends 2030: Alternative Worlds*(Virginia: National Intelligence Council, 2012), p. 16.

물론 중국의 성장과 미국 및 서구의 상대적 쇠퇴가 곧바로 미·중의 국력 역전을 의미하는 것은 아니다. 절대적 국력에서 미국은 여전히 세계 최강이고 이는 한동안 유지될 것이다. 재정 위기로 인한 국방비 감축에도 불구하고 미국의 국방비 지출은 여전히 세계 최고이고, 미국의 경제력이 결정적으로 쇠퇴했다는 증거도 없다. 문제는 미·중 간의 상대적 국력 격차 축소라고 할 수 있을 것이다.

1980년대 개혁·개방을 시작한 이래 중국은 약 30년 동안 평균 두 자릿수의 경제성장을 이룩했다. GDP 기준으로 중국은 2007년 독일을, 2010년 일본을 추월해 세계 제2위의 경제 대국이 되었다.[47] 특히 중국은 1조 달러가 넘는 미국 재무부 채권을 보유하고 있어 미국의 재정 적자를 지탱하는 한 축이 되고 있다.

주목할 것은 그동안 화평굴기(和平崛起), 도광양회(韜光養晦)와 같이 평화적 외교 원칙을 기조로 삼던 중국이 주변국들에 대해 한층 공격적인 외교를 본격화하기 시작했다는 점이다. 이제 중국은 미국에 대해 신형 대국 관계를 공개적으로 요구하고 있다. 시진핑(習近平) 지도부는 "중화 민족의 위대한 부흥(中華民族偉大復興) 달성과 중국의 꿈(中國夢)"이라는 국정 슬로건을 제시하고 있고, 제18차 당 대회 보고서에서 부국(富國)과 강군(强軍) 실현이라는 당의 기본 노선 추진 방침을 재차 확인했다.[48] 이와 같은 중국의 공세적 자

---

46 파리드 자카리아, 『흔들리는 세계의 축: 포스트 아메리칸 월드』, 윤종석 외 옮김(서울: 베가북스, 2008), 23쪽.

47 지금과 같은 추세가 지속된다면 대체로 2025년에서 2030년 중국의 GDP가 미국을 추월할 것으로 예상된다. 골드만삭스는 2027년, 일본 내각부는 2025년으로 그 시기를 예측하고 있다.

48 정재흥, 「중국의 동아시아 정책 평가 및 전망: 중국의 부상과 동아시아 안보질서의 변화」, 경남대학교 극동문제연구소 엮음, 『한반도 정세: 2013년 평가와 2014년 전망』(서울: 경남대학교 극동문제연구소, 2013), 84쪽.

세는 군사력 증강과 맞물리면서 주변국과의 갈등으로 이어지고 있다.

미국 국방부는 중국의 국방 예산이 2000~2010년 동안 연평균 12.1%씩 증가하고 있다고 평가한다. 같은 기간 중국의 경제성장률은 10.2%였는데 국방 예산은 이보다 더 빠르게 증가했다는 것이다.[49] 중국의 국방 예산에 대한 미국의 의구심은 중국의 능력 증가에 대한 투명성 부족과 관련 있다. 즉, 미국은 중국의 공식 발표를 그대로 신뢰하지 않는다. 예컨대, 2013년 중국은 국방 예산이 전년 대비 10.7% 증가된 1140억 달러라고 발표했지만, 미국은 2012년 중국의 군사비 지출이 최소 1350억 달러에서 최대 2150억 달러에 달할 것으로 추정했다.[50] 일부 서방 전문가들은 2025년 중국의 전체 국방비가 약 2000억~3000억 달러에 이를 것으로 예상하고 있다.[51]

중국의 군사력 증강은 중국 대륙에 대한 '접근 거부 능력' 강화, '정밀 타격 능력' 향상, '핵 억지력' 강화, '원거리 공중 작전 능력' 확대 등을 주요 목표로 한다. 즉, 이는 중국이 오래전부터 핵심 이익으로 간주해온 타이완 문제, 남중국해 영토 갈등에서 미국의 역내 개입을 억지하기 위한 반접근/지역 거부(A2/AD: Anti-Access/Area Denial) 확보와 관련 있다. 실제 중국은 2010년 5월 베이징에서 개최된 미·중 경제 전략 대화에서 타이완, 티베트 등과 더불어 남중국해의 해양 권익을 중국의 핵심 국가 이익(core national interest)으로 주장했다. 이러한 중국의 '적극적 근해 방어 전략'은 2010년 천안함 사

---

49 U.S. Department of Defense. *Military and Security Development Involving the People's Republic of China 2011: Annual Report to Congress*(Virginia: U.S. Department of Defense, 2011), p. 41.

50 U.S. Department of Defense. *Military and Security Development Involving the People's Republic of China 2013: Annual Report to Congress*(Virginia: U.S. Department of Defense, 2013), p. 45.

51 정재홍, 「중국의 군사력 증강에 따른 지역 안보질서 변화 고찰」, ≪군사논단≫, 통권 제70호(2012), 78쪽.

건 이후 서해에서의 한미 연합 훈련을 반대하면서 서해를 자신의 근해 (coastal waters)라고 주장하는 점에서도 나타났다.[52] 또한 중국은 미국 전역을 사거리 안에 두는 둥펑(東風)-31A와 둥펑-41 미사일을 시험하고, 미국 항공모함의 연안 접근 저지를 위한 둥펑-21D 중거리 대함 탄도미사일 능력을 확보하고 있다. 이 외에도 항공모함 랴오닝호(遼寧號)를 진수하고, 스텔스 전투기 젠(殲)-20, 위성 요격미사일 등을 개발하고 있다.

중국의 군사력 증강에 대한 미국의 우려는 2010년 4개년 국방검토보고서 (QDR: Quadrennial Defense Review)와 2011년 군사안보전략보고서(National Military Strategy) 등을 통해 구체적으로 나타난다. 2010년 QDR은 전진 배치, 재래식 전력, 핵무기 억지 등을 포함하는 지역별 맞춤형 억지(regionally tai-lored deterrence)를 강조하고 있다. 맞춤형 억지는 단순한 핵 확장 억지뿐만 아니라 핵과 재래식 전력, 정치, 외교, 경제 등 모든 수단을 포함하는 포괄적 개념이다. 특히 2010년 QDR은 중국이 동아시아 지역에서 군사적 충돌 발생 시 자국의 군사력 개입과 접근을 거부 혹은 저지하는 A2/AD 전략을 추진 중이라고 판단하고 이에 대한 심각한 우려를 표시하고 있다.

이어 2011년에 발간된 군사안보전략보고서가 중국군의 현대화 규모와 전략적 의도, 우주와 사이버 공간, 동중국해 및 남중국해에서의 행보를 주

---

52 중국이 나진-선봉은 물론이고 청진항 등에 관심을 보이면서 이 지역은 북·중 경협의 중심축 가운데 하나가 되었다. 동북 진흥 계획의 성공을 위한 출해(出海) 통로가 필요한 중국에게 북한 동북부 항구는 매우 긴요한 것이었다. 결국 중국은 나진과 청진 등 항구의 수십 년 사용권을 획득했다. 그 결과 나진-선봉 지역에는 이미 중국 선박들이 기항하고 있고 이 선박들은 한반도를 우회해 중국으로 이어지는 항로를 사용하고 있다. 그 결과 한반도를 둘러싼 동해, 남해, 서해는 이제 중국의 내해(內海)로 기능하게 되었다. 아직까지 이 문제가 크게 부각되고 있지 않으나, 중·장기적으로 나진, 청진 등에 중국 군함 등이 기항하게 된다면 이는 군사적·외교적으로 매우 미묘한 문제가 될 것이다.

시하고 있다면서 경계심을 표시한 것도 이와 같은 맥락이라고 할 수 있다.[53] 이 보고서에서 미국은 이른바 '1+ 전략'을 채택했다. 즉, 한 곳에서 전쟁을 수행하고, 다른 한 곳에서는 침략국에 대해 감당할 수 없는 피해를 입힐 수 있는 능력을 확보하겠다는 것이다. 보고서 어디에도 미국은 한 곳이 어딘지를 명기하지 않았다. 하지만 그 대상에서 중국이 빠질 수 없음은 분명해 보인다.

중국의 공세적 외교와 군사력 강화는 남중국해에서의 영토 분쟁 격화로도 이어졌다. 2009년 중국은 남중국해 탄완자오(彈丸礁)를 둘러싸고 말레이시아와 갈등을 빚었고 필리핀과는 난사군도(南沙群島)와 스카버러 섬(Scarborough Shoal) 영유권 마찰이 있었다. 또한 2011년에는 베트남과 석유 탐사 문제를 둘러싼 충돌이 있었고 2013년에는 타이완까지 가세해 타이완과 필리핀 간 어민 총격 사망 사건이 발생하는 등 갈등이 지속되고 있다.[54] 최근 중국 주변 영토 분쟁 가운데 가장 심각한 문제로 부각된 것은 센카쿠열도(尖閣列島)/댜오위다오(釣魚島) 분쟁이다. 1960년대부터 이 지역에 대한 영유권을 두고 외교적 마찰 및 민간 차원의 항의는 지속적으로 이뤄져 왔지만, 군사적 대립으로 이어지지는 않았다. 하지만 2010년 일본의 해상보안청 순시선과 중국 어선의 충돌 사건 이후, 이전과는 다른 형태의 분쟁 양상을 보여주고 있다. 외교적 공방을 넘어서 실질적으로 상대방에게 보복을 가하는 형태로 전개되기 시작한 것이다. 중국의 강경 입장에 대응해 2011년 일본 노다 요시히코(野田佳彦) 정권 역시 강경 입장을 보이면서 2012년 국유

---

53 U.S. Department of Defense, *The National Military Strategy of the United States of America 2011: Redefining of America's Military Leadership*(Virginia: U.S. Department of Defense, 2012).

54 한국국방연구원 세계분쟁정보. http://www.kida.re.kr/woww/(최종검색일: 2015. 8.5)

화 결정을 내리자 사태가 극도로 악화되었다. 중국은 즉각 센카쿠열도/댜오위다오의 영해 기선을 선포하고, 센카쿠열도/댜오위다오 해역에 해양 감시선과 어업 지도선을 파견해 상시적인 감시 활동을 전개할 것이라는 입장을 밝혔고 이후 중·일 관계는 상호 간 군사적 충돌 가능성이 대두될 정도로 극도로 악화되었다.

버락 오바마(Barack Obama) 행정부 이후 미국의 대중국 전략은 전면적 협력도 아니고 완전한 봉쇄도 아닌 애매한 모습을 보여 왔다. 하지만 2010년을 전후해 미국 군사전략의 초점은 대테러에서 중국으로 옮겨가고 있다. 오바마 행정부는 2010년 센카쿠열도/댜오위다오를 둘러싼 중·일 갈등에서 명백하게 일본 편에 서고, 같은 해 10월 28일 힐러리 클린턴(Hillary Clinton) 국무부 장관이 하와이에서 미국 대외 정책의 중추를 아시아로 전환하는 것(pivot to Asia)을 천명하기에 이르렀다. 이러한 미국의 대외 전략 기조는 2011년 11월 17일 오바마 대통령이 호주 의회 연설을 통해 "아시아-태평양 지역을 대외 전략의 최우선에 두겠다"라는 '오바마 독트린'을 통해 더욱 구체화되었다. 이는 과거 유럽과 중동에 집중되었던 미국 대외 전략의 축이 아시아-태평양 지역으로 이동한다는 것인데, 다른 의미에서는 중국이 경쟁자 혹은 전략적 주적이 되었다는 것으로도 해석될 수 있다.

이러한 미국의 재균형 정책은 다음의 몇 가지 특징이 있다.[55] 첫째, 재균형 정책은 외교, 경제, 군사 등 이슈를 포괄하는 다차원적 전략이지만 아시아-태평양 지역의 군사력 강화를 지향하는 안보 전략의 성격이 강하다. 둘째, 역내 동맹국 및 안보 파트너들에 대한 미국의 방위 공약 재확인(reassure)이다. 셋째, ASEAN(Association of South-East Asian Nations) 지향성이다. 이는

---

55 김기석, 「미국의 재균형정책과 동아시아 지역질서: G2 동학과 지역국가의 대응」, ≪21세기정치학회보≫, 제23집 제3호(2013), 179~180쪽.

아시아로의 재균형에 더해 '아시아 내의 재균형(rebalance within Asia)'으로 표현되는데, 동북아시아에 집중되었던 관심을 동남아시아에 대한 관심 증대로 균형을 맞춘다는 의미이다. 넷째, 동아시아 지역주의에 대한 관심이다. 미국은 자신이 주도하지 않은 동아시아 정상회의(EAS: East Asia Summit)에 가입하기도 했다.[56]

하지만 변화한 미·중 관계를 과거 냉전 시대 미·소 관계에 비교할 수는 없을 것이다. 미·중의 영향권 범위는 과거 미·소의 경계에 비해 느슨하거나 심지어 분명하지도 않다. 또한 현재의 미·중 관계는 협력과 갈등이 교차하고 있어 좀 더 복잡하고 미묘하다.

미국의 '아시아로의 회귀' 전략을 가장 반기는 국가는 일본이다. 일본은 센카쿠열도/댜오위다오 분쟁 등을 활용해 미국을 적극 개입시키고, 정치·군사 영역에서 일본의 영향력 확대를 꾀하고 있다. 2015년 4월 28일 미·일 정상회담이 열렸다. 태평양 전쟁을 마무리하는 샌프란시스코 강화조약이 발효된 날이 1952년 4월 28일이었으니, 이 날은 제2차 세계대전 이후 변화된 미·일 관계를 상징하는 날짜라고 할 수 있다. 이날 발표된 미·일 공동성명은 제2차 세계대전 종전 70년을 맞는 미·일 관계가 역사적 화해의 모범(a model of the power of reconciliation)이라고 선포했다. 양국은 미·일 방위협력지침 개정을 통한 군사 협력 강화와 환태평양경제동반자협정(TPP: Trans-Pacific Partnership)의 조기 타결을 통한 경제협력 의지를 표명했다. 이번 지침 개정으로 동아시아에서 일본의 군사적 역할은 더욱 확대되었고 이는 주변국의 우려 대상이 되고 있다. 미·일 정상회담 다음날인 4월 29일 아베 신조(安倍晋三) 수상은 일본 수상으로서는 패전 이후 처음으로 미국 상·하원 합동 연설을 했다. 이 정상회담의 결과는 중국 견제를 위한 미·일 관계의

---

56 최용환, 『미국의 동아시아 정책 변화와 한반도』(수원: 경기개발연구원, 2014).

강화라고 평가할 수 있다. 아베 정권 등장 이후 더욱 보수화하는 일본이 한·중·일 간의 역사 문제를 둘러싼 민족 정서를 건드리면서 아시아 삼국 간의 민족주의적 대립 양상도 이어지고 있다. 식민지 역사 청산이 완전히 이뤄지지 않은 상황에서 일반 국민의 민족주의적 정서는 매우 휘발성이 높아서 쉽사리 국가 간 관계를 경색시킨다. 이러한 상황이 단기간에 극복되기 어렵다는 점에서 근대와 21세기가 공존하는 한반도 주변 상황은 더욱 해결이 어려운 고차방정식이 되고 있다.

문제는 경제적으로 중국과 더 가깝지만 안보적으로 미국에 의존하고 있는 한국의 현실이다. 한국의 입장에서는 미·중의 대립도 반갑지 않지만 미·중의 완벽한 협력도 우려스러울 수 있다. 예컨대, 한반도의 현상 변경을 원하지 않는 미국과 중국의 이해가 일치한다면 통일의 과제는 더욱 어려워질 수 있다. 반면 미·중의 갈등이 심각해져서 각자의 이해관계를 한반도에 투사시키려는 상황도 전혀 반갑지 않을 것이다.

중요한 것은 아시아로의 회귀를 공언한 미국을 견제해야 하는 중국이 북한의 전략적 가치를 어떻게 판단하는가이다. 장성택 숙청 이후 북·중 관계에 불협화음이 증가하고 있는 것은 사실이지만, 그것이 중국에 있어 북한의 전략적 가치 감소를 의미하는 것은 아니다. 물론 한국과의 관계가 심화되면서 중국이 북한을 부담으로 여기는 경향이 증가하고 있는 듯하다. 그렇지만 중국의 한반도에 대한 일관된 입장은 '대화와 타협', 즉 평화적 방법에 의한 문제 해결이다. 중국은 북한이 심각한 문제를 일으키지 않는다면 북한의 붕괴를 바라지 않을 것이다. 오히려 중국은 북한이 붕괴하지 않도록 지원할 가능성이 더 높다.

결국 변화한 국제 질서에서 북한의 전략적 융통성은 더 증가했다고 볼 수 있다. 1990년대 초반 동구 사회주의권 붕괴의 이면에 몰락하는 제국 소련이 있었다면, 21세기 초반 북한의 배후에는 사회주의 혈맹이자 성장하는 강대국 중국이 있다. 물론 현재의 북·중 관계를 냉전 시대와 동일시할 수는 없다. 중국의 대한반도 정책 기조 자체가 바뀐 것은 아니지만 북한에 대한 중국 내 여론이 서서히 바뀌고 있는 것은 분명해 보인다. 중국은 핵을 가진 북한보다는 중국식 개혁·개방을 택한 북한을 원하고 있고 중·장기적으로 이를 위해 노력할 것이다.

북핵 문제가 장기화되면서 중국의 역할이 주목받고 있지만 중국의 대북 영향력은 외부의 기대보다 작았다. 중국이 북한을 강하게 굴복시키지 못할 것을 북한이 인식[57]하고 있는 이상 중국의 압력은 제한적일 수밖에 없다. 하지만 중국이 한반도의 불안정한 상황을 원하지 않고 있고 중·장기적인 관점에서 북한의 개혁·개방을 지지하고 있다는 점은 주목할 필요가 있다.

2013년 2월 북한의 제3차 핵실험 이후, 중국은 국제사회와 공조해 유엔 안전보장이사회(안보리) 대북 결의안 2094호 채택에 동참했고 대북 경제제재를 준수하겠다는 의지를 표명했다. 실제로 중국은 북한 주민의 신규 비자 발급과 단기 비자 획득, 주민의 불법 노동 행위 감시를 강화했고, 중국인의 북한 관광이 일시적으로 중단되기도 했다. 또한 중국의 4대 국유 은행인 중국인민은행(中國人民銀行), 중국공상은행(中國工商銀行), 중국농업은행(中國農業銀行), 중국건설은행(中國建設銀行)이 조선무역은행과 거래를 중단했다. 이러한 중국의 강경한 태도는 2013년 하반기부터 약화되어 장기적으로 지속되지 못했다.[58] 그럼에도 불구하고 이런 중국의 태도는 추후 예상되는 북한의 핵 도발[59]에 대해 더 강경하게 대응할 수도 있다는 의미로 이해될 수 있

---

57 김강일, 「북한의 핵전략과 중국의 정책선택」, ≪성균 차이나 브리프≫, 제1권 제2호 (2013), 80쪽.

58 이상숙, 「중국의 대북 경제제재와 최근 북한·중국 경제관계의 동향」, ≪주요국제문제분석≫, 제28호(2014), 16~17쪽.

59 북한의 핵실험에 대한 중국의 대응 양식 변화는 이영학, 「북한의 세 차례 핵실험과

을 것이다.

요약하면, 중국의 대북정책 기조가 바뀌지는 않았으나 북한의 연이은 핵실험에 대해 중국은 점차 심각하게 인식하고 있는 듯하다. 이는 미·중 간의 북핵 불용에 대한 합의로 나타나고 있다. 그럼에도 북·중 교역 규모는 전혀 감소하지 않았다. 뿐만 아니라 동북 진흥 계획의 성공을 위한 출해 통로가 필요한 중국의 입장에서는 나진-선봉과 청진 지역을 중심으로 한 북·중 경협은 지속되리라 보는 것이 정확하다. 즉, 북핵에 대해서는 강경하게 대응하되 점진적 북한의 변화를 지향하는 것이다. 이 점에 대해서는 한국과 중국의 전략적 이해관계가 일치한다고 볼 수 있다.

(2) 김정은 체제의 등장과 북한의 변화

김정일의 다소 급작스런 사망으로 북한에서는 3대 세습이 이뤄졌다. 혹자는 20여 년에 걸친 후계자 수업과 치열한 투쟁을 거쳐 권력을 쟁취한 김정일과 비교해 김정은으로의 권력 승계야말로 진정한 세습이라고 평가하기도 한다.[60] 권력 승계 초기, 경험이 없고 나이 어린 후계 체제의 불안정성에 대한 논의가 많았으나 2015년 현재 김정은 정권은 비교적 안정적으로 유지되고 있다.

김정은은 아버지 김정일 시대의 유산을 고스란히 물려받았다. 첫째, 대내적으로는 여전히 자체적인 경제성장 동력을 발견하지 못하고 있는 문제를 극복해야 한다. 최근 들어 북한 사정이 좋아지고 있다는 주장이 증가하는 것은 사실이지만 그것이 북한 경제 사정의 근본적 개선이라고 보기는 어

중국의 대북한 정책 변화 분석」, ≪국제정치논총≫, 제53집 제4호(2013), 191~223쪽 참조.

60 히라이 히사시, 『김정은 체제: 북한의 권력구조와 후계』, 백계문·이용빈 옮김(파주: 한울, 2012), 25쪽.

렵다. 사회주의 체제가 경제 실패라는 하나의 변수로 붕괴하는 것은 아니지만,[61] 장기적으로 지속되는 경제난 극복은 북한 정권의 관심사가 아닐 수 없다. 이는 '먹는 문제', '식량문제', '인민 소비품 문제' 등을 적시하면서 이 같은 문제의 해결이 '사회주의 부귀영화'이고 '사회주의 강성 대국'이라고 주장한 김정은의 연설에서도 확인할 수 있다.[62]

둘째, 대외적 고립의 탈피이다. 김정일의 사망은 북한 권력 핵심부와 관련된 내부 환경의 변화를 의미할 뿐, 북한을 둘러싼 주변 환경의 변화를 의미하지는 않는다. 그런 의미에서 김정은은 김정일 시대의 유산에서 모든 것을 시작해야 한다.[63] 김정은 시대 북한이 주장하는 '핵과 경제 병진 노선'은 외부에서 볼 때 황당할 수 있으나 과거 '선군 정치' 등 김정일 시대부터의 북한 노선을 고려한다면 그다지 새롭지 않다.

북한의 변화와 관련해 주목할 필요가 있는 것은 북한의 시장이다. 국가가 식량 배급과 원·부자재 조달을 책임지지 못하면서 북한에서 시장의 확산은 불가피하고 불가역적인 사회현상이 되고 있다. 시장의 확산과 그 영향에 대해서는 크게 두 가지 견해가 대립하고 있다. 즉, 시장 및 비공식 영역의 확대가 계획경제를 침식해 정권에 대해 위협 요인이 되고 있다는 견해[64]와

---

61 찰스 암스트롱(Charles Armstrong)은 어떤 사회주의 국가에서도 경제 위기와 정치적 붕괴의 직접적 연관 관계는 없었다고 주장한다. Charles K. Armstrong, "Ideological Introversion and Regime Survival: North Korea's 'Our-Style Socialism'," Martin K. Dimitrov(ed.), *Why Communism Did Not Collapse: Understanding Authoritarian Regime Resilience in Asia and Europe*(Cambridge University Press, 2013), p. 111.

62 김정은, "김일성 대원수님 탄생 100돌 경축 열병식에서 한 연설", ≪로동신문≫, 2012년 4월 16일 자.

63 Yonghwan Choi, "North Korea's New Leadership and Diplomacy: Legacy and Challenges of the Kim Jong Il Era," *Journal of Peace and Unification*, Vol. 2, No. 1 (2012), pp. 48~49.

북한의 시장을 정치 영역과 분리된 독자적 공간이 아니라, 특권적 국가기관들의 지대(rent) 실현의 공간으로 인식하는 견해[65]이다. 하지만 모든 사회 현상이 그렇듯 북한의 시장 역시 다면적 모습이 있고 양자의 견해 차이는 정도의 문제일 가능성이 훨씬 높다.

국가 관료 집단이 가장 규모와 파급력이 큰 시장 세력임은 분명해 보인다.[66] 하지만 국가 관료 집단이 직접 관여하지 못하는 유통과 서비스, 무역과 제조업 등 여러 분야에서 신흥 자본가의 역할이 증대하는 것 또한 사실이다. 새로운 상인 계급과 '돈주'가 시장의 유력한 수혜자가 되면서 전사자·피살자 등 출신 성분을 우대하는 당의 정체성이 부식되는 것도 부인할 수 없다.[67]

문제는 북한에서 시장이 확산되고 있고 이는 북한이 경제난을 해결하지 못하는 한 불가역적인 현상이 되고 있다는 것이다. 시장이 확산되면서 시장에서 이득을 보는 신흥 자본가 계층의 등장과 양극화는 북한 경제가 전형적인 제3세계 경제의 모습으로 변해가는 것을 의미한다. 제3세계 일반이 그렇듯이 시장이 확대되고 부패와 비리가 증가하고 있는 것이다.

시장의 확대를 위해서는 시장에서 활동하는 사람들의 이동이 필수적이

64　김병연·양문수, 『북한경제에서의 시장과 정부』(서울: 서울대학교출판문화원, 2012); 양문수, 『북한경제의 시장화: 양태·성격·메커니즘·함의』(서울: 한울, 2010); 임강택, 『북한경제의 시장화 실태에 관한 연구』(서울: 통일연구원, 2009).

65　최봉대, 「북한의 시장 활성화와 시장세력 형성 문제를 어떻게 봐야 하나」, ≪한반도 포커스≫, 제14호(2011); 박형중, 「북한에서 1990년대 정권 기관의 상업적 활동과 시장 확대」, ≪통일연구논총≫, 제20권 제1호(2011); 박형중, 「북한 시장에 대한 정치학적 분석」, ≪한국정치학회보≫, 제46집 제5호(2012).

66　홍민, 「북한경제 연구에 대한 위상학적 검토: 수령경제와 시장세력을 중심으로」, ≪KDI 북한경제리뷰≫, 제14권 제1호, 59쪽.

67　김병로, 「북한의 시장화와 계층구조의 변화」, ≪현대북한연구≫, 제16집 제1호(2013), 198~202쪽.

다. 특히 지역의 경계를 넘어 이동하는 사람들이 증가하면서 외부 정보의 유입이 증가하고 있다. 물론 외부 세계에 대한 정보를 더 많이 알게 되고, 심지어 한국이 잘 살고 있다는 것을 안다고 해서 그것이 자동적으로 현 체제를 부정하거나 변혁하게 되는 것은 아니다.[68]

외부 정보의 유입과 관련해 최근에 주목받는 현상 가운데 하나는 휴대전화 이용자 증가 현상이다. 북한의 휴대전화 가입자 수는 2012년 150만 명, 2013년 중반에는 200만 명을 넘어 250만 명에 이르는 것으로 알려지고 있다.[69] 물론 북한에서 휴대전화 사용자층은 한정되어 있고 인터넷 연결이나 국제전화 사용은 통제되어 있다. 하지만 국경 지역에서 중국 통신망 등을 활용해 외부와 정보를 주고받는 경우도 알려지고 있다.[70]

이 외에도 외부 문화, 특히 한국 문화의 북한 유입은 광범위하고 즉시적으로 이뤄지고 있다. 과거에는 일부 가요나 드라마 등이 중심을 이루었으나, 이제 연예·오락 프로그램까지 북한 주민들이 즐기고 있고 전달되는 시차도 일주일 정도에 지나지 않는 것으로 알려지고 있다. 과거에는 평양의 일부 특수층만 한국 문화를 향유했으나 최근에는 일반 노동자나 농민들도 쉽게 접한다고 알려진다.[71] 북한 당국이 이러한 외부 문화의 유입에 대해

---

68 이우영, 「최근 북한사회와 주민생활의 변화」, ≪KDI 북한경제리뷰≫, 제14권 제10호(2012), 5쪽.

69 Martyn Williams, "Koryolink hits 2 million subscribers," *NK News*, May 28, 2013. http://www.northkoreatech.org/2013/06/02/(최종검색일: 2014.11.21); Maeve Shearlaw, "Calling comrade Kim: dos and don'ts of using a mobile phone in North Korea," *The Guardian*, September 29, 2014.

70 장인숙·최대석, 「김정은 시대 정치사회 변화와 북한주민 의식: 탈북민 의식조사를 중심으로」, ≪북한학연구≫, 제10집 제1호(2014), 19쪽.

71 이우영, 「최근 북한사회와 주민생활의 변화」, 3~13쪽; 강동완·박정란, 『한류 북한을 흔들다』(서울: 늘품플러스, 2011).

민감하게 반응하는 것은[72] 이러한 변화가 북한 주민들의 사상·이념적 통일성을 저해하고 있다는 것에 대한 반증이라고 할 수 있다.

그럼 김정은 정권 출범 이후 북한 사회는 어떻게 변하고 있을까? 우선, 제한적이지만 북한 경제가 지속적으로 회복될 것이라는 전망이 우세하다.[73]

〈그림 2-1〉, 〈표 2-1〉, 〈표 2-2〉에서 볼 수 있는 것처럼 통계 기관마다 차이가 있지만, 이른바 '고난의 행군' 시기인 1990년대 말을 지나면서 북한 경제는 제한적이지만 서서히 회복되는 추세를 보이고 있다.

이와 더불어 파편적이지만 북한 주민의 생활수준 개선이 이뤄지고 있다는 방북 인사들의 증언이 많아지고 있다. 물론 외부 인사의 방북 시 그들이 볼 수 있는 부분이 한정되어 있다는 점을 고려해야 하겠지만 이를 완전히

〈그림 2-1〉 구매력평가(PPP: Purchasing Power Parity) 기준 1인당 북한 국민소득 통계 비교

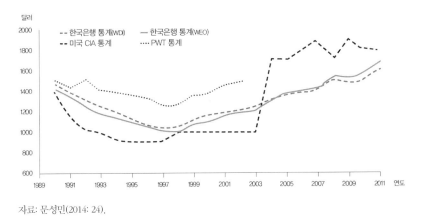

자료: 문성민(2014: 24).

---

72 김종손, "제국주의의 사상문화적 침투책동을 분쇄하여야 한다", ≪로동신문≫, 2012년 1월 30일 자.

73 이석기, 「북한의 시장화 실태와 경제현황 및 전망」, "최근 북한의 변화와 남북교류협력 추진방향", 2014 민화협 제5차 전문가 간담회 자료집(2014.11.13), 38쪽.

〈표 2-1〉 북한의 주요 거시경제 지표

지표	단위	1990	1991	1992	1993	1994	1995	1996	1997
명목 GNI	조 원	16.4	16.8	16.4	16.4	17.0	17.2	17.3	16.8
1인당 GNI	만 원	81	82	79	78	80	79	79	76
경제 성장률	%	-4.3	-4.4	-7.1	-4.5	-2.1	-4.4	-3.4	-6.5
대외무역 규모	억 달러	41.7	25.8	25.6	26.5	21.0	20.5	19.8	21.8
예산 규모	억 달러	166	172	185	187	192	n.a.	n.a.	91
지표	단위	1998	1999	2000	2001	2002	2003	2004	2005
명목 GNI	조 원	17.6	18.7	19.0	20.3	21.3	21.9	23.8	24.8
1인당 GNI	만 원	79	83	84	89	92	94	102	105
경제 성장률	%	-0.9	-6.1	0.4	3.8	1.2	1.8	2.1	3.8
대외무역 규모	억 달러	14.4	14.8	19.7	22.7	22.6	23.9	28.6	30.0
예산 규모	억 달러	91	92	96	98	n.a.	n.a.	25	29
지표	단위	2006	2007	2008	2009	2010	2011	2012	2013
명목 GNI	조 원	24.4	24.8	27.3	28.6	30.0	32.4	33.5	33.8
1인당 GNI	만 원	103	104	114	119	124	133	137	138
경제 성장률	%	-1.0	-1.2	3.1	-0.9	-0.5	0.8	1.3	1.1
대외무역 규모	억 달러	30.0	29.4	38.2	34.1	41.7	63.2	68.1	73.4
예산 규모	억 달러	30	32.2	34.7	36.6	52.4	58.4	62.3	67.6

자료: 한국은행(2014); 문성민(2014: 17).

<표 2-2> 북한의 주요 자원 생산 실적 추이

단위: 억 kWh, 만 톤

연도	전력	석탄	철광석	곡물	시멘트	강철
1988	279	4,070	1,030	521	978	504
1990	277	3,315	843	402	613	336
1998	170	1,860	289	389	315	95
2002	190	2,190	408	413	532	104
2007	237	2,410	513	400	612	123
2008	255	2,550	496	411	613	126
2009	235	2,550	496	411	613	126
2010	230	2,500	509	-	628	128
2011	209	2,550	523	-	645	123
2012	215	2,580	519	468	645	122
2013	221	2,660	549	481	660	121

자료: 한국은행(2014).

무시할 수는 없어 보인다. 탈북민 대상의 최근 조사 결과에 따르면 수령과 주민의 관계에 대해서 김정일 시대보다 김정은 시대의 평균값이 더 높게 나타난다. 이 조사에서 주목할 만한 점은 김정은에 대한 지지도가 여전히 낮지만 상승세를 보이고 있다는 점이다. 이는 새로운 후계자에 대한 기대감과 북한 당국의 선전 활동의 결과이기도 하지만 주민 생활이 다소 개선된 점도 작용했을 것이라고 탈북민들은 말하고 있다.[74]

---

74 이 조사는 2013년과 2014년 실시한 301건의 설문 조사 결과와 40여 건의 심층 면접 조사에 기초하고 있다. 조사 대상은 2010년 이후 북한을 떠난 탈북자들이다. 장인

〈표 2-3〉 '6·28새경제관리체계(6·28조치)'에 관한 주요 보도 내용

분야	내용
경제 정책 주관 기관	• 내각이 '경제사령부'로서 주도

농업 분야	• 분조 단위 축소
	• 현재의 10~25명 단위 → 4~6명 단위로 축소
	• 작업 분조에 토지 할당, 필요 생산 비용 국가 선지불, 협동농장/기업소/
	각급 기관들이 보유한 유휴 토지 작업 분조에 임대
	• 생산 비용, 곡물 수매 가격 시장가격으로 계산
	• 생산물 분배 방식: 정량제에서 정률제로 개편
	  - 국가와 작업 분조 간 생산물 7:3 비율로 분배, 70% 시장가격 수준으로
	    국가 수매, 나머지는 작업 분조에 현물 분배, 자율 판매 허용
	• 목표량 초과분의 작업 분조 처분권 부여

국영 기업소 분야	• 최초 생산비 국가가 투자(비용 지불)
	• 기업소 자체 계획에 의해 자율적으로 원자재 구매
	• 생산·판매한 후 국가와 기업소 일정 비율로 판매 수입 분할
	  - 생산 비용, 생산물의 판매 가격을 시장가격으로 계산
	  - 생산 설비, 자재, 전력 등 기업 간 자유 거래 허용
	  - 생산물의 시장 판매 허용
	  - 국가 납부금은 외화로 납부
	• 기업소 획득 판매 수입, 재투자 등 자율 사용 허용
	• 그러나 개인에 의한 공장·기업소 설립은 불허

노무관리 임금 소득 배급제 관련	• 공장·기업소 간부는 당이 임명
	• 기업소의 개인 투자 허용
	• 배급제 시스템 이원화
	  - 국가 예산제 공장·기업소(군수공장, 중앙이 관리하는 특급·1·2급 기업)
	    국가기관 사무원, 교육·의료 부문 종사자는 배급제 유지
	  - 국가 예산제 공장·기업소의 '생필직장', 독립채산제 기업은 전면 임금제
	    실시(전면 임금제 실시하는 공장·기업소 근로자들의 임금 현실화)
	  - 무료 교육 제도, 무상 치료 제도는 유지

서비스·상업 분야	• 개인 투자 부분 합법화
	  - 개인들의 운송, 상점, 편의 봉사소, 식당에 투자를 통한 경영 참여 허용
	  - 이윤의 10~20% 국가 납부, 개인 투자 기관에서의 노동력 고용

자료: 김중호(2014: 15).

숙·최대석, 「김정은 시대 정치사회 변화와 북한주민 의식」, 24~25쪽.

2013년 유엔 식량농업기구(FAO: Food and Agriculture Organization)와 세계식량계획(WFP: World Food Programme)이 북한에서 실시한 수확량 조사 결과에 따르면 북한의 수확량은 지난 3년간 연속적으로 늘었다. 전년 대비 2011년 8.5%, 2012년 6%, 2013년 5% 증가했다. 물론 이것이 북한의 식량난 해결을 의미하는 것은 아니다. FAO는 2011~2013년도 총 식량 생산량이 3년 연속 소폭 증가했음에도 전체 가계의 84%가 여전히 열악한 식량 소비를 보이는 등 전반적으로 식량 불안이 만연한 것으로 평가한다.[75] 그렇다면 북한의 식량난은 다소 개선의 여지를 보이고 있으나 근본 문제가 해결된 것은 아니라고 평가할 수 있을 것이다. 중요한 점은 단편적 증언에 의한 것이기는 하지만 일부 지역을 중심으로 주민 생활 개선이 이뤄지고 있다는 사실일 것이다.

김정은 정권 출범 이후 북한은 대체로 유연한 시장 정책을 실시하고 있고 내각 중심으로 경제를 운영하고 있는 것으로 알려지고 있다.[76] 김정은은 인민 생활 향상을 위한 경제 개선 조치로 이른바 '6·28조치'라 불리는 제도를 시행했다. 이 방침에 따르면 국영기업은 계획 수행과 별도로 자체적인 시장 생산을 공식적으로 인정받고, 농업 부문에서도 규모가 축소된 분조 관리가 도입되었다.[77]

대외적으로 북·중 경협은 지속적으로 이뤄지고 있고 대내적으로 2013년 11월 13일 압록강경제개발구, 신평관광개발구 등 경제개발구 13개를 발표하는 등 특구 개발을 시도하고 있다. 북한의 '경제개발구 투자 제안서'에 따르면 경제개발구 건설은 첫째, 각 지역 특성에 맞는 관광, 수출 가공 등의 업종

75 FAO 한국협회. http://fao.or.kr/archives/countries.php(최종검색일: 2014.11.21)
76 박종철 외, 『김정은 체제의 변화 전망과 우리의 대책』(서울: 통일연구원, 2013), 43~44쪽.
77 "평양 326 전선공장에서 보는 경제관리의 새 시도", ≪조선신보≫, 2013년 5월 10일 자.

〈표 2-4〉 북한의 중앙급 경제특구와 지방 경제개발구

단위	종류	지역	관련 법제도	
중앙급 (9개)	나선경제무역지대	나선직할시	나선경제무역지대법	
	황금평·위화도 경제무역지대	평안북도	황금평·위화도경제지대법	
	개성공업지구	개성직할시	개성공업지구법	
	금강산 국제관광특구	강원도	금강산관광지구법	
	신의주 국제경제지대	평안북도	신의주특별행정 기본법, 경제개발구법	
	원산·금강산 국제관광지대	강원도	경제개발구법	
	강령국제녹색시범구	황해남도	경제개발구법	
	은정첨단기술개발구	평양시	경제개발구법	
	진도수출가공구	남포시	경제개발구법	
지방급 (16개)	경제개발구	압록강경제개발구	평안북도	경제개발구법
		만포경제개발구	자강도	경제개발구법
		혜산경제개발구	양강도	경제개발구법
		청진경제개발구	함경북도	경제개발구법
	공업개발구	위원공업개발구	위원군	경제개발구법
		청남공업개발구	평안남도	경제개발구법
		현동공업개발구	강원도	경제개발구법
		흥남공업개발구	함경남도	경제개발구법
	농업개발구	숙천농업개발구	평안남도	경제개발구법
		북청농업개발구	북천군	경제개발구법
		어랑농업개발구	함경북도	경제개발구법
	관광개발구	은성섬관광개발구	함경북도	경제개발구법
		청수관광개발구	평안북도	경제개발구법
		신평관광개발구	황해북도	경제개발구법
	수출가공구	송림수출가공구	황해북도	경제개발구법
		와우도수출가공구	남포시	경제개발구법

자료: 권영경(2014: 61).

〈그림 2-2〉 북한의 19개 경제개발구와 신의주 특구

◎ 경제특구(중앙급)   ◉ 경제개발구(지방급)

① 신의주 국제경제지대 평안북도
② 나선경제무역지대 나선직할시
③ 원산·금강산 국제관광지대 강원도
④ 금강산 국제관광특구 강원도
⑤ 개성공업지구 개성직할시
⑥ 강령국제녹색시범구 황해남도
⑦ 진도수출가공구 남포시
⑧ 은정첨단기술개발구 평양시
⑨ 황금평·위화도 경제무역지대 평안북도
❶ 압록강경제개발구 평안북도 룡운리(신의주시로 편입)
❷ 신평관광개발구 황해북도
❸ 송림수출가공구 황해북도
❹ 만포경제개발구 자강도 만포시 미타리, 포상리
❺ 위원공업개발구 위원군 덕암리, 고성리
❻ 현동공업개발구 강원도 원산시 현동리
❼ 흥남공업개발구 함경남도 함흥시
❽ 북청농업개발구 북청군 부동리, 종산리
❾ 청진경제개발구 함경북도
❿ 어랑농업개발구 함경북도
⓫ 온성섬관광개발구 함경북도
⓬ 혜산경제개발구 양강도
⓭ 와우도수출가공구 남포시
⓮ 청남공업개발구 평안남도
⓯ 숙천농업개발구 평안남도
⓰ 청수관광개발구 평안북도

자료: 연합뉴스(2014.7.23); 권영경(2014: 62).

을 선택, 둘째, 50년 장기 토지 임대, 셋째, 소규모(7000만~2억 4000만 달러)의 합작 또는 외국 기업 단독 개발, 넷째, 특수경제지대에 준하는 우대 조치(기업 소득세 14%, 특혜관세), 다섯째, 개성공단 개발처럼 개발업자가 인프라를 구축하는 방식 등을 제시하고 있다.[78] 이어 북한은 2014년 7월 23일 외자 유치와 경제개발을 목적으로 하는 6개 경제개발구를 추가했다.

북한이 핵과 경제 병진 노선을 포기하지 않는 이상 북한의 특구 개발 정책의 성과는 제한적일 수밖에 없다. 그럼에도 북한이 경제개발구를 지정한

---

[78] 이영훈, 「김정은 집권 이후 북한의 경제특구·개발구 현황과 평가」, "최근 북한의 변화와 남북교류협력 추진방향", 2014 민화협 제5차 전문가 간담회 자료집(2014.11.13), 45쪽 재인용.

것은 국제사회에 개방의 노력을 보임으로써 부정적 이미지를 희석시키려는 의도로 보인다. 또한 각 지방에 소규모 경제개발구를 배치함으로써 지역 간 소득 격차를 해소하려는 시도로 해석할 수도 있다.

이와 관련해 다시 생각할 만한 것은 2013년의 개성공단 폐쇄 시도와 재가동 문제이다. 한국 정부의 '5·24조치' 이후 남북 관계가 경색된 상황에서 2013년 4월 북한은 개성공단 잠정 중단 및 북한 근로자 전원 철수를 발표했다. 하지만 한국 정부가 8월 7일 개성공단 입주 기업에 대한 경협 보상금 지급을 결정하자 북한은 조국평화통일위원회 담화를 통해 제7차 실무 회담을 서둘러 제의했다. 결국 8월 14일 개성공단 제7차 실무회담이 타결되면서 9월 16일 공단이 재가동되었다. 이것은 개성공단을 대체할 새로운 외화 수입 창구를 발견하지 못한 북한의 불가피한 선택으로 해석될 수 있다.[79] 즉, 개성공단 사건은 김정은 정권의 안정을 위해 개성공단과 같은 외화 창구가 필요하다는 사실의 반증이다.

이 외에도, 김정은 시대의 북한은 외화 획득을 위해 북한 근로자들의 해외 파견을 적극적으로 추진하고 있다. 북한 근로자들의 해외 파견 규모와 그들이 벌어들이는 금액의 규모는 정확히 알 수 없다.[80] 하지만 통일부 산

---

79 박종철 외, 『김정은 체제의 변화 전망과 우리의 대책』, 48~50쪽.

80 이와 관련된 최근 보도와 연구 보고서 등이 있으나 한국과 미국에서 서로 데이터를 베끼고 있어서 정확한 규모를 파악하는 것은 매우 어렵다. 예컨대, 2014년 11월 24일 ≪조선일보≫는 "北, 돈줄 막혔지만 … 해외 강제 노동으로 政權 유지"라는 기사를 통해 아산정책연구원 신창훈·고명현 등이 미국의 스팀슨 센터에서 발표한 연구 보고서를 인용 '한 해 12억~23억 달러를 해외 강제 노동을 통해 벌어들이고 있다'라고 보도했다. 이 기사는 Shin Chang-Hoon and Go Myong-Hyun , *Beyond The UN COI Report on Human Rights in DPRK*(Seoul: The Asan Institute for Policy Studies, October 31, 2014), p. 21에서 International Network for the Human Rights of North Korean Overseas Labor(INHL), *The Conditions of the North Korean Overseas Labor*(2012.12) 재인용하고 있다. 그런데 이 보고서(p. 12)를 보면 북한은 매년 6만~6만

하 남북교류협력지원협회에서 발간하는 최근 뉴스레터에 따르면 중국 내 북한 노동자에 대한 대략적인 상황을 파악할 수 있다. 2013년 중국 내 북한 입국자는 20만 7000명으로 전년 대비 2배 정도 증가했다. 이 가운데 절반 정도(9만 3000명)가 노동자로 추정된다. 이러한 북한 노동자들의 중국 입국 증가의 계기는 2012년 북한과 중국이 접경 도시에 대해 대규모 인력 파견 합의서를 체결한 데 있다. 당시 북한은 단둥(丹東), 투먼(圖們), 훈춘(琿春) 등에 각 2만 명의 노동자 공급 협정을 체결한 것으로 알려지고 있다.[81] 중국의 사례를 참고했을 때 북한이 외화 획득을 위해 중국 등 제3국에 적극적으로 노동자를 파견하고 있고 이를 통해 외화를 획득하려 한다는 것은 분명해 보인다.

5000명 정도의 노동자를 40개국에 보내서 매년 15억~23억(1.5~2.3 billion) 달러를 벌어들이는 것으로 추정하고 있다. 그와 관련해 이 보고서는 북한 39호실의 해외 노동자 송출과 벌어들이는 금액의 근거로 2012년 4월 27일자 ≪조선일보≫ 보도("돈 줄 마른 김정은 '한둘 탈북해도 괜찮다 외화벌이에 내보내라'")를 인용하고 있다. 즉, 최초 ≪조선일보≫의 보도는 '북한 내부 사정에 정통한 정부 소식통'에 의거해서 그 데이터를 발표했고, 이것을 해외 북한 노동자 인권 감시 국제 네트워크(INHL)가 인용하고, 다시 이것이 아산정책연구원의 보고서에 반영된 다음 워싱턴 D.C.의 스팀슨 센터에서 발표되고, ≪조선일보≫가 이것을 인용한 것이다. 이 과정에서 숫자는 미묘하게 변화(15억~23억 달러 → 12억~23억 달러)했고 정보는 확대재생산되었다.

81 무역협회 북경지부, 「중국 내 북한 노동자의 입국현황 보고 요약」, ≪남북경협 뉴스레터≫, Vol. 24(2014). http://www.sonosa.or.kr/newsinter/vol24/sub6.html(최종검색일: 2014.11.25). 이 보도에 따르면 2012년 합의서 체결 당시 북한 노동자 1인당 인건비는 월 170 달러(USD) 수준으로 이 가운데 40~50%를 북한 당국이 사회보장금 명목으로 공제한다. 2014년에는 옌지(延吉) 시에 1000명, 투먼 시에 3000명 정도가 채용된 것으로 알려지고 있고 인건비는 중국 노동자의 절반 수준인 1500~1600위안 (元)이다. 이것만을 놓고 본다면 북한의 옌볜 지역 인력 송출은 합의서의 1/10 수준이라고 할 수 있다. 물론 향후 중국 내 북한 노동자가 증가할 전망이라는 점을 고려해야 하지만, 최소한 옌볜 지역에서는 아직 계획만큼의 성과를 거두고 있지는 못한 것으로 보인다.

(3) 한국 사회의 민주화와 대북정책 추진 환경의 변화[82]

제2차 세계대전 이후 독립한 국가들 가운데 민주화와 산업화를 모두 달성한 거의 유일한 국가가 대한민국이다. 많은 연구자들은 한국의 민주화 계기를 1987년 대통령 직선제 개선 이후로 잡는다. 이후 한국은 1997년 대선에서 상대적으로 진보적인 후보를 당선시킴으로써 평화적 정권 교체를 이루었고 2007년 대선에서 다시 보수 세력으로 정권 교체가 이뤄지면서 두 차례의 평화적 정권 교체를 이루었다. 이는 새뮤얼 헌팅턴(Samuel P. Huntington)이 신생 민주주의의 공고화 기준으로 제시한 두 차례의 테스트(two turnover test)[83]를 한국이 통과했음을 의미한다.

한국 사회의 민주주의 공고화 수준에 대해서는 많은 논란과 평가가 아직도 진행 중인 것이 현실이지만 민주화 이후 한국 사회에 나타난 가장 큰 변화 가운데 하나는 다양한 국민의 요구가 적극적으로 표출되는 현상이다. 이것은 크게 이슈와 주체의 변화로 나타난다. 즉, 과거 권위주의 정권 시절에 배타적인 국가의 영역이라고 생각되었던 주제에 대해서도 반대 의견이 표출될 수 있고, 이 과정에 다양한 행위 주체가 참여하게 된 것이다. 1995년 재도입된 지방자치제도에 따라 주민들의 요구 반영 없이 당선 혹은 재선이 어려운 지자체 단체장들이 중앙정부와 다른 목소리를 내는 것도 이러한 경향을 더욱 강화시키고 있다.

예컨대, 과거 권위주의 정부 시절에는 중앙정부의 의사 결정에 따라 각종 공공 정책이 일방적으로 추진될 수 있었으나 민주화 이후에는 주민 의사 반영이 공공 정책 추진의 매우 중요한 변수가 되고 있다. 결국 중앙정부는

---

82 이 부분의 내용은 최용환, 「남북교류 Track II는 없는가?」의 내용을 중심으로 재정리한 것이다.

83 Samuel P. Huntington, *The Third Wave: Democratization in the Late Twentieth Century*(Oklahoma: University of Oklahoma Press, 1993).

행정의 원활한 수행을 위해 국가정책 때문에 불이익을 받는 지역 및 주민 대상의 각종 지원 사업을 시행했다.[84] 1989년 발전소 주변 지역 지원 제도가 처음 법제화된 이래, 상수원 보호구역 주민 지원 제도(1994년), 폐기물 처리 시설 주변 지역 지원 제도(1995년), 댐 주변 지역 지원 제도(1999년) 등이 도입되었다. 2000년대 들어서도 접경 지역, 개발제한구역, 야생 동식물 보호구역 인접 지역, 생태 경관 보호구역, 행정중심복합도시 주변 지역, 자연공원, 백두대간 보호지역 주민 지원 제도 등이 지속적으로 도입되고 있다. 심지어 안보 관련 영역에서도 매향리 미군 사격장 폐쇄 문제, 평택 미군 기지 이전 사업 등이 커다란 사회 문제가 되기도 했다. 이 외에도 방사성폐기물 처리장 건설 문제, 이라크전 파병 문제, 한미 FTA 문제 등을 둘러싸고 중앙정부와 지역 주민이나 민간단체들의 갈등이 크게 문제가 되었다.

한국 시민 단체는 『한국민간단체총람』에 따르면 1996년 학회와 해외 단체를 포함해 3898개(지부 포함 9467개)로 조사되었는데, 2002년에는 1만 5180개(지부 포함 2만 6000개)로 조사되었다. 한국 시민 단체의 양적 성장은 시민 단체의 규모 확대에서도 나타나는데 회원 수 100명 미만의 단체는 1999년 24.9%에서 2002년 14.15%로 낮아지고 있는 반면, 100~1000명 규모의 단체는 32%에서 54.5%로 증가하고 있다.[85] 이 외에도 국내 비영리법인의 현황을 살펴보면 2009년 국세청에 신고된 비영리법인의 숫자가 1만 9203개인데, 이는 1991년도에 비해 97.6%나 증가한 수치이다.[86]

---

84 최용환, 「민주화 이후 군과 지역사회: 협력적 민군관계 형성을 위한 과제」, ≪GRI 연구논총≫, 제11권 제3호(2009), 65~67쪽.

85 임혁백, 「민주화 이후 한국 시민사회의 부활과 지속적 발전: 동원적 시민사회에서 제도적 시민사회로의 전환과 신유목적 시민사회의 출현」, ≪OUGHTOPIA: The Journal of Social Paradigm Studies≫, 제24권 제1호(2009), 143쪽에서 재인용.

86 조흥식 외, 『(2009년) 정부의 비영리민간단체 지원 백서』(서울: 한국NPO공동회의, 2010), 46쪽.

대표적인 시민 단체라고 할 수 있는 한국여성민우회(1987년), 경제정의실천시민연합(경실련, 1989년), 환경운동연합(1993년), 참여연대(1994년), 녹색연합(1994년) 등도 민주화 이후 결성되었다. 1992년 ≪시사저널≫의 한국 집단 영향력 조사[87]에서는 일개 시민 단체에 지나지 않았던 경실련이 청와대, 국회, 행정부, 군대, 전국경제인연합(전경련) 등을 제치고 가장 영향력이 강한 집단으로 조사되기도 했다. 한국 사회에서 시민적 주체의 성장은 1987년 이후 1990년대에 와서 본격화되었는데, 이는 민주주의의 발전과 궤를 같이하는 것이었다.[88]

요약하면, 한국 민주주의의 심화에 따라 시민 단체 혹은 NGO들이 증가하고 있고, 이들이 다양한 영역에서 영향력을 키워가고 있다. 이것은 민주주의 발전의 자연스러운 과정이라고 할 수 있을 것이다.

문제는 이러한 사회의 변화보다 법·제도의 변화가 느리게 이뤄진다는 점에 있다. 예컨대, 현행(2015년) 지방자치법(제11조 국가사무의 처리제한)에 따르면 지자체는 외교, 국방, 사법, 국세 등 국가의 존립에 대한 사무를 처리할 수 없다.

하지만 〈그림 2-3〉에서 볼 수 있는 것처럼 지자체의 국제 교류는 1995년 지방자치제 재도입 이후 급격히 증가하고 있고 이는 매우 당연하게 받아들여지고 있다. 그뿐만 아니라 지방 외교, 문화 외교, 공공 외교 등의 용어는 이제 더 이상 낯선 개념이 아니다. 다시 말하면 지자체의 업무 영역이 크게 확대되고 있고 이는 한국 사회의 발전에 따른 자연스러운 현상이 되고 있다. 이러한 현상은 외교가 당국 간 관계에 국한된 것이라는 기존 개념을 허

---

87 박상필, 「1990년대 이후 한국 시민사회의 발전: 정부와 시민사회와의 관계를 중심으로」, ≪기억과 전망≫, 통권 제27호(2012), 170쪽 재인용.
88 같은 글.

<그림 2-3> 지자체 국제 교류 시기별 현황

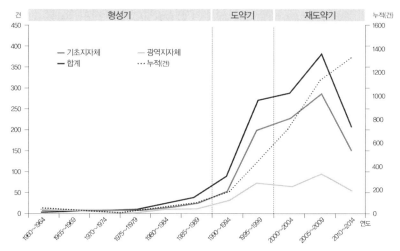

자료: 전국시도지사협의회(http://www.gaok.or.kr/); 김재근·서인석(2012: 424) 재인용.

물고 상대방 국민을 대상으로 한 다양한 외교 방식 시도로 이어지고 있다.

이러한 경향은 남북 교류에서도 그대로 나타나고 있다. 반관반민 단체라 할 수 있는 민족화해협력범국민협의회(민화협)는 1998년 8월 국내 통일 문제에 대해 의견을 수렴할 수 있는 상설적 통일 운동 협의체를 만들자는 의견을 반영해 정당, 종교, 시민사회 단체 협의체로 결성되었다. 1999년에는 대북 지원 사업을 하는 여러 단체 간 상호 협력이 가능한 사업과 정보교환 촉진 등을 목적으로 대북협력민간단체협의회(북민협)가 만들어졌다. 최초 20여 개 단체로 시작한 북민협은 2014년 1월 현재 59개 단체로 확대되었다. 통일부 허가 통일 관련 비영리법인은 1980년 이전에는 4개에 지나지 않았으나 1996~2000년에만 44개, 2001~2005년 동안 82개가 허가를 받았다.[89]

89 손기웅 외, 『한반도 통일대비 국내 NGOs의 역할 및 발전방향』(서울: 통일연구원, 2007), 9쪽.

2015년에는 총 345개의 법인이 통일부의 허가를 받은 상태이다.[90]

1999년 이후에는 NGO뿐 아니라 지자체들 역시 남북 교류의 새로운 주체로 참여하기 시작했다. 그 결과 2015년 현재 17개 광역지자체 모두가 남북 교류 협력 관련 조례를 가지고 있다. 11개 광역 지자체는 총 990억의 자체 기금을 조성했고, 이 중 일부를 집행하고 573억을 보유(2011년)하고 있다. 광역 지자체 이외에 수십 개의 기초 지자체 역시 조례를 제정했고 일부 기초 지자체는 자체 재원을 조성하고 있다.[91] 하지만 지자체는 대북 협력 사업자로 승인받지 못하는 것이 현실이고, 그 결과 지자체들은 직접 사업을 추진하는 대신 사업을 대행할 수 있는 민간단체에 사업을 위탁하는 방식을 취하고 있다.

이 외에도 남북 교류의 중요한 행위자로는 종교, 학술, 체육 단체 등이 있고 해외에서 활동하는 교민 사회 조직들도 있다. 물론 세계보건기구(WHO: World Health Organization)나 WFP, 세계은행(World Bank), 유네스코(UNESCO: United Nations Educational, Scientific and Cultural Organization) 등 굵직한 국제기구들 역시 참여하고 있다.

요약하면, 중앙정부 이외에 남북 교류에 참여하는 행위자들은 다양하게 존재하고 이들을 어떻게 활용할지에 따라 접근할 수 있는 분야 역시 매우 많다. 다만, 거듭된 북한의 핵실험 등으로 국제사회의 대북 제재가 강화된 상황에서 포괄적으로 본격적인 대북 지원이나 교류가 제한받는 것이 현실적 제약이자 커다란 한계라고 할 수 있다.

그렇다면 국제사회의 대북 제재가 우회적이고 제한적인 남북 교류를 제

---

90 통일부 허가 법인 현황. http://www.unikorea.go.kr/content.do?cmsid=1776(최종 검색일: 2015.8.15)

91 최용환 외, 『지방자치단체의 대북 교류협력 발전방향 모색』(서울: 통일부, 2013), 19~27쪽.

한할 수 있을 만큼 강력한가? 유엔 안보리 대북 결의안의 실효성에 대한 논란을 거론하지 않더라도 안보리 대북 결의안들은 북한의 합법적인 경제활동이나 인도적 지원을 규제하지는 않는다. 2013년에 채택된 유엔 안보리 대북 결의안 2094호에는 다양한 대북 제재 조치들이 거론되고 있지만 제31조에는 "안보리 결의 1718호(2006년), 1874호(2009년), 2087호(2013년) 및 금번 결의에 의해 부과된 조치들이 북한 주민들에게 부정적 인도주의적 결과를 의도한 것이 아님을 강조(underline)한다"라고 되어 있다. 즉, 비정치적 분야에서의 인도주의적 협력은 대북 제재에도 불구하고 정책적 판단에 따라 언제든지 재개가 가능하다.

2) 남북 관계의 새로운 접근법: 이론적 검토

이기적인 행위자 간의 상호 협력은 이뤄질 수 있을까? 특히 이들 행위자의 행동을 통제할 수 있는 초월적 권위체가 존재하지 않는 정글의 세계에서 상호 협력은 가능한가? 이와 같은 질문은 국제사회에서 국가 간 협력 문제에 대한 고민과 밀접한 관련이 있다. 주권국가들로 구성된 국제사회는 흔히 무정부 상태에 비유된다. 국가들의 행동을 감독하고 통제할 수 있는 세계정부가 존재하지 않기 때문이다. 각 국가는 자국의 생존과 번영을 누구에게도 의지하지 못하고 스스로 책임져야 하기에 각자도생의 험난하고 외로운 길을 갈 수밖에 없다. 그러나 국가들이 서로 협력한다면 생존과 번영은 그만큼 용이해질 것이다. 하지만 국가 A는 협력을 했는데 협력을 받은 상대방 국가 B가 배반으로 응대했을 때 국가 A의 생존과 번영은 그만큼 위태로워진다. 세계정부는 존재하지 않기 때문에 국가 A는 국가 B의 배반을 어디에도 호소하지 못하고 그대로 감내할 수밖에 없다. 이러한 딜레마에서 국가들은 과연 상호 협력의 길을 열어갈 수 있을까?

〈그림 2-4〉 죄수의 딜레마

		A	
		협력	배반
B	협력	3 , 3	0 , 5
	배반	5 , 0	1 , 1

　맞대응 전략(tit-for-tat strategy)은 협력과 배반의 딜레마에 처해 있는 국가 간에 상호 협력을 이끌어내는 전략이다.[92] 맞대응 전략은 상대방의 대응에 따라 협력과 배반을 교차해 행동하는 것으로 상대방에게 먼저 협력의 행동을 보이고 이어 상대방이 협력으로 대응하면 협력으로, 배반으로 대응하면 배반으로 응대하는 전략이다. 맞대응 전략은 두 명의 행위자로 구성된 죄수의 딜레마 게임이 무한 연속 진행될 때 행위자들의 상호 협력을 이끌어내는 데 매우 유용한 전략으로 평가받고 있다. 이 게임은 '죄수의 딜레마'로 이해되기도 하는데 게임의 구조는 다음과 같다.

　행위자 A와 B가 취할 수 있는 전략은 협력과 배반의 두 가지이다. A와 B가 상호 협력한다면 두 사람은 각기 3점을 얻을 수 있다. A는 협력했는데 B가 배반했을 경우 A는 0점, B는 5점을 얻는다. 그 역의 경우도 마찬가지이다. A와 B 모두가 배반을 선택했을 경우 두 사람은 각기 1점을 얻는다. 따라서 A의 선호도는 A배반/B협력(5점) → A협력/B협력(3점) → A배반/B배반

92　Anatol Rapoport, *Two-Person Game Theory*(NY: Dover Publications, 1999); Robert Axelrod, *The Evolution of Cooperation*(NY: Basic Books, 2006).

(1점) → A협력/B배반(0점) 순이다. B의 선호도도 A와 마찬가지로 B배반/A협력(5점) → B협력/A협력(3점) → B배반/A배반(1점) → B협력/A배반(0점) 순이다.

A와 B가 얻을 수 있는 이익의 합은 상호 협력이 상호 배반보다 높다. 따라서 두 사람 모두 상호 협력을 선택할 것이라는 예측이 가능하다. 그러나 실제로는 두 사람 모두 배반을 선택한다. A와 B의 이러한 선택은 개인적으로는 매우 합리적인 선택이라는 것이 이 게임의 핵심이다. 왜 A와 B는 상호 협력 대신 상호 배반을 선택할까?

A와 B는 상대방이 어떤 선택을 할지 모르는 상황에 놓여 있다. 따라서 A와 B는 상대방의 선택을 추측할 수밖에 없다. 만약 A가 협력을 선택한다면 B는 배반을 선택하는 것이 최상의 전략이다. A가 배반을 선택한다면 B도 배반을 선택하는 것이 역시 최상의 전략이다. 즉, A가 협력과 배반 중 어떤 한 선택을 하든지 B는 배반을 택하는 것이 최상의 전략이다. 이는 A의 경우도 마찬가지이다. A 또한 B가 어떤 선택을 하든지 배반을 택하는 것이 최상의 전략이다. 게임의 구조상 A와 B 두 사람 모두에게 배반은 협력에 비해 '우월전략(dominant strategy)'이고 A와 B가 상호 배반하는 결과는 이 게임의 '내쉬 균형점(Nash Equilibrium)'이다.

이러한 죄수의 딜레마 상황은 남북 관계의 현실을 압축적으로 보여준다. 우선 이것은 일방적 포용 정책이 가지는 한계를 설명한다. 만약 일방이 협력으로 나올 것이 분명하다면 다른 상대방의 합리적 선택은 배신일 것이기 때문이다. 죄수의 딜레마 게임은 대북 강압 전략의 한계도 동시에 보여준다. 즉, 상대방이 배신할 것이 분명하다면 다른 일방 역시 자신의 피해를 최소화하기 위한 합리적 선택은 배신일 것이기 때문이다.

죄수의 딜레마 게임은 개인적으로는 합리적인 선택이 집합적으로는 불합리한 선택일 수 있다는 것을 간결하지만 명료하게 보여준다. 정치학, 경제학, 사회학 등 사회과학의 제 분야에서 논의되는 '사슴 사냥의 딜레마(stag hunt dilemma)', '공유의 비극(tragedy of the commons)', '공공재 문제(public good problem)', '집단 행동의 논리(logic of collective action)' 등의 개념들도 결국 본질에서는 죄수의 딜레마 게임과 동일하다.

그렇다면 죄수의 딜레마 게임에서 행위자 간의 상호 협력은 영원히 불가능한가? 이 게임이 단 한 차례만 벌어진다면 상호 협력은 불가능하다. 그러나 동일한 행위자들을 대상으로 반복해서 벌인다면 상호 협력의 가능성은 열리게 되고 게임의 횟수가 늘어날수록 상호 협력의 가능성은 증가한다. 이는 이 게임에 참여하는 행위자들이 게임의 결과를 통해 자신들의 전략이 어떠한 결과를 초래하고 어떤 선택을 해야만 좀 더 나은 결과를 얻게 되는지를 학습하기 때문이다. 즉, 배반이 아니라 협력을 선택하고 상대방도 이와 같은 선택을 할 경우, 1점이 아닌 3점을 얻을 수 있다는 것을 발견하기 때문이다. 만약 이 게임이 무한 반복되거나 유한하더라도 상당히 많은 횟수로 반복되면서 게임이 언제 끝날지 모를 경우, 행위자들의 상호 협력이 이뤄질 가능성은 크게 높아진다.

남북 관계는 무한 반복 혹은 언제 게임이 끝날지 모르지만 무수히 반복되는 게임의 틀을 가지고 있다. 맞대응 전략은 무한 반복 또는 유한하지만 매우 많은 횟수로 반복되는 죄수의 딜레마 게임에서 행위자 간의 상호 협력을 이끌어내는 데 필요한 전략이다.

로버트 액설로드(Robert Axelrod)는 그의 저서 『협력의 진화(The Evolution of Cooperation)』에서 맞대응 전략이 그 어떤 전략보다도 행위자들의 상호 협력을 이끌어내는 데 탁월한 효과가 있다는 것을 컴퓨터 시뮬레이션을 바탕으로 입증했다. 액설로드는 반복되는 죄수의 딜레마 게임에서 가장 높은 점수를 얻을 수 있는 전략을 찾아내기 위해 정치학자, 경제학자, 수학자, 통계학자, 전략 연구가, 컴퓨터 프로그래머, 전문 게이머 등 다양한 부류의 사람들에게서 전략을 공모했다. 액설로드는 응모된 60여 개가 넘는 전략들을 토너먼트와 교차 대결 등 여러 방식으로 경합시켰다. 컴퓨터 시뮬레이션의 결과는 한결 같았다. 아나톨 래퍼포트(Anatol Rapoport)가 제시한 맞대응 전략의 한결같은 승리였다. 맞대응 전략은 다른 전략과의 일대일 경합에서는 그 어떤 전략보다도 점수가 높지 않았다. 일단 협력하고 이어 상대방의 대응 방식(협력 또는 배반)에 따라 똑같이 대응하는 맞대응 전략의 특성상 상대방 전략과 점수가 같거나 낮았다. 그러나 모든 경합의 결과를 총합해 점수를 산정했을 경우, 맞대응 전략의 압도적인 승리였다.

액설로드는 맞대응 전략이 종합적으로 승리할 수 있었던 것은 협력이라는 옵션을 갖고 있는 전략들에게는 최대한 협력을 이끌어내는 한편, 배반에 치중하는 전략들에게는 똑같이 배반으로 응징함으로써 이익은 극대화, 손실은 최소화하는 방식을 통해 꾸준히 점수를 확보할 수 있었기 때문이라고 분석했다.

액설로드는 이어 여러 가지 전략이 상호 겨루는 '전략들의 생태계'도 컴퓨터 시뮬레이션을 통해 살펴보았다. 맞대응 전략은 그 어떤 전략들보다도 오래 살아남았을 뿐만 아니라 다른 전략을 제치고 가장 많은 수의 증가폭을 기록하며 전략들의 생태계에서 다수를 차지했다. 또한 맞대응 전략은 다른 전략이 전부 또는 과반수가 지배하는 생태계에서도 소수의 숫자가 일단 발을 들어놓게 되면 기존의 지배 전략을 몰아내고 새로운 지배 전략으로 자리잡는 것도 확인했다. 결론적으로 맞대응 전략은 다른 전략들에게서 가장 많은 협력을 이끌어냈고 협력의 전염력도 가장 강한 것으로 나타났다.

액설로드는 맞대응 전략의 효과를 컴퓨터 시뮬레이션뿐만 아니라 실제 역사적 사실을 들어 설명했다. 제1차 세계대전 당시 독일군과 영·프 연합군은 수년 간 치열한 참호전을 벌였다. 불과 수십 미터 거리에서 서로 참호를 파고 들어앉아 끝없는 상호 공방전이 이어졌다. 그런데 참호에서 서로에게

총부리를 겨눈 독일군과 연합군 간에 기묘한 협력이 이뤄졌다. 상대방이 식사나 휴식을 취하거나 보급품을 받으러 오가는 동안에는 총격을 가하지 않았다. 또한 대규모 전면전 상황을 제외하고는 상대방에 대한 공격도 적극적으로 전개하지 않았다. 즉, 일종의 신사협정이 암묵적으로 이뤄졌다. 그 대신에 서로 간의 묵계를 어느 일방이 위반했을 경우, 상대방은 반드시 그에 상응하는 보복을 했다.

생사가 달린 전쟁터에서 이러한 협력이 왜 일어났고 또 어떻게 지속 가능했을까? 이는 참호전에 투입된 군인들의 이해관계 구조와 이들이 상호 암묵적으로 채택한 맞대응 전략 때문이었다. 독일군과 연합군의 최고사령관들은 전쟁의 승리가 목표지만 일반 사병들은 목숨의 부지가 목표일 수밖에 없다. 물론 적군을 기습 공격해 물리치고 고향으로 귀환하는 것이 가장 바람직한 결과이나 차선은 서로 총격을 자제해 목숨을 건지는 것이고, 차악은 누가 죽든 서로 본격적인 총격전을 벌이는 것이며, 최악은 적의 기습공격에 목숨을 잃는 것이다. 또한 참호전의 특성상 상당히 오랜 기간 동일한 군인들이 서로 대치할 수밖에 없다. 결국 독일군과 연합군은 전형적인 죄수의 딜레마 게임 상황에 놓여 있었고 맞대응 전략을 통해 스스로의 목숨을 부지하고자 했던 것이다.

액셀로드는 맞대응 전략의 성과에 대한 분석을 바탕으로 이기적 행위자 간의 협력을 촉진하고 유지하는 방안을 다음과 같이 간결하게 제시했다.

① 먼저 협력하라. ② 이후 상대방의 협력과 배반에 대해서는 똑같이 응수하라. ③ 먼저 배반하지 마라. ④ 상대방의 배반에 대해서는 그때마다 응징하되 오래 기억하지 마라. ⑤ 상대방이 얻는 이득에 대해 상관하지 마라. ⑥ 상대방을 속이려고 하지 마라.

액셀로드는 이 사항들을 준수할 경우 이기적인 행위자 간에도 상호 협력이 가능하다고 주장한다.

맞대응 전략은 한반도의 남북 관계와 한국의 대북전략에 주는 시사점이 크다. 한국과 북한 모두 상호 배반보다는 상호 협력을 통해 더 많은 것을 얻을 수 있기에 맞대응 전략은 한국의 대북정책에서 매우 유용한 전략이 될 수 있다. 그러나 남북 관계의 궁극적인 이해관계 구조가 죄수의 딜레마 게임이 아니거나 남북한 모두 또는 어느 일방이 절대적 이득보다 상대적 이득에 더 깊은 관심을 가질 경우 맞대응 전략은 유효성을 상실할 수 있다는 비판도 가능하다.

따라서 남북 관계의 현실적 목표를 '통일'이 아닌 '공존'으로 상정할 필요가 있다. 이러한 인식은 남북 관계의 게임 변화(game change)를 의미한다. 물론 남북 관계에 엄존하는 상대방의 존재 자체에 대한 부정이라는 현실을 무시할 수는 없을 것이다. 하지만 현실적으로 힘에 의한 통일이 어려운 상황에서 남북 관계의 현실을 좀 더 협력적으로 바꾸어놓지 않는다면 '평화적' 통일은 불가능할 것이다. 북한의 급변 사태와 이에 따른 급작스러운 통일에도 물론 대비가 필요하다. 하지만 그것은 정책으로 추진되기보다는 말 그대로 급변 상황에 대한 대비책으로 마련되는 것이 더 바람직할 것이다.

맞대응 전략은 때로 '눈에는 눈, 이에는 이'라고 표현되기도 한다. 따라서 상대방의 배신에 대한 보복의 악순환이 반복되면서 상황이 크게 악화될 개연성이 높은 전략이다. 따라서 다수의 게임 참가자와 게임의 무한 반복이라는 측면이 충분히 강조될 필요가 있다. 또한 맞대응 전략은 상대의 배신에 대해 한 번의 보복으로 대응할 뿐 이것을 오래 기억하지 않는다. 즉, 이 전략은 배신과 보복의 악순환에 빠지지 않도록 대응의 수위와 횟수를 엄격하게 제한한다.

액설로드의 논리에 따르면 맞대응 전략을 포함한 신사적인 게임들의 성적이 그렇지 않은 게임들보다 훨씬 좋았다. 또한 여러 게임이 혼재하는 '전략적 생태계' 속에서 협력적 게임들의 생존력과 협력의 전파성에도 주목할 필요가 있다. 즉, 남북 관계에 더 많은 행위자가 참여해 협력의 파급 효과를 증대하고, 협력의 선순환 관계가 재창출되는 '남북 협력의 건전한 생태계'를 창출하는 것이 이 연구에서 주장하는 접근법의 요체이다.

제3장

새로운 대북정책 추진 전략

1. 전략 목표와 기조

1) 전략 목표로서 북한의 변화[1]

　사회 혹은 체제 변화와 관련된 논의는 정치학을 포함한 사회과학의 여러 분야에서 매우 다양하게 다뤄져 왔다. 이러한 변화에 방향성을 설정하는 진화이론(evolutionary theory)과 생물학적 유기체 은유(organism metaphor)에 착목한 기능이론(functionalist theory) 등이 결합하면 이른바 '근대화 학파'의 주장으로 이어진다.[2] 이들의 논의에 따르면 사회 변화는 일방적(unidirectional)이고 되돌릴 수 없으며(irreversible) 진보적(progressive)으로 이뤄진다. 즉, 모든 사회는 '전통적' 사회에서 '근대화된' 사회로 발전할 수밖에 없다.

---

[1]　최용환, 『북한사회의 변화 전망과 대북정책의 방향』(수원: 경기개발연구원, 2009), 13~18쪽.
[2]　근대화 학파의 시각에 대해서는 Alvin Y. So, "The Modernization Perspective," *Social Change and Development: Modernization, Dependency and World-System Theories*(Newbury Park: Sage Publication, Inc., 1990), pp. 17~37 참고.

이런 근대화 학파의 탄생은 제2차 세계대전 이후 발생한 세 가지 중요한 사건의 산물이라고 할 수 있다. 첫째, 미국의 강대국 부상, 둘째, 세계 공산주의 운동의 확산, 셋째, 유럽 식민 제국의 붕괴에 따른 제3세계 수많은 민족국가들의 탄생이 그것이다. 이러한 사건의 결과, 미국의 정치 엘리트들이 제3세계의 경제 발전과 정치 안정을 증진시켜 신생국가들이 공산화되는 것을 방지하기 위한 연구를 장려했고, 그 결과 근대화 연구는 1960년대 중반까지 '성장 산업'의 자리를 차지했다.[3]

하지만 근대화 이론의 시각은 '제3세계 사회가 옛날 서구 사회와 같다'라는 가정에서 출발한다[4]는 점에서 가치 편향적이고 단선론적이라는 비판을 받았다. 그럼에도 근대화 이론이 제3세계 정치 변동을 해석하는 나름대로의 분석 도구를 제시했다는 점을 무시할 수는 없다. 하지만 이러한 비판의 결과, 정치적 근대화(political modernization)라는 개념은 정치 발전(political development)으로, 나아가 정치 변동(political change)이라는 좀 더 중립적인 개념으로 변화했다.

정치 변동에 대한 논의는 전체주의, 권위주의, 민주주의 등의 체제 성격에 대한 논의와 연관되어 이뤄져 왔다. 이러한 논의의 주류는 압도적으로 '민주화'와 관련된 것이었다. 이는 동구 사회주의권의 붕괴 이후에는 '공고화된 민주주의'에 대한 관심으로 이어지기도 했다.

북한의 변화를 언급하면서 근대화 이론에 대해 살펴보는 것은 많은 경우

---

3   Gabriel Almond, "The Development of Political Development," in Myron Weiner and Samuel Huntington(eds.), *Understanding Political Development: An analytic study*(NY: Little, Brown, 1987), p. 437.

4   Joseph R. Gusfield, "Tradition and Modernity: Misplaced Polarities in the Study of Social Change," *American Journal of Sociology*, Vol. 72(1967), pp. 351~362. 김웅진 외 편역, 『비교정치론 강의 2』(서울: 한울, 1992), 19~44쪽 재인용.

북한의 미래 변화 방향을 예측하면서 근대화론적 오류(가치편향적·진화론적 오류) 혹은 희망에 의지한 관측(wishful thinking)의 오류를 범하기 쉽다. 현존하는 모든 체제는 외부 환경 요소와 체제 내부 변수 간의 상호작용의 결과로서 현재 상태에 이른 것이다. 따라서 어떤 체제의 변화 방향과 속도는 그 체제가 속한 구조(혹은 환경)와 이에 대한 주체(행위자)의 대응으로 결정될 것이다. 즉, 정해진 방향이 미리 존재하지 않는다는 것이다.

하지만 대북정책의 관점에서 북한의 변화를 바라본다면 이는 가치 개입적이 될 수밖에 없다. 그런데 '예상되는 변화'와 '원하는 변화'는 명백하게 다른 것이고 정책의 성과는 그 차이를 얼마나 줄일 수 있는가로 판명된다고 할 수 있다. 그렇다면 북한의 변화는 어떻게 이해해야 하는가? 논리적으로는 예상되는 북한의 변화 방향과 현재 북한 체제의 위치를 파악한 다음, 정책의 차원에서 원하는 변화를 위한 수단을 찾아보는 것이 순서일 것이다.

개혁·개방이라는 용어는 북한의 변화와 관련해 가장 많이 사용되는 개념이다. 하지만 그것이 페레스트로이카(перестрóйка)·글라스노스트(глáсность)에서 출발한 소련식 변화인지, 중국과 베트남이 걷고 있는 제한적 개혁·개방의 길인지 분명하지 않다. 북한의 '민주화'는 더욱 논쟁적인 개념이다. 북한의 공식 국호는 '조선민주주의인민공화국(Democratic People's Republic of Korea)'이다. 즉, 북한도 공식적으로는 민주주의를 지향하는 국가이다. 물론 북한이 지향하는 인민민주주의는 자유민주주의와 전혀 다른 개념이다.

그럼에도 북한의 (예상되는 혹은 원하는) 변화와 관련해 정도(degree)에 대한 합의는 없을지 모르나 방향(direction)에 대한 묵시적 합의는 있는 것으로 볼 수 있다.

우선 북한 정치체제의 성격은 북한 스스로의 주장과 무관하게 가장 비민주적인 것으로 평가된다. 후안 린츠와 앨프리드 스테판(Juan Linz and Alfred Stepan)의 분류에 따르면 북한은 권력의 사유화가 극대화된 술탄 체제(Sultanism)에 속한다.[5] 이 외에도 북한 체제의 성격을 규정하는 연구들은 이를 신정 체제,[6] 수령제,[7] 유일 체제,[8] 유격대 국가[9] 혹은 봉건적 수령 체제,[10] 조합주의 국가,[11] 권위주의 국가,[12] 전체주의 국가[13] 등으로 다양하게 명명한다. 그렇지만 북한의 정치체제에 대한 어떤 연구도 북한 정치체제에 있어 최고 지도자에 대한 권력 집중과 우월적·배타적 지위를 강조하지 않는 경우는 없다. 즉, 북한의 권력 집중도는 유례를 찾기 힘들 정도로 높기 때문에 북한 정치체제의 변화가 가능한 유일한 방향성은 권력 관계의 분권화·다원주의화 등과 관련된 것이라고 할 수 있다.

개혁·개방과 관련해서도 이른바 '정치·경제의 전면적 개혁·개방(big bang)'

---

5 술탄 체제의 특성에 대해서는 Juan J. Linz and Alfred Stepan, *Problems of Demo-cratic Transition and Consolidation: Southern Europe, South America, and Post-Communist Europe*(Baltimore: Johns Hopkins University Press, 1996), pp. 51~54 참조.

6 이상우, 『북한정치입문: 金正日정권의 특성과 작동원리』(서울: 나남출판, 1997), 53~57쪽.

7 스즈키 마사유키, 『金正日과 수령제 사회주의』, 유영구 옮김(서울: 중앙일보사, 1994).

8 이종석, 『(새로 쓴) 현대 북한의 이해』(서울: 역사비평사, 2000).

9 와다 하루키, 『역사로서의 사회주의』, 고세현 옮김(서울: 창작과비평사, 1994), 137~140쪽; 와다 하루키, 『북조선: 유격대국가에서 정규군국가로』, 서동만·남기정 옮김(서울: 돌베개, 2002). 이 책에서 와다 하루키는 1990년대 군부의 전면적 부상에 주목해 북한이 유격대 국가에서 정규군 국가로 변모했다고 주장한다.

10 최성, 『김정일과 현대북한체제: 북한사회를 움직이는 사람들』(서울: 한국방송출판, 2002), 377쪽.

11 Bruce Cumings, "The Corporate State in North Korea," in Hagen Koo(ed.), *State and Society in Contemporary Korea*(Ithaca: Cornell University Press, 1993), p. 219.

12 Robert A. Scalapino and Chong-Sik Lee, *Communism in Korea*(CA: University of CA Press, 1972).

13 Gavan McCormack, "Kim Country: Hard Times in North Korea," *New Left Review* (March-April, 1993), pp. 21~48.

인가 '경제적 부문에서의 제한된 개혁·개방(small bang)'인가의 논란이 있을 뿐, 좀 더 시장 친화적인 방향이라는 점에서는 이견(異見)이 많지 않다. 다만 북한이 '7·1경제관리개선조치(7·1조치)', '6·28조치' 등 제한적 개혁·개방 조치를 이미 취하고 있다는 점에서 현재의 상황보다는 더욱 개방적이고 시장 친화적으로 변화해야 할 것이라는 점은 분명하다.

문제는 변화의 속도와 정도, 그리고 그 방법에 대한 것이라고 할 수 있다. 혹자는 이러한 논쟁을 전면 전환과 점진주의(gradualism) 간의 논쟁이라고 요약한다. 전면 전환론자의 주장에 따르면 북한이 열린 사회, 시장경제로 변화하기 위한 유일한 방안은 정치적 민주화와 시장경제의 전면적인 도입밖에 없다. 점진주의자들이 우려하는 대량 난민의 발생 등 전환 비용은 점진적 방법을 통하더라도 언젠가는 치러야 하는 것이고 점진주의자들의 성공 모델처럼 보이는 중국의 사례도 실제로는 민주화되지 않은 중국 체제가 경제성장을 둔화시키고 있기 때문에 잘못된 신화(myth)라는 것이다. 또 자본주의 사회에 적응할 준비가 되어 있지 않은 주민들로부터 초래되는 혼란은 폴란드, 체코 등 동구 사회주의 국가들의 사례를 볼 때 잘못된 우려라는 것이다.[14]

이러한 주장은 북한의 정책 결정자들에게 따끔한 충고가 될 수 있을 것이다. 하지만 이 주장을 대북정책이라는 측면에 대입하면 현재의 북한 체제를 붕괴시키자는 것처럼 들린다. 현재 북한의 정책 결정자들은 한사코 개혁·개방을 거부하고 있기 때문이다.

이것은 '하고 싶은 것'과 '할 수 있는 것'의 혼돈이다. 한국 주도의 흡수통일이 이뤄진다면 북한 체제의 전면 전환은 선택이 아닌 필수일 것이다. 하

---

[14] Christopher Linge, "Transforming North Korea," *The Financial Express*, August 19, 2006.

지만 북한 체제가 유지되고 있는 상태에서의 전환 방식은 근본적으로 그들의 선택일 뿐이다.

하지만 전면 전환이냐 점진적 전환이냐의 논란에도 불구하고 정책 측면에서 북한의 변화 방향에 대해서는 이견이 없다. 다만 변화의 정도와 방안에서의 입장 차이가 있을 뿐이다. 이 책에서 검토하는 북한의 변화 역시 정치적으로 다원적이고, 경제적으로는 시장 친화적이며, 대외적으로는 좀 더 개방적인 방향을 의미한다. 간략히 요약하면, 좀 더 정치·경제·사회·문화 등 모든 영역에서 일반적 국가의 성격이 증가하는 방향으로의 변화라고 할 수 있을 것이다.

분단 이후 남북한의 정치 지도자들은 끊임없이 통일의 필요성과 당위성을 강조해왔다. 하지만 통일 방안에 대한 합의는 없다. 이는 남북한 간에만 없는 것이 아니라 한국 내부에도 없다. 극단적으로 표현하면 '정권의 통일 방안'은 있지만, '대한민국의 통일 방안'이라는 것은 존재하지 않는다. 그 결과 한국 내에서 통일에 대한 논의는 방안의 적실성에 대한 논의라기보다는 대북 인식의 차이에 대한 소모적인 논쟁이 되고 있다. 예컨대, 포용 정책과 강압 정책 가운데 무엇이 더 효과적인지에 대한 상반된 평가의 기저에는 북한과 대북정책에 대한 인식 차이가 존재한다. 대북 포용론자들은 2008년 이래 남북 관계 악화의 직접적 계기는 한국에서 새로 출범한 정권이 6·15와 10·4 정상합의를 외면 또는 폄하한 일이었다고 주장한다.[15] 반면, 다른 시각을 가진 사람들은 지난 10년간 대북정책은 지도자의 사익추구(私益追求)의 도구였고 통일을 포기한 정책이었다고 비판한다.[16]

---

15 백낙청, 「포용정책 2.0버전이 필요하다」, "전환기에 선 한반도 통일과 평화의 새로운 모색", 화해상생마당 주최 세미나 자료집(2009.9.2).

16 박세일, 「한반도 위기의 본질과 선진화 포용 통일론」, "전환기에 선 한반도 통일과 평화의 새로운 모색", 화해상생마당 주최 세미나 자료집(2009.9.2).

하지만 국민의 정부와 참여정부에서 통일이라는 목표가 폐기되었다고 주장하는 것은 과도하다. 오히려 통일 단계 이전에 분단의 평화적 관리라는 단계를 설정하고 이에 주력했던 것으로 평가하는 것이 정당할 것이다. 그렇다면 쟁점은 통일이라는 최종 목표를 달성하기 위한 중간 단계를 어떻게 설정하는가가 되어야 할 것이다. 그것은 통일 환경 조성이 될 수도 있고, 다른 여러 가지 이름으로 부를 수도 있을 것이다. 중간 단계의 설정이 필요한 것은 현재 상황에서의 통일이 너무나 요원해 보이기 때문이다. 중간 단계의 설정 없는 통일은 북한 내 급변 사태로 인한 흡수통일의 경우가 유일하다.

베르너 페니히(Werner Pfennig)는 "우선적으로 중요한 것은 재통일이 아니라 정상화"[17]라고 주장한다. 그에 따르면 정상화가 반드시 재통일로 이어지는 것은 아니지만, 정상화 없이 평화적인 재통일이란 없다. 그러면서 페니히는 "한국이 염원하는 동질적인 민족이라는 관념은 종족 중심적인 낭만주의"라는 새뮤얼 김(Samuel S. Kim)의 냉정한 평가를 덧붙이고 있다.

박근혜 정부 역시 '한반도 신뢰프로세스를 통한 남북 관계 정상화'를 국정 과제로 제시하고 있다. 통일부가 밝힌 남북 관계 정상화의 개요는 "남북한 신뢰 형성을 통해 남북 관계를 안정적으로 관리·발전시키는 것"[18]이라는 다소 모호한 것이다. '정상화'의 의미가 무엇인지 분명하지 않지만 한국이 통일을 상정함에 있어 현재와 같은 체제의 북한을 용인할 수 없다는 것은 분명하다. 결국 남은 것은 남북한의 통일 혹은 통합을 위해 북한 체제가 변

---

17 페니히가 주장하는 '정상화'의 최종적인 형태는 '긍정적인 상호 의존' 상태를 말한다. 자세한 내용에 대해서는 베르너 페니히, 「분단-통일: 정상화(Nornalisierung)의 의미(Teilung-Wiedervereinegung: die Bedeutung von Nornalisierung)」, "베를린 장벽 붕괴 20년과 한반도 통일에 주는 교훈 I", 고려대학교 평화연구소·베를린 자유대 한국학연구소 주최 세미나 자료집(2009.9.10), 124~128쪽.

18 통일부 국정 과제. http://www.unikorea.go.kr/content.do?cmsid=1416(최종검색일: 2014.11.23)

화해야 한다는 것이다. 따라서 여기서는 다원적이고 개방적인 북한 체제의 변화를 통한 남북한의 긍정적 상호 의존 상태를 '정상화'로 정의한다.

대북정책의 목표는 궁극적으로 통일이겠지만 그 이전에 필요한 것은 북한 체제의 변화라고 할 수 있다. 사실 햇볕정책의 은유는 따듯한 햇살로 나그네의 외투를 벗겨냈다는 이솝우화에서 따온 것이기 때문에 이 역시 북한의 변화를 상정한 것은 분명해 보인다. 이명박 정부가 표방한 '비핵·개방·3000' 정책도 북한이 변화한다면 지원을 제공하겠다는 것이다. 박근혜 정부의 '한반도 신뢰프로세스' 역시 신뢰할 수 있는 파트너로 북한이 변화하기를 원한다는 점에서는 동일한 측면이 있다.

다만 포용 정책은 상대방의 선의에 기대어 일방적인 지원에 의존했다는 비판을 받고, 보수 정부의 대북정책은 변화를 위한 방안이 없이 강압을 통해 변화를 강제하려 한다는 비판을 받고 있을 뿐이다. 하지만 대북정책을 포용과 강압이라는 이분법적 논리로 접근하는 것은 정책의 융통성을 심각하게 제한하는 결과를 가져온다. 상대방의 변화를 추구하기 위해서는 긍정적·부정적 대응 모두가 필요하기 때문이다.

일단 이 연구에서는 북한 체제의 변화라는 대북정책의 중간 단계를 설정하고 이를 위한 남북 교류 정책의 방향과 과제를 점검하기로 한다.

2) 북한 체제의 변화 요인[19]

바르트위미예 카민스키(Bartlomiej Kaminski)[20]가 적절히 지적하고 있는

---

19 최용환, 『북한사회의 변화 전망과 대북정책의 방향』, 71~73쪽.

20 Bartlomiej Kaminski, *The Collapse of State Socialism*(NJ: Princeton University Press, 1991), pp. 4~11, 77~88; 정흥모, 『체제 전환기의 동유럽 국가 연구: 1989년 혁명에서 체제전환으로』(서울: 오름, 2001), 51~73쪽.

〈그림 3-1〉 닫힌 체제 논리의 도식

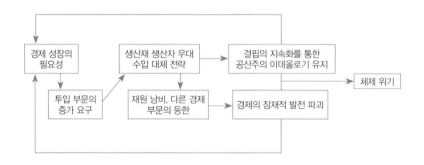

자료: 정홍모(2001: 71).

것처럼 국가사회주의의 위기는 정치와 경제의 파괴에 있다. 즉, 정치와 경제의 구성 요인이 상호 간 분리될 수 없는 하나의 세트에 속함을 의미한다. 이러한 정치와 경제의 융합으로 인해 경제는 정치화되고 정치는 비정치화된다. 카민스키가 '닫힌 체제의 논리'라고 명명한 국가사회주의 체제는 〈그림 3-1〉 같은 쇠퇴의 악순환을 초래한다.

- 사회주의 국가도 자본주의 국가처럼 경제 성장을 주문한다.
- 경제 성장은 투입 요소(에너지, 자본 등)의 증가를 요구한다.
- 재원의 부족과 그에 따른 갈등으로 인해 재원 분배를 독점하는 당과 국가는 자신들과 정치적 운명을 같이하는 생산재 부문의 생산자에게 자원을 편중 분배한다. 그리고 국내외 시장의 부재로 수입 대체 전략이 도입되고 결핍이 지속된다.
- 그 결과, 재원 낭비와 다른 경제 부문(소비재, 농업 등)의 발전을 등한시하게 된다.
- 이 같은 닫힌 체제의 논리는 다시 경제의 잠재적 발전을 파괴한다.

이처럼 국가사회주의 체제의 위기는 경제적 영역에서 초래되나 경제와 정치가 융합된 특성으로 인해 그 결과는 정치적 영역으로 미치게 된다. 국가사회주의 계획경제에 대한 이반은 경제개혁 정책과 인민의 생활고를 해결하고 제도를 보완하기 위해 경제 개방이 채택될 때 일어난다.

개방으로 인한 이반 현상은 세 가지 유형으로 나타난다. 첫 번째 유형은 경제활동의 사적 영역 창출에 있다. 사적 영역 창출은 경제활동의 잉여 창출에 기여하고 당 관료의 통제로부터 분리해 소비 만족의 원인이 된다. 예를 들면, '제2경제(second economy)', '비공식 부문(informal sector)', '암시장(black markets)' 등이 그것이다. 두 번째 유형은 위로부터의 묵시적 관용에서 발생한다. 예컨대, 정부가 소득이나 성장을 촉구하기 위해 자영업 창업을 격려하거나 법제화시킬 때처럼 무언의 공식적 관용이 명백하고 성문화될 때 나타나는 이반 현상이다. 세 번째 유형은 국내시장 개방에 있다. 투자자본의 재원 조달, 은행의 신용 대출 또는 판매와 공급망 확충을 통해 외국 거래 및 투자에 대한 국내시장의 경계를 개방하는 것을 말한다.[21]

북한 체제의 경우, 국가사회주의 체제 일반의 특성과 북한식 특수성이 결합된 체제이다. 지도자에 의한 권력의 사유화가 두드러진다는 점에서 북한은 왕권적 전체주의[22]로 분류되기도 하고 술탄 체제로 정의되기도 한다. 하지만 현재 북한이 겪고 있는 체제 위기의 원인은 앞서 간략히 검토한 '닫힌 체제'로서 국가사회주의의 위기와 본질적으로 같다.

북한 사회의 변화란 현재와 같은 북한의 세습 체제, 독재 체제 혹은 국가

---

21 Andrew Walder, "The Decline of Communist Power: Element of a Theory of Institutional Change," *Theory and Society*, Vol. 23, No. 2(1994), pp. 297~323; 정흥모, 『체제 전환기의 동유럽 국가 연구』, 57~58쪽.

22 박형중, 『북한의 개혁·개방과 체제변화: 비교사회주의를 통해 본 북한의 현재와 미래』(서울: 해남, 2004).

〈표 3-1〉 북한 체제 변화의 촉진 요인과 제한 요인

구분	위로부터의 변화	아래로부터의 변화	외부 변수
촉진 요인	개혁파의 등장 이데올로기의 부식	반체제 세력의 등장 이차경제의 확산 다원주의의 확산	외부 정보의 확산 개방적 대외 관계
제한 요인	보수파의 득세	계획경제의 강화	폐쇄 체제의 유지

사회주의적 속성이 강화되는 것이 아니라 좀 더 다원적이고 개방적인 방향으로의 변화를 의미한다. 그렇다면 북한의 변화를 예측하기 위해 변화를 촉진하는 요인들과 제한하는 요인들을 생각할 수 있을 것이다.

〈표 3-1〉은 사회주의 체제 전환의 변수를 기준으로 변화를 촉진하는 요인과 제한하는 요인들을 도출한 것이다. 위로부터의 변화, 아래로부터의 변화, 외부 변수로 구분했지만 정치, 경제, 사회의 모든 것이 융합되어 있는 국가사회주의의 특성을 북한이 가지고 있는 한, 표에 제시된 각각의 변수는 본질적으로 모두 정치적인 것이자 비정치적인 것이 된다. 즉, 정치적인 것과 비정치적인 것을 구분할 수 없고 모든 것은 상호 연관관계 속에서 체제 자체에 영향을 미친다.

3) 체제 변화의 주요 변수와 대북정책의 과제

한국의 대북정책이 북한 체제의 붕괴나 체제 전환 자체를 목표로 하지는 못한다. 사실 북한이 개혁·개방을 선택할 것인지 변화에 저항하다 급격한 체제 전환에 직면하게 될 것인지는 전적으로 북한 지도부와 북한 주민의 선택에 달려 있는 문제이다. 또한 외부 공작이 아닌 이상 외부의 공식적인 노력으로 특정 체제를 바꾸는 것은 한계가 분명하다. 그러한 점을 인정하더라

도 한국의 대북정책 그리고 남북 교류는 좀 더 나은 남북 관계 그리고 북한 사회의 변화를 지향할 수밖에 없다. 따라서 여기서는 북한 사회의 변화와 관련된 주요 변수를 중심으로 대북정책의 과제를 도출하기로 한다.

(1) 위로부터의 변화를 위한 과제

대부분의 사회주의국가에서 체제 내 개혁파가 지향했던 개혁의 목표는 자본주의로의 전환이 아니었다. 그들은 사회주의 체제 내의 개혁을 지향했고 오히려 '완성된 사회주의'를 이룩하려 했다고 보아야 한다. 이것이 의미하는 것은 남북 교류를 통해 한국이 직접 개혁파를 만들겠다는 것은 과도한 욕심일 뿐 아니라, 북한 내 개혁파의 씨앗이 보인다고 해서 그들이 처음부터 자본주의를 지향할 것이라고 기대할 수도 없다는 것이다. 그럼에도 남북 교류가 북한 사회의 변화를 지향한다면 개혁파가 등장할 수 있는 조건에 대한 관심은 필요하다.

중국과 베트남의 개혁 과정을 참고하자면 젊은 중간 간부들의 열린 마인드가 개혁 과정에서 큰 힘이 되었다. 물론 중국과 베트남의 경우 개혁·개방에 대한 지도부의 결심이 최종적으로 가장 중요한 변수였지만 중간 간부들의 개혁에 대한 신뢰와 믿음 역시 중요한 역할을 했다.[23] 대북 지원 무용론을 주장한 황장엽 전 노동당 비서 역시 젊은 간부들의 해외 연수나 인적 교류에 대해서는 아낌없는 지원이 필요하다고 주장한 바 있다.[24]

또한 중국과 베트남의 경우, 하부 단위에서의 성공 경험이 축적되면서 중앙 지도부가 이를 추인하는 방식의 개혁이 이뤄졌다. 이런 중국식 개혁

---

23 Bradley O. Babson, "Potential for Economic Modernization in the DPRK," 경기남북포럼 자료집(2009.10.14).

24 황장엽, 『북한민주화와 민주주의적 전략』(서울: 시대정신, 2008), 64쪽.

사례는 '사영 기업의 합법화' 과정을 보면 잘 드러난다. 중국의 사영 기업은 개혁 초기에는 비합법 상태에서 묵인되다가 1987년 제13차 당대회에서 그 존재가 공식적으로 허용되었고, 1988년 헌법 수정에서 '사영 경제는 사회주의 공유제 경제의 보충' 부문이라 규정되었다. 더 나아가 1992년 이후에는 사영 경제가 중국 경제의 중요 구성 부문으로 부각되었고, 1997년 제15차 당대회에서 '사영 경제가 사회주의경제의 중요한 구성 요소'로 규정되었다. 이런 내용은 1999년 헌법 수정에 반영되었고, 2004년 헌법 수정에서는 '사유재산권 보호'를 명문화해 사영 기업의 합법적 지위가 강화되었다.

즉, 체제에 위협적이지 않은 작은 단위에서의 시범적인 사업이 성공했을 때 이를 추인하고 확대하는 과정이 매우 중요하다. 특히 개혁·개방의 경험이 없고 그 파급효과를 걱정하는 경우에는 더욱 그러할 것이다. 이를 위해서는 성공적인 남북 교류 협력 사업의 추진이 매우 중요하다. 물론 무엇이 성공인가에 대한 기준이 매우 다를 수 있지만 북한 사업 단위의 자생력을 확보하는 것이 가장 중요할 것이다.

이미 북한은 기업소에 대해 '독립채산제'를 도입했고 이윤을 중심으로 한 평가를 공언하고 있다. 협동농장이나 개별 기업소들이 시장과 연계되어 이윤을 창출하고 이것이 재투자될 수 있도록 도와주는 것 자체가 북한 사회의 변화와 주민들의 의식 변화를 위한 가장 기본적인 과제이다. 이러한 마인드와 구조가 북한 체제 내부에 성공적으로 만들어졌을 때 북한 사회도 변화할 수 있고 북한 경제의 연착륙이나 통일비용 절감에도 크게 기여할 수 있을 것이다.

(2) 아래로부터의 변화를 위한 과제

사회주의국가의 체제 전환 사례에서 아래로부터의 변화가 두드러진 경우는 많지 않다. 하지만 사회주의국가가 사회의 변화 요구를 끝까지 거부했던 루마니아나 동독의 사례에서 볼 수 있는 것처럼 아래로부터의 압력이 상황을 추동했을 때 변화는 걷잡을 수 없이 진행될 수 있다. 반면, 반체제 세력 내부에 상징적일지라도 구심이 존재할 때는 협상에 의한 체제 전환이 가능했다.

북한의 경우, 아래로부터의 요구가 폭발한 역사적 경험이 없고 반체제 세력은 고사하고 시민사회의 맹아라 할 수 있는 사소한 조직적인 활동까지도 제한받고 있다. 또한 공개적인 남북 교류를 통해 반체제 세력을 조직한다는 것은 거의 불가능하다. 그럼에도 북한 체제 내부의 변화를 기대하기 위해서는 최소한의 외부 정보 유통에 대한 관심은 절대적으로 필요하다.

한국이 북한 체제의 전복을 기도하는 것이 아니라, 남북 관계의 정상화(긍정적인 상호 의존)를 지향한다는 점에서도 세계적인 변화의 추세와 북한의 위치 등에 대한 정보 유통은 매우 중요한 과제이다. 하지만 외부 정보 유입을 목표로 남북 교류를 추진한다면 북한은 어떠한 명분을 걸어서라도 이러한 교류에 대해 반대할 가능성이 매우 높다. 따라서 이러한 접근은 매우 조심스럽게 이뤄져야 하고 정보 유통은 다른 사업의 부수적인 효과로서만 기대할 수 있을 것이다.

이를 위해서는 북한 사회 내부의 정보 유통이 어떻게 이뤄지는지에 대한 고려가 필요하다. 과거 북한은 주민들의 거주 및 이동에 대해 엄격하게 통제했고 북한의 교통·통신 체계는 그 자체로 매우 열악할 뿐만 아니라 외부와 단절되어 있다고 해도 과언이 아니다. 최근 북한에 휴대폰 보급 대수가 240만 대를 넘어섰다는 뉴스[25]는 고무적이지만, 여전히 북한은 인터넷 이용이 보편화되어 있지 않고 일반 주민들이 이러한 통신수단을 사용하고 있다

---

25 "북 휴대폰 가입자 240만, 증가세 둔화", 자유아시아방송, 2014년 9월 9일 자, http://www.rfa.org(최종검색일: 2014.11.23)

고 보기는 어렵다.

하지만 경제난 이후 식량을 구하기 위한 목적으로의 주민 이동이 이뤄지고 배급제를 유지하지 못하는 북한 당국이 이를 묵인 또는 제한을 완화하고 있는 것 역시 사실이다.[26] 주민들의 이동과 관련해 주목해야 할 부분은 시장이다. 국가 배급망의 붕괴는 주민들을 자연스럽게 시장으로 내몰았고, 주민들은 시장을 통해 생필품의 상당 부분을 구입한다. 하지만 북한의 공장 가동률은 여전히 낮은 상태이고, 주민들의 생활에 필요한 만큼의 충분한 생산이 이뤄지지 않고 있다. 그 결과, 북한 시장에서 유통되는 상품의 대다수는 중국산이다. 지역에 따라 비율이 다르지만 최소 70%에서 심지어 90% 이상이 중국산이라고 알려지고 있다.

북·중 교역의 확대 현상은 이제 새로운 것이 아니다. 북·중 교역은 공식 채널을 통해서도 이뤄지지만 상당수의 교역은 이른바 '보따리상'을 통한 밀무역을 통해 이뤄지고 있다. 알려진 상품 유입 통로는 북·중 국경에 교량이나 철도가 연결되어 있는 랴오닝 성(遼寧省) 단둥, 지린 성(吉林省)의 지안(集安), 린장(臨江), 창바이(長白), 충산(崇善), 난핑(南坪), 싼허(三合), 투먼, 취안허(圈河), 훈춘 등지가 있다. 북한 쪽에서는 신의주, 혜산, 무산, 회령, 남양, 나진 등이 주요 통로이다. 이 중 공업품의 경우 회령, 나선, 혜산으로 들어오는 중국 상품들은 주로 중국 옌지에서 들어오고 신의주로 들어오는 중국 상품들은 단둥에서 들어온다.[27] 그리고 이렇게 들어온 물품들은 다시 북한 전역의 시장으로 판매되고 있다.

전문적인 상업인(돈주, 도매인, 중간 상인, 거간꾼 등)이 등장하고 사람들이

---

26 이금순, 『북한주민의 거주·이동: 실태 및 변화전망』(서울: 통일연구원, 2007).

27 차문석, 「북한의 시장과 시장경제: 수령을 대체한 화폐」, ≪담론201≫, 제10집 제2호(2007), 98쪽.

시장을 매개로 이동하면서 자연스럽게 정보도 유통된다. 북한이 종합 시장을 농민시장으로 개편하고 상설 시장을 10일 장으로 축소 운영하는 등 조치를 취하더라도 북한 지도부가 주민들의 생활을 전적으로 책임질 수 없는 한 음성적인 시장은 존재할 수밖에 없고 시장을 통한 정보 유통도 막을 수 없다. 그렇다면 북한 시장망은 북한식 '인터넷망'이라고 할 수 있을 것이다.

물론 그럼에도 한국이 남북 교류를 통해 북한 시장에 개입하거나, 시장을 통한 정보 유통 체계에 관여한다는 것은 현실적으로 매우 어렵다. 하지만 북한 시장이 중국 동북 3성과 밀접하게 연관되어 있다는 사실은 매우 중요하다.[28]

동북 3성에 거주하는 조선족, 특히 한국에 들어와 있는 조선족들은 북한 주민들이 중국을 방문했을 때 한국과 관련된 정보를 전달하는 매개체이다. 또한 중국 동북 3성에 진출한 한국 기업과 주민들은 간접적인 정보 전달의 매개체가 될 수 있다. 한국 기업의 동북 3성 진출이나 조선족에 대한 관심은 사실 북한과 별개로도 매우 중요한 사안이다.

중국의 동북진흥 계획 진전과 함께 동쪽 항구의 필요성이 증가한다면 오래전 유엔개발계획(UNDP: United Nations Development Programme)에서 추진하고자 했던 두만강 유역 개발계획은 다시 관심을 받을 수 있다. 이는 국제기구와 중국, 러시아, 북한의 이해관계가 걸려 있을 뿐만 아니라, 거대한 중국의 물류망과 연계되는 것이기 때문에 한국의 이익을 위해서도 관심이 필요한 과제이다.

요약하면, 북한의 아래로부터의 변화는 남북 교류를 통해 직접적으로 추

---

28 신종호, 『북중 경제협력 심화와 한국의 대응』(수원: 경기개발연구원, 2013); 배정호·주시엔핑 편, 『중국의 동북지역개발과 한반도: 2010년도 KINU Korea-China 민간전략대화 및 국제적 공동연구』(서울: 통일연구원, 2010).

동할 수도 없고, 그럴 수단을 가지고 있지도 않다. 하지만 순수하게 한국의 이익과 관련해 접근하는 사업을 통해서도 간접 효과를 기대할 수 있다는 점은 고려해야 한다. 특히 나진항 개발 사업과 관련해서는 중국이 나진항 개발의 주체이고 나진항 물류의 시발점이 중국이라는 점에서 나진과 동해안 항구의 항로 개설 논의가 이뤄질 수밖에 없다. 이는 러시아, 일본 등의 이해와도 연계되는 만큼 국제 협력 프로젝트로 발전할 수 있는 가능성이 매우 높다. 또한 동북 3성과 한국의 관계가 긴밀해진다면 남북한과 중국의 공동 사업을 추진할 수도 있을 것이다.

또한 북한의 인적 이동이 주로 물품 구입과 판매를 위한 시장을 따라 움직인다[29]는 사실에 주목할 때, 간접적이나마 북한 시장에 접근할 수 있는 방안에 대한 고려가 필요하다. 예컨대, 농업 협력 사업을 진행하면 그 생산물은 해당 협동농장에서 모두 소비되는 것이 아니고 북한 시장으로 팔려 나갈 것이다. 또한 북한 지방의 경공업 지원 사업을 하는 경우에도 그 생산품이 북한 시장으로 팔려 나갈 것으로 추정할 수 있다. 반대로 개성공단 등에 나가 있는 한국 기업들의 경우, 기초 원자재나 식료품을 북한 시장에서 구입하는 방안을 고려할 수 있다. 즉, 경제특구나 한국과 연계된 사업 단위가 북한 내부 경제와의 연계를 강화하는 과정이 수반되어야 한다. 물론 경협 사업의 경우, 초기에는 다소 무리가 따를 수 있지만 이에 대해서는 정부가 보조를 하더라도 북한 내부 경제와 연계를 확대할 수 있도록 지원하는 것이 바람직하다.

---

29 북한 기업소의 생산 실태에 대해서는 임강택, 『북한경제의 비공식(시장)부문 실태 분석: 기업활동을 중심으로』(서울: 통일연구원, 2013) 참조.

4) 추진 기조

이 책에서 제시하는 새로운 대북정책 추진 기조의 첫 번째는 정부와 비정부 행위 주체 간의 역할 분담과 협력이다. 이는 과거 중앙정부 주도형의 대북정책이 정권 변화에 민감해 중·단기적 전망에 치우친 나머지 정책의 효과성과 지속 가능성에서 문제가 있었다고 평가하기 때문이다.

21세기의 변화된 통일 환경을 고려할 때 증가한 민간의 역량을 활용하는 것은 매우 중요한 과제이다. 최근 다른 연구에서도 민족공동체 통일방안이 발표되던 1994년과 비교할 때 '국가 이외의 다양한 행위자와 이슈 영역의 다양화에 대한 고려'[30]가 필요함이 언급되고 있다. 그뿐만 아니라 한국 정부에서 발표한 「제2차 남북관계발전 기본계획(2013~2017)」에도 민간, 국제기구, 해외 동포, 지자체 등과 협력에 대한 부분이 다수 언급되고 있다.[31]

하지만 그 계획상 "지자체·민간 차원의 교류는 분야별 협의체 가동을 통해 체계적으로 지원·관리",[32] "국내의 건전한 민간단체, 국제기구 등을 중심으로 추진"[33] 등의 표현으로 미뤄 볼 때 여전히 중앙정부 중심의, 이른바 '질서 있는 대북정책'의 시각을 벗어나지 못하는 부분이 많은 것도 사실이다. 물론 중앙정부 입장에서는 정부 정책에 반(反)하는 비정부 행위자들의 독자적 대북 교류를 허용하기는 쉽지 않을 것이다.

---

30 서울대학교 국제문제연구소, 「민족공동체 통일방안 계승 및 발전 방향 공론화」(서울: 통일부, 2013), 31쪽.

31 대한민국정부, 「(제2차) 남북관계발전 기본계획(2013~2017)」(서울: 대한민국정부, 2013).

32 같은 글, 13쪽.

33 통일부, 「제2차 남북관계발전 기본계획: 2014년도 시행계획 주요내용」(서울: 통일부, 2014), 14쪽.

그렇지만 앞서 통일 환경의 변화에서 살펴본 바와 같이 한국 사회의 민주화 결과, 독자적 입장과 목소리를 가진 시민·사회 단체의 출현과 증가는 불가피한 추세라는 점을 인식할 필요가 있다. 정부와 다른 입장을 가진 비정부주체들의 활동을 '관리'하겠다는 식의 접근은 불필요한 내부 갈등과 정부 정책에 대한 불신으로 이어질 것이다. 따라서 통제나 관리보다는 다양한 입장을 가진 행위자들의 역량을 어떻게 활용할 수 있는가에 초점을 맞출 필요가 있다. 정부는 지자체나 민간단체와 비교할 수 없을 만큼 많은 자원과 능력이 있기 때문에 적절한 지원과 평가 방식의 도입을 통해서 비정부 행위자들의 사업 방향을 조절할 수 있다.

1990년대 중반 이후 남북 교류가 크게 증가하면서 이미 경험과 능력을 검증받은 비정부 행위자들이 국내에 다수 존재한다. 예컨대, 전국 17개 광역 지자체 모두가 독자적인 남북 교류 관련 조례를 갖추었고 34개 기초 지자체 역시 관련 조례를 정비했다.[34] 또한 경기도 등 일부 지자체에서는 남북 교류 전담 조직을 운영하고 있고 2011년 12월 31일 기준 서울, 부산, 인천, 광주, 경기, 강원, 충북, 전북, 전남, 경남, 제주 등 총 11개 시·도는 총 990억 원을 자체 기금으로 조성한 바 있다.[35] 지자체의 남북 교류는 이미 10여 년의 역사를 가지고 있고 다수의 지자체가 남북 교류 경험과 추진 의지를 가지고 있다.

이 외에도 남북 교류 추진 역량이 있는 비정부 행위자들은 다양한 영역에 존재한다. 여기에는 종교·체육·예술·청소년·문화·학술 등 사회·문화 단체를 비롯해 국제 NGO와 기업 등 다양한 행위자가 있다.

---

34 자치법규정보시스템. http://www.elis.go.kr(최종검색일: 2014.12.2)
35 이 가운데 일부를 집행하고 남은 총액은 573억 원이다. 이 외에도 다수의 기초 지자체에서도 자체 남북 교류 기금을 조성하고 있다.

총계(개)	통일 활동 전반	인도 협력	북한이탈주민 정착 지원	학술 연구	사회·문화 협력
345	91	69	56	40	38
경제 협력	통일 교육	이산가족	납북자 권익 신장	개성공단	북한 인권 개선
15	7	5	3	2	19

자료: 통일부 허가 법인 현황.[36]

예컨대, 북민협은 1999년 20여 개 단체로 출발했으나 2015년 3월 기준 200여 개 단체가 참여하고 있다. 이와 관련해 통일부 홈페이지 사전정보공개목록(기관 공통)에 따르면 통일부 소관 법인은 총 345개이다. 이 법인들은 체육·종교·여성·등 여러 가지 성격의 단체들을 포괄하고 있고 진보와 보수 성향 단체들이 공히 등록되어 있다. 이를 다시 통일부가 분류한 법인 주요 사업 성격별로 분류하면 〈표 3-2〉와 같다. 이 가운데 국내 사업이 대부분일 것으로 판단되는 북한이탈주민 정착 지원 및 통일 교육 단체 등을 제외하면 약 260개 정도의 법인이 남북 교류와 관련된 단체로 등록되어 있다.

민간·사회 단체의 남북 교류와 관련해 주목할 만한 것은 남북 관계의 경색 국면에서도 남북 교류의 명맥을 이어간 분야가 사회·문화 교류라는 측면이다. 과거 미·중 데탕트 시기의 외교를 '핑퐁 외교'라고 불렀던 점을 상기한다면 비정치적 분야에서의 교류가 경색된 국면을 돌파하는 계기가 된 사례는 쉽게 발견할 수 있다. 한바탕 해프닝으로 끝났지만 최근 인천 아시안게임 폐막식에 북한의 황병서, 최룡해, 김양건 일행이 방문했을 때 남북 관계 개선에 대한 기대가 순식간에 증폭되기도 했다.

---

36 http://www.unikorea.go.kr/content.do?cmsid=1776

<그림 3-2> 통일 준비과정에서 중소기업의 역할에 대한 인식과 실제

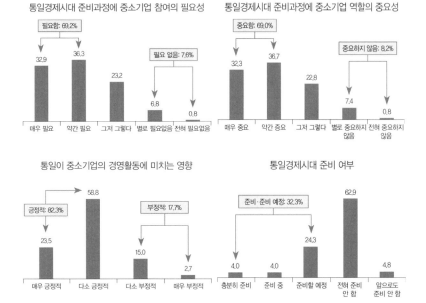

통일경제시대 준비과정에 중소기업 참여의 필요성

필요함: 69.2%

32.9
36.3
23.2
6.8
필요 없음: 7.6%
0.8

매우 필요　약간 필요　그저 그렇다　별로 필요없음　전혀 필요없음

통일경제시대 준비과정에 중소기업 역할의 중요성

중요함: 69.0%

32.3
36.7
22.8
중요하지 않음: 8.2%
7.4
0.8

매우 중요　약간 중요　그저 그렇다　별로 중요하지　전혀 중요하지
　　　　　　　　　　　　　　　않음　　　　않음

통일이 중소기업의 경영활동에 미치는 영향

긍정적: 82.3%

23.5
58.8
부정적: 17.7%
15.0
2.7

매우 긍정적　다소 긍정적　다소 부정적　매우 부정적

통일경제시대 준비 여부

준비·준비 예정: 32.3%

4.0
4.0
24.3
62.9
4.8

충분히 준비　준비 중　준비할 예정　전혀 준비　앞으로도
　　　　　　　　　　　　　　안 함　　준비 안 함

자료: 중소기업중앙회(2014: 14, 20~22).

　　이 외에도 중소기업 경영자의 다수(58.8%)는 통일이 경영 활동에 긍정적
영향을 미칠 것으로 예상하고 있고 통일경제시대 중소기업의 참여가 필요
(69.2%)하다고 대답하고 있다. 그뿐 아니라 통일경제시대 준비과정에서 중
소기업의 역할이 중요하다는 대답 역시 69%로 과반수를 차지하고 있다. 하
지만 통일경제시대를 준비하고 있는가에 대해서는 62.9%가 전혀 준비하지
않고 있다고 대답하고 있어서 인식과 준비에 차이가 있음을 알 수 있다.[37]

37　중소기업중앙회, 「중소기업이 본 통일경제 인식조사 결과」(2014.6). 이 조사는 중소
　　기업 600개 업체 대표(CEO) 및 임원급을 대상으로 2014년 5월 15~30일까지 실시되
　　었다.

이러한 조사 결과를 고려할 때 다수의 기업 역시 남북 교류와 관련해 중요한 역할을 할 수 있는 잠재력 있는 집단으로 볼 수 있을 것이다. 이와 관련해서는 과거 개성공단 1단계 분양 시 경쟁률이 6 : 1에 달할 정도로 높았던 점을 상기할 필요가 있다.[38] 물론 이후 개성공단이 잠정 중단되는 등 우여곡절이 있었기 때문에 대북 경협에 대한 중소기업들의 참여도가 어떻게 나타날지는 의문이지만, 적절한 환경이 조성된다면 북한에서 활로를 찾으려는 기업들은 다수 존재할 것으로 기대된다. 천안함, 연평도 사건과 5·24 조치가 시행되는 남북 관계의 경색 국면에서도 개성공단만은 폐쇄되지 않았다는 점을 기억할 필요가 있다.

남북 교류에 비정부 행위자를 포함한 다수의 주체가 참여함으로써 교류의 방식과 채널의 다양화를 기대할 수 있을 것이다. 물론 현 한국 정부 역시 교류 채널의 다양화를 추진하고 있다. 하지만 국내 행위자들보다는 국제기구와 해외 단체, 국제 NGO 등에 대한 의존이 두드러지는 점은 개선할 필요가 있다. 그 이유는 첫째, 국제 NGO나 국제기구에 대한 '관리'가 사실상 매우 어렵다는 점에서 국내 비정부 행위자들에 대한 '관리' 정책을 고려할 때 이율배반적이다. 둘째, 이미 국내에도 경험과 능력을 갖춘 기관·단체 들이 다수 존재하는 상황에서 해외 기구와의 협력을 우선 추진하는 것은 국내 민간의 통일 역량 강화라는 점에서 바람직하지 않다. 셋째, 국제기구를 활용하는 것은 비용 대비 효과의 측면에서 생각할 여지가 많다. 정확하게 비율을 명기할 수 없으나 한국에서 제공한 비용의 상당 부분이 운영 비용 등으로 사용된다는 사실은 공공연한 비밀이다.

대북 접촉 채널의 다양화, 사업의 안정성 및 지속 가능성 등을 고려할 때 국제기구나 국제 NGO를 활용하는 것은 필요하다. 하지만 적절한 자원 배

---

38 "개성공단 입주 '바늘 구멍', 1600여 업체 희망", 연합뉴스, 2004년 4월 14일 자.

분과 더 다양한 채널 확보, 국내 통일 역량의 강화라는 측면에 더욱 주목할 필요가 있을 것이다.

물론 앞서 언급한 수십 개의 지자체, 350여 개의 민간단체, 그리고 숫자를 알 수 없는 중소기업 정도가 남북 교류에 안정성을 줄 수 있을 만큼 충분하다고 볼 수 없다. 그뿐만 아니라, 이들 중 상당수가 남북 교류 경험이 있다고 해서 그것이 이미 충분한 정도의 역량이라고 평가하기 어려운 것도 사실이다. 여전히 지자체를 포함한 상당수의 비정부 행위자는 대북 정보에 어둡고 남북 협상에 익숙하지 않다. 따라서 정부는 이들을 관리하기보다는 좀 더 체계적인 정보 제공, 협상 실무자 교육, 재정 지원 등을 통해 이들의 역량을 강화할 필요가 있다. 남북 교류의 목표는 교류 그 자체에 있다기보다 통일 이후 사회 통합까지 지향할 필요가 있기 때문이다. 한반도와 상황이 다르지만 독일의 경우도 통일 과정에서 비정부주체들의 역할이 핵심적이었다고 보기는 어렵다. 하지만 다양한 교류와 협력의 경험이 통일 이후 사회 통합 과정에 크게 기여했다는 점은 기억할 필요가 있다.

이 책에서 제시하는 새로운 대북정책의 두 번째 추진 기조는 지속 가능성이다. 전술했듯이 대북정책은 단기적인 실현 가능성이 가장 중요하지만, 중·장기적으로는 지속 가능성이라는 측면이 강조되어야 한다.

한국의 대북정책은 정권 변화에 따라 정책 기조와 내용이 크게 변화해왔다. 문제는 한국이 임기 5년의 단임 대통령제이고 언제든지 정권 교체 가능성이 열려 있는 사회라는 점이다. 만약 현재와 같은 국내 정치 환경에서 5년마다 진보-보수 정권이 번갈아 집권한다면 대북정책의 수명은 최장 5년에 지나지 않을 것이다. 더구나 지난 세 정권에서 정부의 대북·안보 정책 기조는 대통령 취임 1년 후에야 정리·발표되었다. 이에 대한 세부 전략과 추진 방안들을 마련하는 주요 국책 연구기관들의 성과는 다시 이로부터 수개월에서 1년 이상의 시간이 걸려 정리된다. 약간의 과장을 섞어 말하면 대통령 임기 후반에서야 정책이 체계적으로 정리되기 때문에 추진 동력이 상실되는 결과로 이어진다. 그리고 다시 대통령 선거를 거치면서 과거 정권의 정책을 비판하거나 이전 정권의 접근법이 다시 부활하는 방식이다. 어쩌면 가장 나쁜 정책은 잘못된 정책이 아니라, 오락가락하는 정책, 혹은 알 수 없는 정책일 것이다. 정권의 대북정책이 아닌 대한민국의 대북정책에 대한 요구는 높지만 현재 상황에서 한국의 대북정책은 5년의 수명을 가진 한시 정책이 되고 있다. 따라서 대북정책 혹은 남북 교류의 지속 가능성을 위해서는 우선 정부 정책 기조의 안정성 확보가 우선적으로 요구된다.

남북 교류의 지속 가능성과 관련해서 다양한 채널의 확보도 중요하지만 북한의 입장과 태도 역시 중요하다. 한국 정부의 대북정책이 정권에 따라 달라지는 것도 문제지만 북한 역시 한국이 수용할 수 없는 조건을 구실로 남북 교류를 중단하거나 지연시키는 일이 많았기 때문이다.

이것을 염두에 두고 남북 관계 경색 국면에서도 명맥을 유지한 개성공단 사례를 다시 한 번 살펴볼 필요가 있다. 개성공단 사례를 참고할 때, 개성공단 정도의 파급력과 상징성을 지닌 사업이라면 상당한 정도의 상황 변화에도 불구하고 지속성을 가질 것으로 추정할 수 있다. 물론 북핵 문제가 악화된 상황과 국제사회의 대북 경제제재라는 현실을 고려할 때, 개성공단과 같거나 더 큰 규모의 대규모 경제협력 사업은 추진이 어려운 것이 사실이다. 하지만 주목할 것은 개성공단 자체라기보다는 적절한 유인(inducement)을 통해서 사업의 안정성을 확보할 수 있다는 측면일 것이다. 어떤 방법을 사용할 수 있는가 하는 것은 상상력, 의지, 능력의 문제이다.

2. 단계별 추진 전략

1) 추진 전략 개요

한국의 대북정책은 안보 문제를 무시하고 진행될 수 없다. 북핵 문제를 비롯한 북한의 군사적 위협이 현존하는 상황에서 일방적인 포용과 지원 정책이 지속 가능할 수 없다. 그렇다고 안보 문제에 지나치게 초점을 맞춘다면 남북 교류 협력은 불가능하다. 정치와 경제를 분리해서 경제협력에만 초점을 맞춘다면 남북 교류는 즉각 재개될 수 있다. 하지만 안보를 무시한 경제협력은 한계가 있을 것이 분명하다. 그것이 지금까지 대북정책을 추진하면서 체험한 한국의 딜레마이다.

앞서 언급했듯이 남북 교류를 포함한 대북정책은 단기적으로 실현 가능해야 하고 중·장기적으로 지속 가능해야 한다. 이 점을 고려해 새로운 대북전략 프로세스의 개념도를 그리면 〈그림 3-3〉과 같다.

〈그림 3-3〉에서 상정하는 통일 개념은 특정 단계에서 달성되는 목표가 아니라, 남북한 간에 평화와 협력이 증진되는 '과정으로서의 통일'이다. 즉, 통일의 최종적인 형태는 미래에 우리가 만들어가는 것이고 남북한의 통합이 지속적으로 증진되는 과정 자체가 통일이 심화되는 것이라는 의미이다.

〈그림 3-3〉의 X축은 '안보와 경제의 교환 관계'를, Y축은 '안보와 안보의 교환 관계'를 의미한다. 과거 진보 정권의 포용 정책은 경제적 협력의 증진을 통해 중·장기적으로 안보 문제가 해결될 것을 기대하는 방식이었다. 반면, 보수 정권의 통일 정책은 안보 문제의 진전이 이뤄지면, 경제협력을 제공하겠다는 방식의 접근법이었다. 이를 개념적으로 표시하면 〈그림 3-4〉와 같다.

〈그림 3-4〉 '포용 정책의 프로세스'는 남북 교류의 물꼬를 트는 데는 효과

〈그림 3-3〉 새로운 대북전략 프로세스

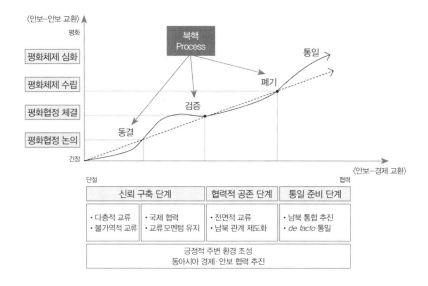

〈그림 3-4〉 기존 정권들의 대북 정책 프로세스

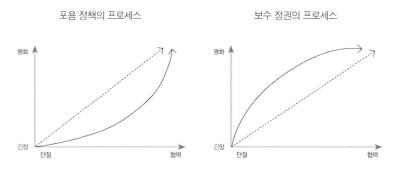

적이었으나 안보적 우려를 낳는 방식이었다. 반면 '보수 정권의 프로세스'
는 북핵 등 안보 문제에 집중한 나머지 남북 관계의 첫 단추를 꿰지도 못하
고 좌절했다.

따라서 초기 단계(신뢰 구축 단계)에는 포용 정책적 접근법이 실현 가능성 측면에서 유용할 것이다. 다만 과거의 접근 방식이 중앙정부 중심의 접근법이었다면 이제는 좀 더 다양한 행위자의 참여를 유도하는 방식으로 추진할 필요가 있다. 다양한 행위자의 참여를 통해 남북한의 접촉면을 더 넓히고, 여러 접촉 통로를 확보할 수 있을 것이다. 이를 통해 하나의 사업이 좌절되더라도 다른 사업으로 돌파구를 모색할 수 있을 것이다.

초기 협력(engagement)이 다음 단계에서 불가역적이 되려면 최소한 개성공단 정도의 파급력을 가진 사업이 여러 개일 필요가 있다. 개성공단은 남북 관계가 최악으로 치닫던 시기에도 남북한 모두 포기하지 못한 사업이다. 특히 북한은 남북 관계가 악화되었던 2013년, 한국이 개성공단 잠정 중단 조치를 취했으나 남북 관계가 근본적으로 개선되지 않았음에도 북한 스스로 재개를 선택한 바 있다. 그런 의미에서는 최근 북한이 발표한 여러 경제 개발구에 대한 다양한 접근법 등이 마련될 필요가 있다.

초기 단계에서는 인도적 지원, 보건·의료 협력, 사회·문화 교류 등 다양한 분야에서의 접근이 요구된다. 물론 북핵 문제의 진전이 없는 초기 단계에서 본격적인 지원이나 협력은 어려울 것이다. 그럴수록 작지만 다양한 방식의 접근이 더 유효할 것이다. 이를 통해 불가역적인 협력의 계기들이 마련되어야 북핵 동결 이후의 과정을 추진할 동력을 마련할 수 있을 것이다. 핵 문제와 관련해서는 지금까지의 모든 대북 핵 협상이 항상 동결 이후 검증 단계에서 좌절되었다는 점을 인식할 필요가 있다.

북핵 동결 이후의 단계에서는 국제적 협력이 매우 중요하다. 북핵 문제가 다시 악화되지 않도록 국제사회의 합의는 개별 국가의 자율성을 제한할 수 있을 만큼 커야 한다. 남북한 간의 신뢰뿐만 아니라 한반도 주변 국가들의 신뢰와 협력이 더 중요한 단계이다. 또한 이 단계에서는 북핵 문제의 긍정적 진전이 이뤄졌을 경우에 대한 비전이 매우 구체적으로 제시될 필요가 있다. 북한이 한국과 국제사회가 제시한 비전을 신뢰할 수 있을 때만 이 단계의 진전이 가능할 것이기 때문이다.

북핵 문제가 충분한 진전을 이룩한 최종 단계에 이르면 남북한은 사실상의 통일 상태를 본격적으로 심화시킬 수 있을 것이다.

2) 신뢰 구축 단계

(1) 핵심 과제

초기 단계에서 가장 중요한 것은 다양한 교류 채널을 확보하고, 협력의 폭과 깊이를 확대·심화하는 것이다. 이 단계를 '신뢰 구축 단계'라고 표현한 것은 '신뢰'의 문제가 가장 중요하다고 판단되기 때문이다.

이를 위해서는 우선 한국 내부적으로 정권의 변화와 독립적인 대북정책 기조를 확립해야 한다. 독일의 경우, 빌리 브란트(Willy Brandt)의 '동방 정책'이 추진된 이후 국내적 논란과 정권 교체에도 정책 기조가 크게 변하지 않았다. 엄연히 존재하는 '남남 갈등'의 현실을 고려할 때 이것이 매우 어려운 과제임은 틀림없다. 따라서 어쩌면 여야 정당들의 역할이 가장 중요하다. 시간과 노력이 소모되더라도 입장이 다른 정파 간의 충분한 논의를 거쳐 중·장기적 정책 기조를 확립할 필요가 있다.

둘째, 한국 중앙정부와 비정부 행위자 간의 신뢰가 구축되어야 한다. 정부와 비정부 행위자 간의 신뢰가 없다면 이 연구에서 제안하는 다층적 접근법은 실현될 수 없다. 이 문제는 기본적으로 정부 정책에 대한 비정부 행위자들의 신뢰와 관련된 것이다. 즉, 정부와 비정부 행위자 간 신뢰는 앞서 언급한 정부 정책의 일관성과 직접적으로 연관된다.

또 하나는 비정부 행위자에 대한 정부의 입장과 태도이다. 거듭 강조하지만 민주화 이후 성장하는 시민사회적 요구를 정부가 어떻게 수용하고, 정책에 반영할 것인가 하는 것은 매우 중요하다. 이들을 통제·관리하겠다는 과거의 방식으로 변화한 시민사회에 대응할 수 없다는 점을 분명히 인식할 필요가 있다. 따라서 필요하다면 민간의 역량을 제고하기 위한 제도적 지원도 이뤄지는 것이 오히려 바람직하다.

초기 단계에서의 남북 관계는 우선 한국의 대북정책 수단을 확보하는 것이 중요하다. 이는 다양한 행위자, 복합적 접촉 채널, 접근 루트 등과 관련되어 있다. 또한 사업의 내용은 이후 단계에서 안정성을 가질 수 있을 만큼 충분한 파급력과 확산성이 있어야 할 것이다.

이를 위해 중요한 것은 남북 사업 파트너 간의 신뢰 문제이다. 북한의 현실을 고려할 때 단기적으로 북한 정권과 독립적 이해관계를 갖는 사업 파트너를 찾거나 만들기는 어렵다. 하지만 남북 교류에 대한 북한 내 동조 세력 확보는 초기 단계부터 중요하다. 이들이야말로 북한을 변화시키기 위한 북한 내부의 개혁 세력이 될 수 있기 때문이다. 또한 이들이 남북 교류를 통한 이해관계를 분명히 인식해야 이후 과정에서 남북 관계의 부침을 이겨낼 수 있는 교류의 지속성을 확보할 수 있을 것이다.

(2) 추진 방안

우선 개별 정권의 대북정책이 아닌 대한민국의 대북정책 수립과 관련된 과제부터 검토해보자.

지금까지의 대북정책은 선거 과정에서 공약 중 하나로 제시되었고 집권 이후 이에 기초한 정책으로 이어졌다. 따라서 대북정책은 선거 과정에서 진보-보수 정당의 선명성을 드러내는 수단으로 사용되었다. 특히 복지, 경제 정책 등에서 거대 정당들의 입장이 수렴하는 상황 가운데 대북정책은 특정 정파의 입장을 분명하게 하는 방편이 되었다. 그 결과는 정권 변화에 따른 정책의 변동이었고 대북정책에 대한 신뢰 추락으로 이어졌다.

이를 극복하기 위한 바람직한 방안은 국회에서 찾을 수 있다. 국회는 기본적으로 국민을 대변하는 여러 정파가 모여서 의견을 조정하고 조율하는 공간이기 때문이다. 정권을 만드는 것은 결국 정당이다. 따라서 이론적으로는 대북정책에 대해서도 여야가 의견을 수렴할 수 있다면, 그래서 합의된 대북정책을 만들 수 있다면 정권의 변화에서 어느 정도 독립적인 정책 기조를 수립할 수 있을 것이다.

현재 '남북관계발전에관한법률' 제13조(남북관계발전기본계획의 수립)에 따라 5년마다 남북관계발전기본계획을 수립하도록 되어 있다. 문제는 이 계획의 수립 기간이 대통령 임기와 일치하고 대통령이 임명하는 통일부 장관이 계획을 수립하도록 되어 있다는 점이다. 즉, 정권의 대북정책 기조에 남북관계발전기본계획이 종속될 수밖에 없는 구조이다. 이런 구조는 정책의 추진력이라는 측면에서 긍정적일 수 있으나 정책의 지속 가능성, 안정성, 정책에 대한 국민적 동의 확보 등의 측면에서 한계를 노정해왔다.

따라서 최소한 남북관계발전기본계획의 기간이 대통령 임기와 일치하지 않도록 7~8년 기간으로 변경하는 방안을 검토할 필요가 있다. 또한 예산이 수반되는 계획만 국회의 동의를 받는 것이 아니라, 남북 관계 발전의 기본 방향 등에 대한 여야 합의가 반영될 수 있도록 법률을 개정하는 것도 고려할 필요가 있다. 물론 한국 국회의 현실을 고려할 때 국회를 통한 여야 합의가 어떻게 진행될 수 있을지는 의문이다. 그렇지만 최소한 정부 정책의 호흡이 대통령 임기보다 길고 여야 합의 효력이 대통령의 권한을 일정 정도 구속할 수 있을 만큼은 강력해야 할 것이다.

다음으로는 비정부 행위자 중심의 다층적 접근과 관련된 과제가 중요할 것이다. 초기 단계에서 비정부 행위자들의 역할이 중요한 것은 정부 차원의 대규모 경협이나 남북 교류 프로젝트의 추진이 어려운 현실에도 기인한다. 즉, 여기에서 상정하는 초기 단계는 북한의 의미 있는 태도 변화가 발생한

다음이 아니라 이를 유도하기 위한 시기이기 때문이다.

다양한 비정부 행위자가 여러 가지 사업을 추진하는 것은 언제든지 가능하지만 처음부터 그것이 북한의 변화를 유도할 수 있을 만큼 규모 있게 추진하는 것은 어렵다. 사회·문화·스포츠 교류, 소규모 경협, 인도적 지원 정도가 초기 단계에서 가능할 것이다. 그렇다면 이런 소규모 교류를 통해서 중·장기적으로 북한의 태도 변화를 이끌어낼 수 있을까?

이에 대한 답을 찾기 위해서는 앞서 언급한 개성공단 사례를 다시 검토할 필요가 있다. 〈표 3-3〉은 5·24조치가 있었던 2010년 전후의 남북 교역 규모이다. 개성공단 사업의 반·출입 규모는 매년 다른 모든 분야에서의 반·

〈표 3-3〉 남북한 간 거래 유형별 현황(2004~2011)

단위: 천 달러

| 구분 | 상업적 거래 | | | | | 비상업적 거래 | | |
| | 교역 | | 경제 협력 사업 | | | 대북 지원 | | 사회·문화 협력 |
	일반 교역	위탁 가공 교역	개성공단	금강산 관광	기타 경협	민간 지원	정부 지원	
2004	171,324	175,959	41,686	41,771	5,751	180,087	78,309	1,695
2005	209,778	209,729	176,736	87,065	6,233	242,760	122,277	781
2006	304,130	252,958	298,795	56,654	15,531	407,560	11,696	2,414
2007	461,411	329,912	440,677	114,754	11,914	250,048	78,856	930
2008	399,427	408,309	808,445	63,713	19,911	66,688	373	1,246
2009	256,141	409,714	940,552	8,711	26,997	21,687	14,691	588
2010	117,862	317,558	1,442,856	2,745	8,244	16,570	5,713	700
2011	226	3,704	1,697,632	761	4	10,641	756	130

자료: 통일부(2014a).

<그림 3-5> 남북 교역에서 개성공단 사업의 비율

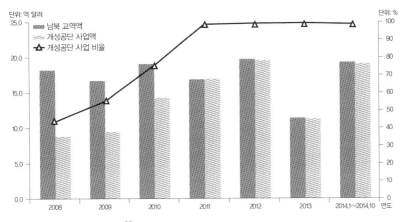

자료: 통계청 개성공단 사업.[39]

출입 규모를 합한 것보다 더 많다는 사실을 알 수 있다. 특히 5·24조치의 효과가 본격적으로 나타나기 시작한 2011년에 이르면 그 격차는 더욱 커진다. 심지어 2011년 이후에도 개성공단에서의 반·출입 규모는 지속적으로 증가했다. 그 결과 2013년에 이르면 남북 교역에서 개성공단이 차지하는 비율은 99%를 넘게 된다.

5·24조치가 북한에 타격을 주기 위한 것이었다면 논리적으로 볼 때 가장 유효한 수단인 개성공단 사업을 제외한 교류 단절이었다고 할 수 있다. 또한 5·24조치의 효과를 기대했다면 그것은 역설적으로 이전 정부 대북정책이 성과가 있었다는 점을 인정하는 것이라고 볼 수도 있다.

지나친 단순화의 우려가 있지만 개성공단 사례를 고려했을 때 북한이 포기할 수 없는 사업의 규모를 추정할 수 있다. 또한 개성공단 사업은 지속적

---

39 http://kosis.kr/statHtml/statHtml.do?orgId=101&tblId=DT_1ZGAA&vw_cd=&list_id=&seqNo=&lang_mode=ko&language=kor&obj_var_id=&itm_id=&conn_path=I3

으로 규모가 증가하는 사업이었기 때문에 미래에 대한 기대 역시 크게 작용했을 것으로 보인다.

문제는 이 정도 규모의 사업을 초기 단계에서 단일 혹은 몇 개의 프로젝트로 추진하는 것이 매우 어렵고 바람직하지도 않을 수 있다는 점이다. 하지만 다양한 주체가 참여한다면 여러 사업의 총량이 2010년과 그 이후의 개성공단 규모에 이르게 할 수는 있다. 예컨대, 북한이 야심차게 추진하는 전국 각지의 경제개발구에 전국 지자체를 포함한 기업과 NGO 들이 참여한다면 사업의 총량은 빠르게 증가할 것이다.

개성공단이 북한 내부에 미친 영향에 대해서는 여러 가지 평가가 가능할 것이다. 그 가운데 가장 아쉬운 부분은 개성공단과 북한 내부 경제의 연계성에 대한 부분을 지적할 수 있다. 즉, 개성공단은 한국의 자본과 기술, 북한의 토지와 노동력이 결합해 남북한 모두에게 이익이 된다는 경제적 논리 이외에 남북 경제통합의 시험장으로서의 의미도 있었다. 따라서 개성공단 입주 기업들이 이윤을 남기는 것도 중요했지만, 북한 내부 경제와의 연계성을 강화해 남북 경제통합의 모델이 되는 것이 더 중요했다. 하지만 개성공단은 북한 내부 경제와 차단되어 있는 것이 현실이다. 그럼에도 개성공단이 진행되면서 북한 노동자들의 인식 변화가 관찰된다는 주장도 있다.

만약 개성공단 규모의 투자가 북한 각지에 여러 기업과 기관·단체에 의해 추진되었다면 그 효과는 어떨까? 어쩌면 그런 방식의 접근이 개성공단 계획을 입안하던 초기에 가졌던 대북 파급효과라는 측면에서는 더 효과적이었을 수도 있다. 물론 비정부 행위자들이 추진하는 남북 교류는 경제협력에만 국한되어서는 안 되고 그럴 수도 없을 것이다.

요약하면, 다양한 이슈 영역에서 여러 비정부 행위자의 역할을 극대화함으로써 대북정책의 수단을 최대한 많이 확보해야 한다. 교류의 규모와 파급력은 북한이 이를 뿌리칠 수 없을 만큼 커야 할 것이다. 신뢰 구축 단계에서의 성과가 충분하지 않다면 다음 단계에서 안보적 우려 해소를 위한 정책은 추진 동력을 상실하게 될 것이기 때문이다.

3) 협력적 공존 단계[40]

(1) 핵심 과제

남북한이 협력적 공존을 이룩하기 위해서는 핵 문제를 포함한 군사적 위협의 제거가 필수적이다. 지금까지 북핵 문제가 해결되지 못한 이유 중 하나는 북핵 해결에 대한 주변국들의 목표가 상이했기 때문이다. 따라서 북핵 대응 전략을 수립하기 위한 첫 번째 과정은 전략 수립의 목표를 분명히 하는 것이다.

북핵 문제에서 갈수록 중국의 역할이 중요해지고 있다. 문제는 미·중 간 북핵 문제를 바라보는 기본적인 입장에 차이가 존재한다는 사실이다. 미국의 목표는 명백하게 북핵 폐기이다. 만약 핵 폐기가 불가능하다면 미국의 다음 목표는 핵의 수직적·수평적 확산 방지가 될 것이다.[41] 반면 중국은 북핵 폐기도 중요하지만 한반도 상황의 안정적 관리에 최우선 목표를 두고 있다. 즉, 북한에 대한 강압적 제재보다는 평화적 방법을 통해 한반도 상황을 안정적으로 관리하면서 북핵 문제를 점진적으로 해결하고자 한다. 한국은

---

40 북핵 폐기와 관련된 이 부분의 논의는 최용환, 「북한의 핵폐기는 가능한가?」, 정덕구·장달중 외, 『한국의 외교안보 퍼즐』(파주: 나남, 2013), 51~58쪽의 내용을 중심으로 재정리한 것이다.

41 CRS(Congressional Research Service) 보고서는 이것을 "Three NOs"라고 표현한다. 즉, "no export of nuclear technologies, no more bombs and no better bombs." Charles L. Pritchard and John H. Tilelli Jr., "U.S. Policy Toward the Korean Peninsular," Council on Foreign Relations, *Independent Task Force Report*, No. 64(2010).

미국, 중국과 마찬가지로 핵 폐기에 동의하고 한반도 상황의 안정적 관리, 수평적·수직적 핵 확산 방지 문제에 대해서도 동의할 수 있다. 문제는 강압적 방법을 통한 핵 폐기 노력이 낳을 수도 있는 한반도의 불안정한 상황에 대해 미국과 중국 그리고 한국의 입장이 다르다는 것이다. 국내에서의 논쟁 역시 이와 크게 다르지 않다. 결국 북핵 관련 한국의 정책 목표는 평화적 방법을 통한 북한 핵의 폐기라고 할 수 있다. 물론 북한이 핵을 선제적으로 사용해 한반도에 전쟁이 발생하는 상황이 있을 수도 있으나 이는 정책의 목표가 아니라 정책적 대비 측면의 과제라고 할 수 있다.

한국의 입장에서 핵 폐기와 평화는 둘 중 하나를 선택해야 하는 과제가 아니다. 최악의 상황에 대한 대비는 필요하되 이 두 가지는 포기할 수 없는 정책 목표가 되어야 한다.

북핵 문제와 관련된 한국의 최우선 목표는 무엇인가? 물론 북핵 폐기가 중요하겠지만 '통일'이나 '평화'보다도 핵 폐기가 우선되는 과제인가? 사실 이 문제는 대단히 논쟁적이고 우선순위를 선정하는 입장에 따라 정책이 달라질 수 있다. 예컨대, 북핵 폐기보다 평화가 더 우선적인 과제이고 지상 명제라면 북한의 안보 우려 해소를 위해 북·미 관계를 정상화하고 대북 제재를 해소해 불안정하지만 한반도의 평화를 얻을 수 있을 것이다. 미국은 북한이 가진 소수의 핵무기가 미국을 위협하지 않는다면 이러한 상황을 용인할 수도 있을 것이다. 중국 역시 한반도 안정에 우선순위를 두고 있기 때문에 북한의 핵무기가 동아시아 안정을 해치지 않는 조건에서 북핵 문제를 관리하려고 할 수 있다.

하지만 남북 대치 상황이 지속되는 상황에서 북한의 핵무기를 용인하는 것은 한국으로서는 받아들일 수 없는 과제이다. 북한의 핵무기를 미국과 중국이 용인하는 순간 일본이 핵무장에 나설 수 있고 한국 역시 자위권 차원의 핵무기 개발에 나설 수 있다. 이것은 결국 동아시아의 핵무기 군비경쟁으로 이어질 것인데, 결국 누구도 원하지 않는 상황이 될 것이다. 즉, 진정한 평화를 원한다면 북한의 핵은 용인할 수 없는 문제이다.

그렇다면 한국의 정책 우선순위는 무엇인가? 정책이란 현재의 상황을 반영할 수밖에 없기 때문에 현재 북한이 제기하는 위협을 고려해 정책 우선순위를 정할 수 있다. 정책의 목표로서 평화가 존재한다면 제기되는 위협의 강도에 따라 정책적 대비의 우선순위가 결정되어야 할 것이다.

첫째, 북한의 핵무기 보유가 기정사실처럼 취급되는 상황을 고려한다면 북한의 핵무기 사용 억지는 최우선 과제이다. 현실적으로 북한은 세 번의 핵실험을 실시했고 남은 과제는 핵탄두를 미사일에 탑재 가능한 수준으로 소형화할 수 있는가 정도이다. 북한의 핵무기 사용을 억지하기 위한 방안은 핵무기 억제력 확보를 통한 한반도에서의 핵 균형 확보가 있을 수 있다. 이는 한국의 핵무기 보유, 미국의 전술핵무기 재도입, 미국의 확장 억지 공약 확인 등을 의미한다.[42]

이 가운데 한국의 핵무기 보유는 동아시아의 정치적·군사적 상황을 고려할 때 선택 가능한 사안이 아니고, 미국의 전술핵무기 도입 역시 중국의 반발을 낳을 수 있으며, 한국군이 전술핵무기에 대한 관할권이 없는 상황이라면 핵무기가 반드시 한반도에 위치하고 있어야 할 이유도 없다. 따라서 현실적으로 한국은 미국의 확장 억지에 기대어 북한의 핵무기 사용을 억지할 수밖에 없다. 이는 이미 추진하기로 합의한 사안으로 한미 연례 안보 회의에서 논의된 바 있다. 하지만 이것은 북핵 보유에 따른 불가피한 선택일 수는 있으나 진정한 의미의 북핵 문제 해결책은 아니다.

---

42 이와 관련된 좀 더 자세한 논의는 조성렬, 「포괄적 안보교환의 필요성과 추진방향」, "북핵문제 해결을 위한 새로운 접근법", 평화재단 창립 6주년 기념 심포지엄 자료집 (2010.11.16), 34~35쪽.

둘째, 북한의 수평적·수직적 핵 확산을 막아야 한다. 북한의 수평적 핵 확산은 미국의 대북 공격을 유도할 수 있다. 사실 북한도 이러한 측면에 대해서는 충분히 인식하고 있을 것이다. 하지만 북한은 시리아 등 외부 국가들과의 핵 커넥션을 의심받는 상황이고 북한 지도부가 의도하지 않더라도 북한 핵 기술자의 제3국 망명이나 핵 물질의 통제 실패 등이 발생할 수도 있다. 따라서 북한의 수평적 핵 확산 방지를 위한 노력이 배가될 필요성이 있다. 수평적 핵 확산 방지와 관련해서는 북한과 가장 긴 국경을 맞대고 있는 중국의 역할이 매우 중요하다. 따라서 한국을 비롯한 주변국들은 북한의 수평적 핵 확산과 관련된 중국의 구체적 조치를 주문할 필요가 있다.

북한의 핵 개발(수직적 핵 확산) 억지도 중요하다. 북한이 미사일에 탑재 가능한 핵탄두를 개발하거나 소규모의 전술 핵 혹은 지금보다 더 발전된 핵 무기를 개발하는 등의 수직적 핵 확산에 나설 경우, 북한의 핵 전술은 좀 더 다양해질 수 있고 한반도에서 한국의 정책적 입지는 더욱 위축될 것이다. 따라서 북한의 추가적인 핵실험이나 장거리 미사일 시험 발사 등이 이뤄지지 않도록 노력해야 한다.

이 과정에서 신뢰 구축 단계 시 마련된 정책을 동력으로 북핵에 대한 동결-검증-폐기 단계가 진전되어야 한다. 이와 동시에 북한이 더 이상 핵 문제를 악화시킬 수 없도록 하는 여러 보완 장치가 견고하게 마련되어야 한다.

신뢰 구축 단계에서의 협력은 일단 한국의 선의에서 출발하기 때문에 남북 관계의 개선이 어렵지 않을 수 있을 것이다. 하지만 이후 단계에서 북한의 핵 능력을 동결-검증-폐기하는 단계는 매우 많은 시간과 노력이 필요할 것이다.

이 과정이 원활하게 진행되기 위해서는 한국이 가진 정책 수단들이 좀 더 다양하고 강력하게 마련되어야 한다. 일단 남북한 간 협력의 규모는 최소한 중국 정도의 대북 경제적 영향력을 한국이 행사할 수 있어야 할 것이다. 그렇지 않다면 한반도 문제의 한국 주도성은 쉽사리 사라질 수 있을 것이다. 중국의 동북진흥 정책, 러시아의 극동개발 정책에 대한 한국의 관심이 필요한 것도 바로 이러한 이유 때문이다.

이 단계에서 중요한 것은 남북 교류 혹은 국제 교류를 통한 대북 접근이 단순히 핵 문제 해결을 위한 보조적 수단에 그쳐서는 안 된다는 사실이다. 이것은 북한 사회의 변화라는 좀 더 근본적인 문제와 연계된 것이라는 점을 인식할 필요가 있다. 즉, 이 단계에서는 북한 정부와 독자적인 이해관계를 가지는 단체·집단·개인이 생겨나고 증가해야 한다. 그들이 자신들의 필요에 의해서 남북 협력과 국제 교류를 적극적으로 희망해야 새로운 접근법의 지속성이 확보될 수 있을 것이기 때문이다.

이러한 교류가 가능하기 위해서는 비핵화라는 목적과 비핵화 방법에 대한 편견에서 벗어날 필요성이 있다. 비핵화 방법과 관련해 협상을 주장하는 사람들이 북핵을 용인한다는 식의 주장은 상당 부분 의도적 왜곡이거나 이데올로기적 공세의 성격이 있다.[43] 남북 교류가 단순히 북한 정권에 도움이 되는 것이 아니라 북한 사회 내부의 변화를 유도할 수 있는 수단이 된다면 이것을 반드시 거부할 이유는 없다. 특히 북한의 핵을 외부에서 폐기시킬 수 있는 현실적 대안이 없을 경우, 중·장기적 견지에서 포괄적 정책안이 마련될 필요가 있다.

(2) 추진 방안

현재 한국이 안고 있는 문제는 '안보 딜레마'를 타개할 뚜렷한 방안이 없다는 데 있다. 북한을 신뢰할 수 없는 상황에서 북한이 요구하는 안보적 우

---

43 김준형, 「이명박 정부의 대북정책, 그 이(理)와 실(實)」, 경남대 극동문제연구소, "북핵문제와 남북관계", 제44차 통일전략포럼 자료집(2009.11.19), 26쪽.

러 해소에 나설 수도 없고 한국이나 한미 동맹이 제시하는 경제적 지원 정도로 북한이 먼저 핵을 폐기할 것 같지도 않은 것이 현실이다. 즉, 남북한 사이에 신뢰가 존재하지 않는 이상 한반도는 안보 딜레마의 함정에 빠져서 무한 군비경쟁으로 나아갈 수밖에 없다.

신뢰 형성의 기본은 관계의 지속성이다. 긍정적 상호 관계의 지속은 신뢰를 낳을 것이고 신뢰에 대한 배신의 반복은 불신으로 이어질 것이다. 이러한 주장은 맞대응 전략의 논리와 잇닿아 있다. 즉, 상대방의 배신에 대해서는 적절한 보복을 가하고 상대방의 긍정적 반응에 대해서는 보상을 제공하는 것이 신뢰 형성의 기본이다. 하지만 한반도 상황의 문제는 보복과 보상의 수위에 대한 합의가 없다는 것이다. 자칫 과잉 보복 조치를 취해 전면전이 발생할 수 있다는 우려가 있고 북한에 대한 과잉 보상 조치가 북한 정권의 힘을 키울 수도 있다는 비판이 존재한다.

한미 동맹이 압도적인 군사력으로 한국 지역에 별다른 피해 없이 북한의 핵 능력을 제거할 수 있다면 문제는 간단하겠지만 그럴 가능성은 없다. 자칫 상황이 장기화되어 외국 자본의 국내 탈출 러시가 발생해 환율이 극단적으로 치솟고 한국의 국가 신용 등급이 곤두박질치는 상황을 얼마나 감내할 수 있을지 고려해야 한다. 물론 북한이 한국전쟁 때와 같은 전면전을 감행한다면 한국의 선택은 모든 것을 감내해야 하겠지만, 전면전도 아니고 평화적 상태도 아니면서 군사적 긴장이 치솟고 접경 지역에서의 국지전이 단기간 반복되는 상황이 지속된다면 이는 매우 견디기 힘든 상황이 될 수 있다.

이러한 딜레마를 극복하기 위한 대안을 검토하는 과정에서 가장 주목받는 것은 중국의 역할이다. 하지만 중국의 대북 영향력은 과대평가된 측면이 있다. 예컨대, 중국이 북한을 개혁·개방으로 이끌 수 있으리라는 외부 세계의 기대는 번번이 빗나갔다. 중국은 몇 번의 위기 상황에서 국제사회의 대북 제재 결의에 동의했지만 북한의 태도 자체를 변화시키지는 못했다. 어쩌면 중국이 가진 대북 영향력은 북한 체제 자체를 심각한 경제 위기로 몰아넣을 수 있는 전면적 압박의 경우에나 행사될 수 있을 것이다.[44] 하지만 중국은 북한 붕괴로 인한 혼란이나 한반도에서의 영향력 상실을 더욱 두려워하고 있는 듯하다. 중국이 가장 두려워하는 것이 동북아시아에서의 군비경쟁 혹은 북핵 문제로 인한 혼란 상황이라고 한다면, 중국 역시 파국만큼은 피하려 할 것이다. 따라서 북한이 동북아시아의 긴장을 높여 미국이 직접 군사적으로 개입할 가능성이 높아진다면 중국의 대북 영향력은 그때서야 가동될 가능성이 크다.

평화를 원하는 한국과 중국의 입장, 북핵 문제의 심각성 등을 고려할 때 북핵 문제를 다루는 유일한 논리적 대안은 결국 당근과 채찍이 병행되는 방안밖에 없다. 즉, 북한이 수직적·수평적 핵 확산에 나설 경우 이에 대한 국제사회의 제재 범위와 행동 규범이 미리 마련되어야 한다. 동시에 북한이 핵 폐기로 나설 경우 이에 대한 국제사회의 지원과 보장 조치들 역시 명확하게 규정되어야 할 것이다.

첫째, 북한의 추가적인 핵 활동을 억지할 수 있는 방안을 논의하기 위한 국제적 협의체가 요구된다. 이 협의체에는 현실적으로 가장 강력한 대북 영향력을 보유하고 있는 중국의 참여가 필수적이다. 중국 역시 책임 있는 강대국으로서 더 이상 북핵 문제가 심화되기를 원하지 않는다면 이 협의체에 동참해 자신의 입장을 분명하게 할 필요가 있다. 따라서 이 협의체는 근본적으로 북한 핵 문제를 다루는 것이 목적이지만 단기적으로는 중국의 입장을 유도하기 위한 협상이 될 것이다.

---

[44] 관련 견해에 대해서는 Joshua Kurlantzick, "Kimpossible: China can't fix North Korea, so don't ask it to try," *The New Republic*, December 2, 2010. http://www.newrepublic.com/article/79571/kimpossible-jong-il-china-korea(최종검색일: 2015.8.5)

북한의 핵 확산은 미국은 물론이고 중국이나 러시아 등 주요 관련국 모두의 관심 사안이다. 특히 북한의 수평적 핵 확산은 국제 테러와 연관될 가능성이 있고 수직적 핵 확산은 동아시아에서의 군비경쟁으로 이어질 수 있음을 강조할 필요가 있다.

북핵 제재 협상[45]과 관련해서 북한의 참여는 불필요하다. 제재 협상에서는 국제사회의 합의가 만들어지는 것이 더욱 중요하고 이 합의의 내용은 참여국들의 정책적 자율성을 제한할 수 있도록 강력해야 할 것이다.

둘째, 북한의 긍정적 행위에 대한 국제사회의 보상책을 논의하는 협의 구조가 다시 활성화되어야 한다.[46] 특히 북핵 제재 협상에 중국을 참여시키기 위해서 북한 입장을 반영해 긍정적 행동에 대한 보상을 논의하는 틀이 동시에 운영되어야 할 것이다. 이것은 기존 6자 회담이 될 수도, 북·미 양자 회담과 다자간 논의 구조가 결합되는 방식일 수도 있다. 여기에서 논의되는 것들은 기존 6자 회담의 주제들과 크게 다르지 않을 수도 있지만 북한의 행동 여하에 따라서 예상외의 과감한 보상이 제안될 수도 있어야 한다.

다음으로는 남북 관계 차원의 대응 전략이 마련되어야 한다. 국제적 차원의 논의 구조는 사실 한국이 좌지우지할 수 있는 사안이 아닐 수도 있다. 또한 한반도 문제에 대한 한국의 주도권을 인정받기 위해서는 남북 관계 차원의 대책이 마련되어야 한다.

첫째, 현실적 위협에 대한 대비가 필요하다. 안보적 대비는 최악의 상황을 상정해 이뤄져야 하고 북한이 사실상 핵무기를 보유한 것을 전제로 한 방위 정책이 마련되어야 한다. 일차적으로는 미국의 확장 억지 공약을 확고

---

45 북한 핵 문제가 악화되었을 경우의 정책 마련을 위한 협상을 여기서는 편의상 '제재 협상'이라고 지칭한다.

46 북한의 긍정적 변화에 대한 보상을 논의하는 협상 틀을 여기서는 '보상 협상'이라고 지칭한다.

히 하는 것이겠지만 이것이 불필요하게 중국을 자극해 미·중 대립으로 이어지지 않도록 노력해야 한다. 국내적으로는 대량살상무기 보유국인 북한을 대상으로 한 국방 개혁이 이뤄져야 하고 최악의 상황에 대비한 국가정책과 민방위 정책도 마련되어야 한다.

둘째, 한국의 입장에서는 북한 체제 자체의 변화를 위한 독자적인 대북정책 방안도 마련이 되어야 한다. 북한의 핵 위협에 대한 대책 마련만큼이나 중요한 것은 남북 관계를 안정적으로 관리하면서 북한 체제의 정상화를 이끌어낼 수 있는 방안을 마련하는 것이다. 북한 체제의 정상화 없이는 남북한 간의 평화나 통일을 논의할 수 없는 것이 현실이다. 관계의 지속성을 확보하고 긍정적 상호작용의 효과를 극대화시킬 수 있도록 남북 교류 정책이 입안되어야 한다. 남북 교류의 활성화가 대북 유화 정책으로 간주될 필요는 없다. 대북정책은 포용이냐 아니면 강압이냐의 양분법이 아니라 양자의 적절한 배합을 통해 최상의 결과를 이뤄내는 과정이 되어야 할 것이다.

4) 통일 준비 단계

이 단계는 북한의 핵 위협 등 핵심적 장애 요인들이 제거되고, 남북한이 신뢰를 통한 협력적 공존에 진입한 이후를 의미한다. 이러한 상황에서는 북한에 대한 국제사회의 경제제재 역시 해소되었을 것이고 북한에 대한 본격적인 투자도 가능할 것이다.

이러한 상황에서 진정한 의미의 통일과 통합이 논의될 수 있을 것이다. 남북한이 물리적 통일이 아닌 화학적 통합을 이룩하기 위한 과제들이 이 단계의 정책적 핵심이다. 경제·사회 통합 등을 넘어서 정치적 통합의 과제들 역시 이 단계에서야 본격적으로 의미 있는 진전을 이룩할 수 있을 것이다.

이 단계에서 중요한 것은 통일의 과제인 동시에 통일 한국의 선진화와 관련된 사안들일 것이다. 즉, 사회적 소수와 약자에 대한 배려와 관용, 민주 시민의 권리와 의무, 대륙 연계를 활용한 번영과 평화, 국제사회의 책임 있는 일원으로서 한국의 위상과 역할 등이 본격적으로 논의되어야 할 것이다.

제**4**장

비정부 행위자의 역할
지자체의 역할을 중심으로

　앞에서 살펴본 바와 같이 남북 교류와 관련된 비정부 행위자는 사회 각 영역에서 매우 다양하게 존재한다. 이들의 역할을 앞서 구분한 각 단계에 맞추어 논의하는 것은 매우 어려운 과제이다. 각 단체의 성격에 따라 교류의 목표와 추진 방식, 역할 등이 상이하기 때문이다. 예컨대, 종교 단체와 체육 단체의 위상과 역할을 동일한 범주에 놓고 설명하기 어렵다.

　따라서 여기서는 지자체를 중심으로 논의하기로 한다. 지자체 역시 규모와 남북 교류에 대한 관심 정도가 매우 편차가 크지만, 상당수 지자체가 남북 교류 사업 경험을 가지고 있다. 또한 지자체는 민간과의 연계가 좀 더 용이하고 남북 교류에 관한 한 반관반민의 성격도 있다. 즉, 지자체 남북 교류의 역할과 정책 추진 방향을 설명함으로써 정부와 민간의 역할 분담 등을 포괄적으로 설명할 수 있을 것으로 판단된다.

　이후 논의하는 지자체의 남북 교류에서의 위상과 역할은 비록 지자체에 초점을 맞추어 설명하고 있지만 민간의 대북 교류 추진과 관련해서도 충분히 시사점이 있을 것이다. 그뿐만 아니라 지자체의 남북 교류 사업 방향은 지자체와 민간의 연계와 민간의 남북 교류 역량 강화라는 부분을 고려하지 않을 수 없다.

이 책이 지향하는 새로운 대북 접근법의 요체는 중앙정부를 배제한 비정부주체의 독자적 남북 교류 추진이 아니다. 오히려 중앙정부의 대북정책이 효율적으로 추진되기 위한 보조적 기제로서의 민간과 사회 단체 그리고 지자체의 역할을 강조한다고 보아야 정확하다. 따라서 반관반민 혹은 1.5트랙 정도로 위상이 정의될 수 있는 지자체의 역할을 살펴보는 것은 의미 있는 일이 될 것이다. 또한 다양한 행위 주체의 참여를 통해서 남북 관계의 건강한 교류 생태계가 조성될 수 있다면 죄수의 딜레마적 상황에서 협력의 확산을 기대할 수 있을 것이다.

1. 지자체 남북 교류의 목표와 비전[1]

지자체가 남북 교류의 독자적인 주체로 나서게 된 것은 그리 오래된 일이 아니다. 그 이유는 한국의 지방자치 역사 자체가 매우 짧기 때문이다. 한국의 지방자치는 1995년 이후에 본격화되었다. 또한 남북 관계의 획기적 변화 자체가 2000년 6·15남북정상회담 이후의 일이었기 때문이기도 하다. 즉, 지자체가 남북 관계 자체를 주도하지 못하는 상황에서 남북 교류의 증가라는 시대적 상황 변화가 지자체 남북 교류에 크게 영향을 미쳤다고 할 수 있다.

매년 발간하는 통일부 『통일백서』에 지자체 남북 교류 항목이 별개로 다뤄진 것은 2006년부터이다. 그전 『통일백서』에서 지자체 남북 교류는 사

---

1 지자체 남북 교류의 목표와 비전은 최용환 외, 『지방자치단체의 대북 교류협력 발전 방향 모색』, 111~121쪽의 내용을 바탕으로 재정리한 것이다.

회·문화 교류의 사례로 다뤄지는 정도였다. 이러한 상황은 지자체 남북 교류의 역사 자체가 짧았기 때문이다. 또한 지자체 남북 교류는 법적·제도적 차원에서 체계적으로 준비되기보다는 남북 관계의 전반적인 변화 추세에 따라 개별 지자체가 교류를 시도하면서 제도가 마련되는 과정을 거쳤다. 따라서 2015년 현재까지도 지자체 남북 교류의 위상이나 목표는 여전히 모호한 상태로 남아 있다.

통일 문제 혹은 남북 관계는 기본적으로 중앙정부가 담당해야 하는 사무이다. 하지만 2000년대를 거치면서 중앙정부 이외에 민간과 지자체들 역시 남북 교류의 새로운 주체로 부상한 것이 사실이다. 그런데 남북 교류에 참여하는 여러 주체는 각 주체의 성격에 따라 다소 다른 목표와 비전을 가질 수 있다. 민족 동질성 회복, 인도주의적 문제 해결 등의 추상적 목표를 여러 주체가 공유하더라도 개별 주체의 특성에 따라 더 중점적으로 관심을 가져야 하는 분야가 있기 때문이고, 각 주체의 능력과 보유한 자원에 따라 더 잘할 수 있는 분야가 있기 때문이다.

중앙정부의 통일 정책은 정권에 따라 표방하는 슬로건이 다르고 정책 우선순위에 변화가 있으나 대체로 남북한 간 긴장 해소 및 평화 등 안보와 협력을 포괄하는 정책 목표를 추구하고 있다.

중앙정부와 달리 지자체들의 경우 인도적 지원이나 사회·문화 교류에 대한 관심이 일차적이다. 또한 2000년대 지자체가 추진한 남북 교류 협력 사업의 상당 부분은 북한 식량난 해결을 위한 농업 부문에 집중되어 있었다. 또한 상당수 지자체의 사업 목적에는 중앙정부 정책이 고려된다.

지자체의 남북 교류 추진 목표를 이런 내용을 전제로 정리하면, '중앙정부의 정책을 바탕'으로 '인도적 지원 및 사회·문화 교류'를 통해 북한 주민들의 삶의 질을 개선하고, 궁극적으로는 남북 동질성 회복과 북한의 개혁·개방 및 통일 기반 조성에 기여하는 것이라고 할 수 있다.

여기에서 주목할 만한 부분은 첫째, 지자체 남북 교류와 중앙정부 정책과의 상관성, 둘째, 인도적 지원 및 사회·문화 분야라는 지자체 남북 교류의 방향 등이라고 할 수 있다. 물론 남북 동질성 회복이나 북한의 개혁·개방 지원 등 추상성이 높은 목표들이 있지만 이것은 중앙정부와 지자체 남북 교류의 공통적인 목표라고 볼 수 있을 것이다.

우선 상당수 지자체가 남북 교류의 추진 목적을 언급하는 데 있어 정부의 통일(대북) 정책을 지원한다거나 정부 정책의 틀 속에서 추진한다는 점을 언급한다는 것은 지자체들이 중앙정부와의 관계를 크게 의식한다는 반증이다. 사실 지자체의 남북 교류는 중앙정부 정책과의 관계를 고려하지 않을 수 없다. 우선 중앙정부는 지자체의 대북 인도적 사업자 승인권, 실제 사업의 추진 과정에서 대북 접촉 승인이나 물자 반·출입 승인 등과 관련된 권한이 있다. 따라서 지자체가 중앙정부의 정책에 반해 남북 교류 협력 사업을 추진하는 것은 사실상 불가능하다. 하지만 지자체의 남북 교류 협력 사업이 중앙정부의 대북정책에 완전히 종속되어 있지는 않다. 상당수의 지자체는 자체 조례와 조직은 물론 남북 교류와 관련된 재정도 마련하고 있다.

이러한 상황에 대해서는 역설적인 평가도 가능하다. 예컨대 중앙정부가 지자체를 대북 인도적 사업자로 인정하지 않음으로써 지자체 사업을 심사·평가·조율할 수 있는 권한을 스스로 포기했다고 해석할 수도 있다. 그 결과, 중앙정부는 지자체 남북 교류의 내용을 조율하지 못하면서 단지 이를 중단시킬 수 있는 권한만 있다고 볼 수 있다. 남북 교류 협력 사업을 추진하려는 지자체들이 중앙정부(통일부)의 역할에 대해서 많은 불만이 있는 이유도 바로 그 때문이다.

지자체는 독자적인 대북 사업자가 될 수 없기 때문에 남북 교류 사업을 발굴·기획하고 북한을 접촉하거나 협상하는 것 모두를 민간과 협력해 추진한다. 물론 지자체가 민간과 협력하는 구조가 반드시 나쁜 것은 아니다. 대부분의 지자체는 대북 정보에 어둡고 남북 협상이나 대북 접촉 경험이 적기 때문에 관련 경험이 있는 민간을 활용하는 것은 서로에게 도움이 된다. 즉, 지자체는 민간의 도움을 얻고 민간단체는 지자체의 재원과 기획력을 활용하는 것이다. 문제는 이 과정에서 중앙정부는 별다른 도움을 주지 않다가 최종 단계에서 사업을 중단시키기만 한다는 비판이 있다는 것이다.

반면 중앙정부는 지자체의 남북 교류가 단체장의 정치적 홍보나 업적 쌓기로 흐르는 것을 우려한다. 실제 지자체 남북 교류 사업 중 상당수는 단체장의 단기적 성과 집착 등으로 인해 실패했다. 2002년 부산 아시안게임과 2003년 대구 유니버시아드에 북한 대표단이 참석하자 지자체들은 이와 비슷한 방식의 남북 교류를 앞다퉈 추진했다. 그 결과, 서울-평양 축구대회(서울), 부산 국제영화제 북한 참가 추진(부산), 동북아시아 4개국 친선 축구대회 북한 참가 추진(인천[2]), 전국체전 북한 대표단 참가 추진(울산), 개성시와

---

[2] 2005년 인천시장은 북한을 공식 방문하고 ① 2014년 아시안게임 북한과 공동 유치, ② 2005년 9월 아시아 육상선수권대회 북한 선수단·응원단 참가, ③ 동북아 축구대회 북한 선수단 참가 검토, ④ 강화-개풍 연결 연륙교 건설 논의, ⑤ 유경호텔 개·보수, ⑥ 독도 문제 공동 대처 등에 합의했다고 발표했다. 하지만 이러한 인천시의 합의 사항은 인천시의 권한이나 재정력의 규모를 넘어서는 것이라는 비판을 받았다. 예컨대, 아시안게임 공동 유치는 대한올림픽위원회(KOC) 총회를 열어 논의해야 하는 사안이고 아시아올림픽평의회(OCA)의 입장도 들어보아야 했음에도 당시 인천시는 이러한 절차를 전혀 거치지 않았다. 그뿐만 아니라 아시안게임과 같은 국제종합 대회를 공동 유치하기 위해서는 국가올림픽위원회(NOC) 간의 최종 합의가 있어야 했다. 하지만 당시 인천시는 KOC와 사전 논의가 없었던 것은 물론이고, 조선올림픽위원회도 아닌 스포츠와 무관한 북한 민족화해협의회와 합의했다고 발표했다. 아시안게임 공동 유치 이외에 105층에 달하는 유경호텔 개·보수 문제는 비록 민자를 동원한다는 조건을 달았지만 현실적으로 인천시가 감당할 수 없는 사업이었다. 또한 강화-개풍 연륙교 연결 역시 인천시가 독자적으로 결정할 수 있는 문제가 아니었다. 그래서 당시 대북 지원 민간단체 관계자들까지 인천시의 합의에 대해서는 "신중하고 길게 봐야 하는데 너무 앞서가는 것 같다"라는 평가를 내놓기도 했다. 곽태영, "'역풍' 맞은 인천시 남북교류사업", ≪내일신문≫, 2005년 6월 13일 자; "남

교류 추진(나주), 청진시와 교류 추진(포항), 세계역사도시 회의 개성시 참가 추진(경주) 등 수많은 사업이 성사되지 못하고 표류했다.[3] 이러한 사업 무산 사례들은 지자체 남북 교류 초기의 시행착오라고 볼 수도 있으나 지자체들의 사업이 차별화되지 못하고 비슷한 시기에 비슷한 형식으로 추진된 한계라는 지적도 가능하다.

하지만 지자체에서 실제 남북 교류를 담당하는 공무원들의 의견은 이와 조금 다르다. 지자체 남북 교류 담당 공무원들은 외부에서 비판하는 '단체장의 정치적 욕심'에 대해 이를 '단체장의 관심'으로 인식하기도 한다.[4] 즉, 아직 남북 교류 사업과 관련된 지자체 자체의 추진 체계나 제도가 미비한 상태에서 단체장의 관심이 없다면 지자체 남북 교류는 추진 자체가 불가능하다는 것이다. 실제 단체장이 남북 교류에 관심을 가질 때 예산도 배분되고 사업 추진도 가능한 것이 지자체의 현실이다.

하지만 이런 상황은 역설적으로 아직까지 지자체의 남북 교류가 제도에 기반을 두고 안정적으로 추진되지 못한다는 것을 의미한다. 그것이 욕심이

북 스포츠교류 '정치쇼' 전략 우려", 연합뉴스, 2005년 6월 3일 자; "지자체 대북사업 20% '공수표' ⋯ KDI "단체장 욕심에 무리한 추진 탓'", ≪국민일보≫, 2007년 8월 16일 자.

3 홍양호, 「지방자치단체의 대북 교류협력 현황과 추진방향」, ≪KDI 북한경제리뷰≫, 제9권 제8호(2007), 4~5쪽.

4 한 지자체 남북 교류 담당 공무원을 대상으로 한 인터뷰(2012년 11월 2일)에 따르면, 지자체 남북 교류에서 단체장의 정치적 욕심이 문제라면 대통령의 정치적 판단에 의해 좌우되는 중앙정부의 대북정책 역시 '정치적 욕심'이라는 비판에서 자유로울 수 없다고 주장한다. 대통령의 정치적 판단은 '정책'이고 지자체 단체장의 정치적 결정은 '욕심'이라는 비판은 정당하지 않다는 것이다. 즉, 중앙정부의 수장이나 지자체의 수장의 결정 모두가 정치적 판단이라는 점에는 질적 차이가 없다는 것이다. 오히려 이들은 그것이 정치적 결정일지라도 단체장이 남북 교류 협력 사업에 관심을 가질 때 사업의 원활한 추진이 가능하다는 점을 강조한다.

든 관심이든 단체장의 의지가 지자체 남북 교류 추진의 핵심 동력이라면 그 사업은 단체장 개인의 판단에 크게 좌우될 수 있기 때문이다.

문제의 핵심은 중앙정부와 지자체의 입장 차이이다. 중앙정부는 대북전략적 접근을 위해서 지자체의 남북 교류를 조정·관리할 수 있기를 바라는 반면, 지자체는 남북 교류 사업 추진에서 좀 더 많은 자율성을 바라고 있다. 이러한 중앙정부와 지자체의 입장 차이는 지방자치의 강화로 인해 더욱 커질 전망이다.

과거 서독도 연방 정부(기민당)와 주 정부(사민당) 수장의 소속 정당 차이로 인해 동·서독 도시 간 자매결연을 둘러싸고 이견이 표출되기도 했다. 동·서독의 경우 자매결연이 성사된 시기가 통일 전 3년 정도로 짧았고 연방 국가의 특성상 주 정부의 독자성이 상대적으로 강한 전통을 가지고 있어서 한반도에 그대로 적용하기 힘들지만 중앙과 지방 간 입장 차이는 어떤 형식으로든지 정리될 필요가 있다. 한국도 지방자치가 발전하면서 단체장과 중앙정부 수장의 소속 정당이 서로 다를 가능성이 커졌을 뿐만 아니라 지방정부의 권한 강화 추세도 이어지고 있다. 단체장과 중앙정부 수장의 소속 정당 차이에 따른 입장 차이는 쉽게 해소되기 어려운 문제이고 자칫 남북 교류 자체가 정치적 다툼의 빌미로 전락할 가능성도 있다.

이 문제 해결을 위해서는 남북 교류에서 중앙과 지방의 차별화된 역할과 목표 설정이 요구된다. 지자체 남북 교류가 중앙정부나 민간과 다른 것은 첫째, 지역 주민들의 참여를 확대해 남북 관계 현실과 통일 문제에 대한 국민적 공감대 확산에 유리하다. 둘째, 대북 지원 민간단체들보다 재정적으로 안정된 환경에서 사업을 추진할 수 있다. 셋째, 당국 간 관계에서 발생할 수 있는 획일성에서 벗어나 지역 특성에 부합하는 다양한 교류 협력 사업을 할 수 있다. 넷째, 북한의 지방 단위와 사업을 추진함으로써 남북한 간 지역적 연계성을 확보하고 장기적으로 북한 사회의 다원화를 촉진할 수 있다. 다섯째, 북한의 넓은 지역을 망라함으로써 교류 협력의 대상 지역을 확대할 수 있고 북한 변화 확대의 촉매가 될 수 있다. 여섯째, 독일 통합 사례에서 볼 수 있듯이 장기적으로 행정·경제·사회·문화 등 제반 분야의 통합 기반 구축에 기여할 수 있다.

즉, 지자체는 민간이나 중앙정부와 다른 특성이 있어 남북 교류 협력 사업 추진에 용이하다고 할 수 있다. 우선, 민간과 비교해서는 상대적으로 우수한 사업 기획력과 안정된 재정 능력이 있다. 또한 중앙정부의 남북 교류 사업은 정치적 상황에 따라 쉽사리 영향을 받는 반면, 지방정부는 상대적으로 정치적 상황에 덜 민감하므로 사업의 지속성과 신뢰를 쌓는 데 유리한 측면이 있다. 이러한 지자체의 성격을 최대한 활용해 남북 교류 사업을 추진한다면 상당한 성과를 기대할 수 있다.

지자체의 경우에도 의회가 존재하기 때문에 주민의 여론이라는 부분을 무시한 정책 추진은 매우 어렵다. 따라서 지자체들은 의회와 주민들의 협력과 동의를 이끌어내는 또 다른 노력과 과정이 필요하다는 점을 충분히 고려해야 한다. 이는 사업의 명분이라는 측면뿐만 아니라 사업의 지속성을 확보하는 데 있어서도 매우 중요한 부분이다.

지자체 남북 교류 목표 수립과 관련해 기존에 지자체들이 내세우고 있는 지자체 남북 교류의 추진 기조를 살펴볼 필요가 있다. 대체로 한국의 지자체들은 '지역 특성 반영', '공개성과 투명성', '상호 이익 창출', '점진적·단계적 접근', '주민 동의 및 참여' 등을 추진 기조로 설정하고 있다. 이 가운데 '지역 특성 반영'이라는 원칙은 민간이나 중앙정부와 달리 지자체의 고유한 것이라고 할 수 있다. 물론 주민 동의 및 참여 등도 중요하고 기타 원칙들의 중요성도 무시할 수 없다. 하지만 지역적 특성을 반영해 사업을 발굴하고 추진하는 것은 특정 지역의 이해관계에 민감할 수밖에 없는 지자체에게는 매우 중요한 과제이다.

지자체들의 남북 협력 사업이 모두 동일할 수도 없고 동일한 사업을 추진하는 것은 바람직하지도 않다. 예컨대, 농업이 발달한 지역과 산업이 발전된 지역 지자체의 남북 교류는 서로 다를 수 있다. 접경 지역 지자체와 해안 지역 지자체의 관심과 남북 문제 접근 방식 역시 다를 수 있을 것이다.

그렇다면 이상의 논의를 기반으로 지자체 남북 교류의 목표를 설정할 수 있다. 앞서 살펴본 바와 같이 지자체들이 이미 수립한 남북 교류 사업의 목표는 북한 주민 삶의 질 개선, 북한의 개혁·개방 지원, 민족 동질성 회복 등으로 수렴된다. 이와 같은 추상적이고 당위적인 목표를 구체화하기 위해서 여기서는 단계별 목표를 제시하고자 한다.

남북 관계는 예측이 어렵기 때문에 구체적으로 몇 년 단위의 단계 구분은 불가능하거나 무의미하다. 부침이 심한 남북 관계의 특성상 어떤 사업을 계획된 시간에 맞추어 추진하기 어렵기 때문이다. 또한 남북 교류 협력 사업은 한국 측의 노력만으로 가능한 것이 아니라 북한 측의 협력과 의지도 중요하다. 그런데 북한의 진의를 파악하기 힘들 뿐만 아니라 한반도를 둘러싼 주변 상황 역시 대단히 유동적이다. 따라서 지자체의 남북 교류 협력 사업 목표를 수립함에 있어 장기적·궁극적 목표를 설정하고 이에 기반을 둔 중·단기 목표를 설정하고자 한다. 각 단계는 앞서 언급한 신뢰 구축 단계, 협력적 공존 단계, 통일 준비 단계에 상응한다.

1) 단기 목표: 신뢰 구축 단계의 목표

2015년 현재 지자체의 남북 교류는 사실상 중단된 상태이다. 남북 관계의 경색이 한동안 지속되면서 한국 지자체들의 남북 교류 담당자들은 물론 북한의 담당자들 역시 대부분 교체되었다. 따라서 지자체 공무원들의 순환 보직으로 인해 그간의 경험과 정보를 재정비하는 내부 역량 강화가 우선 필요할 것이다. 다음으로는 국내 민간 및 전문가들과의 인적 네트워크, 대북 접촉 네트워크를 구축하는 작업이 필요하다. 기존 지자체의 남북 교류를 추진하던 인적 네트워크는 상당 부분 훼손된 것이 사실이다. 또한 일부 지자체들의 경우는 남북 교류 경험이 매우 적거나 완전히 새롭게 남북 교류 사업을 계획하고 있다.

따라서 지자체 남북 교류 재개 시 우선적으로 필요한 것은 북한의 사업 파트너를 선정하고 신뢰 관계를 구축하는 것이다. 북한의 현실을 고려할 때 지자체 남북 교류가 재개되는 단계에서의 사업은 주로 인도적 지원 분야가 될 가능성이 높다. 따라서 이 단계에서 지자체들은 교류 대상 지역을 선정하고 북한 주민들 삶의 질 개선을 통해 남북한 간 신뢰를 형성하는 것을 일차적 목표로 삼을 필요가 있다. 또한 이 단계에서는 지자체 남북 교류 협력 사업 추진에 대한 주민 합의 도출, 지속적 교류가 불가피하고 성사 가능성이 높은 새로운 사업 아이템 발굴 등의 기초 작업을 계속하는 것도 중요하다.

초기 단계의 신뢰 구축을 위해서는 비정치적 분야에 집중해 교류 경험을 축적하는 것이 필요하다. 여기에는 중앙정부의 전폭적인 지원과 정보 제공 등이 뒷받침되어야 할 것이다. 또한 민간 및 기업 등과의 국내 네트워크를 강화하고 무엇보다 주민의 동의와 지지를 확보할 수 있어야 할 것이다.

2) 중기 목표: 협력적 공존 단계의 목표

초기 단계에서 남북한 간에 신뢰가 구축되었다면, 북한의 특정 지역을 중심으로 다양한 교류 협력 사업을 추진해 사업의 폭과 질을 확대·심화시켜야 할 것이다. 지자체의 제한된 자원과 인력을 고려할 때, 남북 교류 협력 사업의 대상지를 특정한 지역으로 한정해 실시함으로써 사업의 시너지 효과를 극대화할 필요가 있다.

이 단계에서는 기초 지자체 및 민간과의 연계, 타 광역 지자체 및 중앙정부와의 협력과 역할 분담을 통해 사업 영역을 다각화하는 것이 중요하다. 이를 위해서 초기 단계에서의 대북 사업 주체 간의 네트워크 구축과 정교한 사업 프로그램 구상이 뒷받침되어야 한다.

지자체들은 중점 교류 지역과의 본격적인 협력 사업 전개를 통해서 북한 사회의 개방성을 증진시키고 사업의 파급효과 확대 등에 관심을 가질 필요가 있다. 사회·문화 교류 및 개발·지원 등의 사업을 본격적으로 추진하는 단계라고 할 수 있다.

3) 장기 목표: 통일 준비 단계의 목표

독일의 사례를 살펴보면 지역 간 협력의 경험은 통일 이후 사회 및 행정 통합 등과 관련해서 많은 긍정적 효과가 있음을 알 수 있다. 동·서독 통합 과정에서 서독 지자체의 지원은 초기에 주로 전화나 팩시밀리와 같은 통신 수단과 각종 정보 유인물 등을 통해 동독 측 파트너에게 관련 정보를 제공하는 방식으로 이뤄졌다. 통일 협상이 본격적으로 전개되던 1990년 중반부터는 행정 자문, 업무 개선 세미나, 강사 파견, 행정 인력 파견 등의 인력 지원과 건축자재, 자동차, 사무용 기기 등 물자 지원도 이뤄졌다.

1990년 10월 독일 통일이 실현되자 서독 연방 및 주 정부는 구동독 지역의 주와 지자체 행정조직을 신설·재편하기 위한 본격적 지원에 나섰다. 연방 내무성에는 '연방-주 조직 정비처'와 '신연방주 재건단'이 설치되었고 동시에 연방 내무장관이 주도하는 '연방자치단체연합회'가 설립되었다.[5] 연방 자치단체연합회의 목적은 주로 내독 도시 간 자매결연을 적극 활용해 구동

---

[5] 통일원, 『독일통일백서』(서울: 통일원, 1995), 95~96쪽 참조.

독 지역에 행정 체계를 구축하고 양독 지역의 생활 조건 격차를 해소하는 것이었다.

통일 이후에는 구동독 지역으로 진출한 서독 지자체 공무원도 적지 않았다. 예컨대 1992년 6월 당시 구동독 지역에 파견된 구서독 행정 인력은 총 2만 6000명이었고, 그중 주 정부와 하위 지자체에 파견된 공무원은 각각 8000명과 3000명이었다. 1995년 12월에는 총 3만 6000명 가운데 주 정부에 8500명, 하위 지자체에는 1만 명이 파견되었다.[6]

지자체 남북 교류가 중앙정부와 차별화된 목표를 추구해야 한다면 앞의 독일 사례를 참고할 필요가 있다. 지자체 남북 교류 사업이 통일 자체와 통일 이후를 고민하는 것은 지나치게 장기적인 구상이고 지방정부 차원의 논의를 벗어나는 것이다.

따라서 지자체의 남북 교류 협력 사업이 지향하는 장기적 목표는 북한의 특정 지역과 실질적인 교류 관계를 맺고 지방 간의 다양한 경제적·인적·물적 교류를 통해 민족 동질성 회복에 기여해 통일 시대를 준비하는 것이라고 할 수 있다. 이러한 지자체의 노력은 한편으로 통일을 앞당기고 통일 과정과 그 이후 사회 통합의 충격을 줄여주는 데 기여할 것이다.

---

6 통일원, 『독일통일 6년, 동독재건 6년-분야별 통합성과와 향후 과제』(서울: 통일원, 1996), 109~110쪽.

2. 지자체 남북 교류 기본 방향

1) 남북 협력 추진 로드맵[7]

우선 남북 교류의 주체는 한국과 북한이고 교류의 방향은 한국의 일방적인 대북 지원이 아니라 남북한 간의 교류와 협력이 되어야 한다. 또한 교류의 유형은 물적 교류와 인적 교류로 대별할 수 있다. 〈표 4-1〉에서 보는 바와 같이 향후 남북한 간의 교류는 Type I → Type II → Type III → Type IV의 순서로 전개될 가능성이 높다.[8] 물론 이 과정에서 여러 유형의 교류가 동시에 진행될 수도 있고 이 순서와 다르게 사업이 진행될 수도 있다. 그렇지만 현재까지 진행된 남북 교류 협력 사업의 궤적과 남북 체제의 특성 등 남북 교류 협력 사업의 전반적인 여건을 감안할 때 사업의 확대 및 발전 방향은 대략 이러한 순서를 따를 가능성이 높다.

〈표 4-1〉 지자체 남북 교류 협력 로드맵

구분	물적 교류	인적 교류
남→북	Type I	Type II
북→남	Type III	Type IV

7　최용환 외, 『경기도 남북교류 다각화를 위한 중장기 전략 연구』(수원: 경기개발연구원, 2006), 59~64쪽.

8　〈표 4-1〉은 한국과 북한 사이에 물자와 인력이 오가는 상황을 개념적으로 구분해 표시한 것이다. 예컨대, Type I은 한국에서 북한으로 물자가 지원되는 경우를 의미하고 Type III는 이와 반대로 북한에서 한국으로 물자를 가져오는 경우이다.

지자체 남북 교류와 관련된 중요한 과제 가운데 하나는 지금까지 거의 일방적으로 남에서 북으로 지원이 이뤄진 한계를 넘어 북에서 남으로의 교류 확대가 본격적으로 이뤄지는 것이라고 할 수 있다. 즉, 일방 지원에서 남북한의 상호 교류로 사업의 폭을 넓히면서 대북 협력 사업의 범위가 현재보다 대폭 확장되고 다양화될 필요가 있다. 나아가 북한의 경제 개혁과 개방에 도움이 되는 사업이나 남북한의 사회·문화 통합을 위한 학술·문화·예술·체육 등 사업이 지속적으로 추진되는 상황을 만드는 것이 바로 지자체가 추구하는 교류 협력 사업의 과제이다.

우선 인도적 지원은 남에서 북으로 물자가 전달되는 Type I의 전형적인 사례가 될 것이다. 반면 북한의 변화를 위한 개발·지원의 경우는 Type I과 Type II에 해당한다. 즉, 개발·지원은 주로 남에서 북으로 물자와 인력이 이동하는 사업이다. 반면 경제 협력 사업은 Type I, Type II, Type III 모두를 포괄하는 영역이 될 것이다. 경제 협력을 위해서는 물자가 남북한을 왕래해야 하고 인적 교류 역시 불가피한 측면이 있기 때문이다. 만약 남북한 간 지역 및 사회·문화 분야 교류가 이뤄진다면 이는 모든 형태의 남북 교류 부문을 포괄하는 성격을 지니게 된다.

남북 관계가 개선되어 지자체의 남북 교류 협력 사업이 활성화 단계에 접어들면 남에서 북으로 혹은 북에서 남으로 물자와 인력이 자유롭게 왕래하게 될 것이다.

2) 단계별 추진 방안

남북 관계는 직선적으로 변하는 것이 아니라 경색과 개선의 국면을 반복하는 경향이 있으므로 상황별 대응 전략을 마련할 필요가 있다. 이와 같은 남북 관계의 부침은 남북 관계에 영향을 미치는 변수가 너무 다양하기 때문에 발생한다.

　남북 교류 사업 역시 그 특성상 다양한 변수의 영향을 받는다. 첫째, 핵 문제 등 국제적인 변수에 따라 많은 영향을 받는다. 1990년대 초반 이후 지속되는 북한 핵 문제는 단시일 내에 해결되지 않을 것으로 전망된다. 또한 미국, 중국, 일본 등 한반도를 둘러싼 주요 국가들의 리더십 교체도 한반도 상황에 커다란 영향을 미칠 수 있다. 특히 최근의 경우와 같이 미국, 중국, 러시아, 일본은 물론 남북한의 리더십 교체가 거의 동시에 이뤄질 경우 동북아시아 상황의 예측 불가능성은 더욱 커진다. 그뿐만 아니라 북한이 장거리 로켓 시험 발사 등으로 주변국을 자극하거나 핵실험 등을 실시해 국제사회의 대북 제재가 구체화되는 등의 상황이 발생하면 남북 관계 자체가 심각한 영향을 받을 수 있다.

　둘째, 남북 중앙정부 간 관계에서 정책 변화가 초래되거나 뜻하지 않은 변수로 인한 경색 국면이 초래될 수 있다. 과거의 경우 북한은 한국의 주요한 선거를 앞두고 군사적 긴장을 고조시키는 조치를 취하기도 했다. 또는 북한 공작원이나 잠수정의 침투, 간첩단 사건 등 예기치 않은 일로 인해 남북 관계가 악화되는 경우도 많았다. 남북 관계 자체가 악화된 경우라고 보기는 어렵지만 대구 유니버시아드에 참여한 북한 여성 응원단이 비 맞는 김정일 국방 위원장의 사진을 붙잡고 오열했던 사건같이 전혀 예기치 못한 사건은 그 이전에 북한 응원단이 쌓았던 긍정적 이미지를 한순간에 무너뜨린 사례라고 할 수 있다.

　셋째, 언론 보도 등 한국 사회 내부 문제를 구실 삼아 남북 교류 협력 사업 중단을 압박하거나 억지를 부리는 등 북한의 행동도 남북 관계를 경색시키는 요인이 되기도 한다. 이 외에도 사업 내용에 대한 언론 공개 엠바고를 주장하거나 예측할 수 없는 이유로 예정된 방북이 지연되는 등 다양한 변수가 존재하는 것이 남북 관계의 현실이다. 김일성과 김정일의 사망 이후 발생한 대북 조문단 파견 논란 등은 어떤 의미에서는 한국 사회 내부의 일이라고 볼 수 있지만 북한은 이를 문제 삼아 남북 교류 자체를 경색시키기도 했다.

따라서 남북 교류 협력 사업은 다양한 상황 변화에 따른 철저한 준비가 없으면 쉽사리 북한 측 페이스에 말리거나 한국 내 부정적 여론이 조성되어 사업 자체가 표류할 가능성이 높다. 이런 점을 감안할 때 단계별·상황별 대처 방향 기조를 미리 구상해 상황 변화에 따라 적절히 대응하는 준비가 필요하고, 중·장기 계획에 기초해 체계적이고 단계적인 접근을 시도하는 것이 사업의 일관성과 지속성 유지를 위해 바람직하다고 할 수 있다.

(1) 신뢰 구축 단계

초기 단계는 중앙정부 차원의 남북 교류가 사실상 중단되거나 정체되어 있는 현재 상황에서의 시작을 의미한다. 지자체는 중앙정부와 비교해 국내외의 정치적 상황에서 상대적으로 자유롭다는 특성을 고려할 때 적절한 교류 수준을 유지하는 것이 필요하다. 이를 위해서는 지자체와 북한의 카운터파트 간 신뢰가 우선되어야 한다.

인도적 지원 사업은 북한과의 신뢰를 유지하기 위해 초기 국면에서도 우선적으로 추진이 가능한 사업이라고 할 수 있다. 인도적 지원 사업의 성격상 정치적 변수와 무관하게 추진될 수 있고 극도의 경색 국면이 아니라면 인도적 지원 사업에 대한 부정적 여론도 약한 편이다. 따라서 초기 국면에서는 인도적 지원 사업을 중심으로 사업의 지속성을 확보하는 수준을 유지하는 것이 현실적이다. 다만 인도적 지원의 분배 투명성 확보 등 지원 명분과 목표 달성을 위한 핵심적 조건들은 충족되어야 할 것이다. 만약 지자체가 북한과의 충분한 신뢰를 형성하지 못한 상황이라면 대북 신뢰를 획득하고 있는 민간단체나 국제기구를 통해 사업을 추진하거나 인도적 지원과 물적·인적 교류의 규모를 축소해 소규모 사업을 추진하는 방안을 모색할 수 있을 것이다.

이 외에도 지자체의 지역적 특성에 부합하는 사업을 적극 발굴해 추진할 필요가 있다. 경기도 등 접경 지역 지자체들이 추진했던 말라리아 등 접경 지역 질병 및 산림 병충해 공동 방역·방제 사업 등은 남북 상호 이익이 되는 대표적인 사업이다. 이러한 사업들은 기존 사업의 성과를 확대하는 차원이 자 축적된 경험을 활용한 것들이기 때문에 충분히 확대가 가능하다. 그뿐만 아니라 농업 및 경공업 분야의 협력 사업 역시 다수의 지자체가 협력 경험이 있는 분야이다. 김정은 정권이 들어서면서 북한이 추진하고 있는 각종 경제개발구의 성격에 주목한다면 한국 지자체들이 추진할 수 있는 사업들을 다수 발굴할 수 있을 것이다.

이 단계에서의 남북 교류는 지자체의 독자적 추진이 최선이 아니라는 점에 주목해야 한다. 지자체와 민간, 지자체와 중앙정부 간의 원활한 의사소통이 필수적이다. 특히 민간의 다양한 역량을 제고하고 이들과 협력해서 사업의 시너지를 극대화할 필요가 있다.

(2) 협력적 공존 단계

이 단계에서의 사업 목표는 중점 교류 대상 지역으로의 진출, 새로운 사업 아이템 발굴 등을 통한 남북 교류 협력 사업의 양적·질적 확대와 심화를 꾀하는 것이다. 새로운 사업을 발굴하는 것도 중요하지만 지자체가 가진 자원의 한계를 고려할 때 사업 간 연계를 통한 시너지 확보 문제에도 관심을 둬야 한다. 즉, 중점 교류 대상 지역에 다양한 사업을 집중하고 사업 간 연계성을 제고함으로써 제한된 자원을 효율적으로 사용할 수 있어야 한다.

특히 이 단계에서 남북 관계는 언제든 경색될 수 있는 반면 정치적 결정 등으로 빠르게 개선될 수도 있다. 따라서 이 단계에서는 긍정적이든 부정적

이든 상황 변화가 발생할 수 있다는 사실을 기억하고, 북한 사업 파트너와의 신뢰를 확보해 혹시 있을지 모르는 경색 국면에 대비하는 것이 중요하다. 상황이 극적으로 개선될 경우에 대한 준비 역시 필요할 것이다.

과거의 경우에 비춰 보면 지자체는 물론이고 다양한 남북 교류 주체가 경색 국면에서 남북 교류를 추진하기 위해 중국이나 일본 등 제3국 혹은 국제기구 등을 활용한 우회적인 접근 방법을 사용하기도 했다. 즉, 남북한 간 직접 교류가 이뤄지지 않는 경우에 제3국이나 국제기구를 활용해 간접적인 방식으로나마 남북 교류를 추진하기도 했다. 그런데 남북 관계가 개선되고 남북 교류 협력 사업 추진이 용이해지면서 애써 개발한 제3국이나 국제기구 통로를 아에 사용하지 않는 경우가 많아졌다. 그 결과 남북 관계가 경색되어 우회적 접근이 필요할 때 다시 처음부터 새로운 대북 접촉 통로를 개척해야 하는 경우가 있었다. 따라서 남북 관계가 개선된 경우에도 제3국 등 간접적 대북 접근 통로는 유지하는 것이 바람직할 것이다.

이 단계에서 준비해야 하는 또 다른 과제는 남북 교류가 활성화 국면에 진입하는 경우에 대한 대비이다. 남북 교류가 활성화되어 여러 지자체가 동시에 다양한 사업을 진행하는 경우 중복 투자나 과잉 경쟁으로 자원이 효율적으로 사용되지 못할 수도 있기 때문이다. 남북 교류와 관련된 법·제도의 완비, 중앙-지자체-민간 사이 거버넌스 구축 등이 남북 교류 활성화 단계에 진입한 상황에 대한 대비라고 할 수 있다. 중요한 것은 시행착오를 최대한 줄이기 위해 활성화 단계에 진입하기 이전에 이와 같은 대비가 이뤄져야 한다는 것이다.

(3) 통일 준비 단계

이 단계는 남북 당국 간의 정치적·군사적 쟁점이 대부분 해소되고 남북한 간에 진정한 통일 논의를 시작할 수 있는 분위기가 마련된 상황이다. 즉,

지자체뿐만 아니라 중앙정부나 민간, 기업 등 다양한 주체가 남북 교류를 추진할 수 있는 국내외적 상황이 모두 긍정적이라는 것을 의미한다.

이러한 상황에서는 지자체뿐만 아니라 중앙 및 민간의 남북 교류 역시 대폭 확대될 것이기 때문에 자원의 효율적·효과적인 사용이 매우 중요하다. 앞서 살펴본 바와 같이 독일의 경우 지역·주민 간 교류가 통일 이후 행정 통합 등에 긍정적으로 기여했다. 한반도 통일이 반드시 독일과 같은 방식으로 이뤄질지는 알 수 없으나 지자체 남북 교류가 남북 지역 및 주민 간의 실질적 교류를 지향해야 한다는 점은 분명하다.

또한 이 단계에서는 본격적인 통일 시대를 염두에 두고 제도에 기반을 둔 남북 교류에 좀 더 관심을 가질 필요가 있다. 과거 통일부가 주장한 이른바 '질서 있는 대북정책'은 이 단계에서 더 절실하게 요구되는 과제가 될 것이다.

3) 분야별 사업 기조

(1) Type I(남 → 북, 물적 교류)

〈표 4-1〉에서 분류한 것과 같이 Type I의 사업은 한국에서 북한으로 제공되는 물적 교류를 의미한다. 기존 사업의 경험으로 살펴본다면 이미 여러 지자체가 추진한 바 있는 인도적 지원, 농기계 지원, 보건·의료 분야 지원 등의 사업이 이에 해당한다. 대표적인 사업으로는 인도적 차원의 물자 지원을 들 수 있을 것이다. 정부나 국제적인 차원에서 이뤄지는 식량 및 비료 지원 등의 사업 역시 이 영역에 포함된다. 이 부문의 사업은 북한의 경제난과 식량난을 고려했을 때 불가피하게 제공되어야 하는 것들이 대부분이고 북한과의 교류 초기에 신뢰를 구축하기 위한 것이라는 성격도 있다.

이 부문의 사업들은 대북 '퍼주기' 논란의 대상이기도 하지만 인도적 지

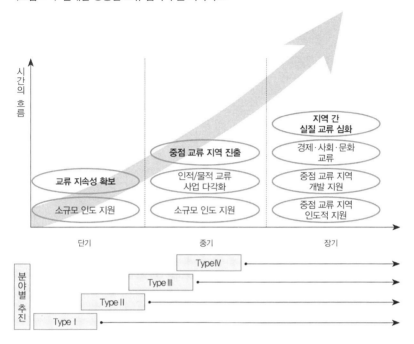

〈그림 4-1〉 단계별·상황별 교류 협력 추진 시나리오

원 사업의 경우는 북한 내부의 현실 등을 고려했을 때 불가피하게 추진될 수밖에 없는 사업이기도 하다. 따라서 인도적 지원 사업은 남북 교류의 지속성을 확보하는 차원에서 한동안 유지되는 것이 바람직하다. 남북 관계에서 수시로 발생하는 정치적 상황 변화에 따라 인도적 차원의 지원을 포함한 모든 교류를 전면 중단할 경우 남북한 간 신뢰 구축이 어려워질 수도 있다. 또한 인도적 지원이라는 사업의 성격상 지원 중단의 명분을 찾는 것도 쉽지 않다.

이 부문 사업의 지속성을 확보하기 위해서는 첫째, 동·서독 교류의 경우에서도 볼 수 있었던 것처럼 능력 이상의 지나친 사업 확대를 추진하기보다는 적절한 규모와 속도를 유지하는 것이 중요하다. 둘째, 인도적 지원이라고 해서 일방적으로 물자를 보내는 방식보다는 물자의 투명한 분배와 지원 효과에 대한 검증 절차를 마련하는 과정을 갖추는 것이 국민적 동의와 지원 명분을 찾는 데 도움이 될 것이다. 셋째, 인도적 지원이라는 사업 성격에 대한 사업 추진 주체의 확고한 의지와 이해가 뒷받침되어야 한다. 넷째, 지자체의 특성상 보유하고 있는 자원이 한정적이라는 점을 고려해 다른 사업과의 연계를 고려한 전략적인 접근도 필요하다.

상당수 지자체는 남북 교류 로드맵 Type I과 관련해서는 어느 정도의 경험과 성과를 거둔 적이 있다. 남북 관계의 특성상 한국이 북한에 물자를 지원하는 Type I의 양상은 앞으로도 상당 기간 지속될 수 있다. 따라서 이 부문의 활성화와 제도적인 안정화를 위해 다음과 같은 노력이 필요하다.

첫째, 인도적 지원 사업의 제도화 노력이다. 인도적 지원이 명분과 정당성을 갖추기 위해서는 왜 북한을 도와야 하는가에 대한 주민의 지지와 호응이 반드시 필요하다. 대북 인도적 지원에 대한 필요성과 당위성을 역설하더라도 지자체의 구성원이 이를 받아들이지 않으면 추진할 수 있는 동력을 잃게 된다. 따라서 인도적 지원의 필요성을 설득할 수 있는 객관적인 자료와 명분을 찾아내고 확보하는 노력이 필요하다. 또한 남북 관계의 경색과 호전에 크게 구애받지 않고 인도적 지원을 지속하기 위해서는 이와 관련한 기본적인 제도적 장치가 마련되어 지원의 시기와 규모, 목적에 대한 기대 구조가 수립되어야 한다.

이와 관련해서 인도적 지원의 국내적 효과에 대한 고려도 요구된다. 예컨대, 과거 대규모 대북 식량 지원이 이뤄지면 이는 국내에 과잉 생산된 쌀 가격의 안정에 기여하기도 했다. 제주도의 감귤 지원 역시 이러한 메커니즘이 존재했다. 반대로 대북 비료 지원의 경우 국내 비료 가격의 상승으로 이어져 농민들의 불만이 높아진 사례이다. 인도적 지원의 국내적 효과가 긍정적 혹은 부정적으로 나타날 수 있는 만큼 이에 대한 충분한 고려가 이뤄지는 것이 바람직하다.

둘째, 현재와 같은 물적 지원에서 그치는 것이 아니라 물적 지원의 효과를 확인하고 동참하는 새로운 지원 협력 모델을 만드는 것이 필요하다. 제19대 국회의원들을 대상으로 실시한 대북 인도적 지원에 대한 설문조사 결과를 보면, 설문 대상 국회의원 과반수인 61.6%가 대북 인도적 지원 문제에 대한 한국 사회의 갈등이 심각하다고 인식한다.[9] 이처럼 대북 인도적 지원을 둘러싼 한국 사회의 갈등이 심각한 것은 인도적 지원 자체에 대한 문제의식이라기보다는 인도적 지원의 효과에 대한 철저한 모니터링이나 정확한 평가가 이뤄지지 못한 것 때문이다. 그 결과 대북 지원 단체 활동가들조차 대북 인도적 지원 모니터링과 관련해 '패배주의'에서 벗어나 분배 투명성을 제고해야 한다고 주장한다.[10]

셋째, 인도적 지원의 중·장기적 효과에 대한 남한 주민들의 이해도 제고 노력이 병행될 필요가 있다. 남북한의 통일 방식이 어떤 것이라고 미리 상정하지 않더라도 통일은 결국 최종적으로 남북 주민들이 서로 섞여 사는 것이라는 점을 부인할 수 없다. 그렇다면 보건·의료를 포함한 대북 인도적 지원은 남한 주민들을 위해서도 반드시 필요한 사업이다. 예컨대 결핵이나 말라리아와 같은 전염성 질병이 확산된 상태에서 남북 주민이 뒤섞여 살아갈 수 있겠는가? 통일이란 결국 북한 주민들의 마음을 얻어야 하는 것이고, 그들이 남한 사람들과 함께 살기를 적극적으로 선택해야 가능하다는 점을 기

---

9 강동완·김동진, 「인도적 대북지원 사회적 합의에 대한 제19대 국회의원 설문조사 결과분석」, "대북지원 사회적 합의의 필요성과 추진방안", 대북협력민간단체협의회·민족화해협력범국민협의회 주최 정책토론회자료집(2012.8.29).

10 이종무, 「대북지원 사회적 합의의 모색 필요성과 추진방안」, "대북지원 사회적 합의의 필요성과 추진방안", 대북협력민간단체협의회·민족화해협력범국민협의회 주최 정책토론회자료집(2012.8.29).

억할 필요가 있다.

김정은 시기에 들어서도 북한은 핵과 경제 병진 노선을 채택하는 등 국가정책 노선에 커다란 차이를 보이지 않고 있다. 따라서 북핵 문제의 진행 여부에 따라서 남북 관계는 심하게 요동칠 수 있는 가능성이 여전히 크고 이러한 구조는 한동안 바뀌지 않을 가능성이 높다. 반면 다른 한편으로는 남북 당국의 관계 개선 의지에 따라서 남북 관계가 급물살을 탈 가능성도 배제할 수 없다.

이 문제와 관련해서 남북한은 독일과 사정이 완전히 다르다는 점을 반드시 기억해야 한다. 독일은 두 번의 세계대전을 일으킨 전범 국가로서 강대국에 의해 분단되었다. 따라서 독일의 통일에는 전승국들의 동의가 반드시 필요한 사안이었다. 하지만 남북한은 강대국들의 전후(戰後) 처리 과정에서 우리의 의지와 무관하게 분단된 사례이다. 즉, 통일에 대한 주변국들의 긍정적 역할이 필요한 것은 사실이지만 그것이 통일의 필요충분조건은 아니다. 통일을 포함한 한반도 문제에 대한 주도권은 우리에게 있다.

중·장기적으로 북한이 자생적인 내부 발전의 원동력을 발견하지 못하는 한, 북한 경제 상황은 크게 개선되지 않을 것이다. 특히 인민들의 실생활과 관련된 영역의 개선은 그 필요성에 비해 더디게 이뤄질 가능성이 높다. 물론 김정은 정권 수립 이후 북한 경제가 더 이상 나빠지지 않고 있고 일부에서는 개선된다는 증언들도 파편적으로 존재한다. 하지만 북한이 전면적이고 구조적인 개혁·개방을 선택하지 않는 이상, 북한 경제의 회생은 제한적인 수준에 머물거나 빈부격차가 극심한 제3세계형 경제 구조로 변화할 가능성이 높다.

따라서 통일 과정 및 통일 이후 민족의 동질성 회복과 통일 기반 조성이라는 남북 교류 사업의 취지를 생각한다면 인도적 지원은 국내외의 정치적 변화와 무관하게 이뤄져야 할 필요성이 있다.

(2) Type II(남 → 북, 인적 교류)

인적 교류는 물적 교류 확대에 따라 자연스럽게 확산될 수도 있지만 물적 지원과 별개로 순수한 인적 교류만 이뤄질 수도 있다. 예컨대 북한에서 한국 무용을 공연하거나 스포츠 분야 교류를 추진하는 것 등이 대표적이다. 이러한 사업의 경우 지금까지는 평양 중심으로 공연이 진행되었기 때문에 남북 상호 인적 교류로 크게 확대되지는 못했고 지속적인 사업으로 발전되기보다는 일회적인 행사로 끝나는 경우가 대부분이었다. 따라서 향후 이 부문의 사업은 지속적이고 정례적인 사업으로 발전시킬 필요가 있고 남북 상호 인적 교류(Type II & Type IV)로 확대시키는 것이 바람직하다.

Type II 부문에서는 전문 인력 교류의 제도화 방안을 북한과 협의해 마련할 필요도 있다. 과거 사회주의 국가 경험이나 제3세계 발전 국가 경험에 비추어보면 결국 체제와 사회의 변화를 추동하는 핵심 세력은 중간 간부 계층이다. 이들이 좀 더 넓은 세계와 교류하고 국제적 표준을 수용할 때 진정한 북한의 변화가 시작될 수 있을 것이다. 또한 중·장기적으로 이들이 북한의 지배 계층이 될 것이다. 학술적 교류이든 사회적·문화적 교류이든 다양한 주제와 이슈에서 남북 전문 인력 교류가 활성화될 필요가 있다.

대북 전문 인력을 북한에 지원하는 경우, 관련한 내부 지침과 시행 세칙을 별도로 만드는 작업이 이뤄져야 할 것이다. 아직 한국의 전문 인력이 북한에 파견되어 근무한 사례는 많지 않지만, 남북 교류가 활성화된다면 사업 분야에 따라서는 한국 전문 인력이 비교적 장기간 북한에 파견 근무를 해야 하는 경우가 발생할 수도 있다. 특히 지자체 방북 인력이 증가하면 이들에 대한 신변 보장 관련 제도 등이 좀 더 분명하게 규명될 필요가 있다. 개성공단이나 금강산 관광의 경우와 마찬가지로 한국 인력의 억류나 구금 등의 사태가 언제든지 발생할 수 있는 만큼 이에 대한 북한의 확실한 보장을 받아내는 것은 쉽지 않으나 매우 중요한 과제라고 할 수 있다.

아울러 인적 교류에 드는 비용을 효율적으로 집행하기 위한 노력이 이뤄져야 한다. 과거에는 중국을 거쳐 북한을 방문하는 경우가 대부분이었다. 간혹 직항로를 따라 전세기 편으로 방북하는 경우도 있었지만 두 경우 모두 방북에 매우 큰 비용이 소요된다. 가까운 거리임에도 제3국을 경유해 가거나 굳이 항공 편을 이용해야 하는 과거 관행은 명분을 얻기도 어렵고 지자체 예산에 적지 않은 부담으로 작용할 것이다. 이 점을 고려해서 육로와 철도를 이용해 시간과 비용을 동시에 절약할 수 있는 방법을 마련하는 데 주력할 필요가 있다.

인도적 지원 사업의 경우 정치적 변수와 무관하게 추진 명분을 마련해 사업을 지속할 수 있지만, 정치적 상황이 악화될 경우 대규모 방북단의 추진이나 문화·스포츠 교류와 같은 인적 교류 사업의 추진은 쉽지 않다. 또한 인적 교류 사업을 무리하게 추진하는 경우 북한의 정치적인 이용이나 대가 요구 등 부가적인 문제가 발생할 수 있는 소지 역시 소홀히 할 수 없다. 특히 정치적 상황이 유동적이거나 악화되어 방북이 어려운 시기에 무리하게 사업을 추진하려는 경우에 이와 같은 일이 발생하기 쉽다. 북한의 무리한 요구에 대해서는 사업 진행 초기부터 가능한 한 한국의 '명확한 입장'을 사전에 분명히 고지함으로써 불필요한 사업과의 연계나 무리하고 부당한 요구를 차단하는 것이 중요하다.

(3) Type III(북 → 남, 물적 교류)

북한의 산업 수준이나 남북 경제력 격차 등을 고려한다면 사실상 북한에서 한국으로 제공될 수 있는 물자는 대단히 제한적이다. 남북 교류가 시행된 이후 초기에는 북한 물자 전시 등이 호기심으로 많은 관심을 모았으나 이제는 그러한 수준의 사업으로는 효과를 얻기가 쉽지 않다. 북한의 모래와 특산품을 한국이 수입해 북한의 이익을 창출하려는 시도도 있었지만 아직

성공 사례가 많지 않다.

향후 북한 물자의 한국 도입과 관련된 사업 확대를 계획한다면 이익 창출 측면을 고려해야 할 것이다. 예컨대 제주도의 경우 북한의 값싼 노동력을 이용해 '북한 마늘 임가공 사업'을 추진한 바 있다. 즉, 기계 작업으로 마늘 품질이 떨어지는 현상을 극복하기 위해 값싼 북한 노동력을 이용한 수작업을 통해 중국산 마늘에 대한 제주산 마늘의 시장 경쟁력을 확보하는 방식이었다.

사업 성과 홍보 차원의 북한 물자 유입이 아닌 이익 창출 차원의 물자 유입이 이뤄질 경우 국내 시장 상황에 대한 면밀한 검토 역시 필수적이다. 농수산품이나 축산품과 같은 1차 산품의 반입이 한국에서 동일 상품의 시장 가격을 교란시킨다면 이해 관련자들의 반대에 직면하게 된다. 예컨대, 북한은 저렴한 노동력과 토지 등에서 경쟁력이 있기 때문에 농업 분야의 교류 협력 사업이 이익 창출 측면에서 효과적이라고 할 수 있다. 그런데 북한에서 생산되거나 임가공된 값싼 농산물이나 제품이 국내에 유입될 때 이것이 국내 시장에 영향을 주어 피해를 보는 집단이 발생할 경우 남북 협력 자체가 무산될 가능성이 높다. 따라서 협력 아이템 및 추진 주체 선정이 매우 중요하다. 제주도의 '북한 마늘 임가공 사업'과 같이 한국과 북한 주민 모두에게 유익한 사업의 전개 양상을 보면 어떠한 협력 아이템을 찾아내는가에 따라 Type III 부문의 성패가 달라질 것이다.

지자체가 주축이 되어 이익 창출을 목적으로 한 남북 교류를 지속적으로 추진하는 것은 한계가 있다. 지자체 남북 교류의 목적 역시 통일 기반의 조성에 있기 때문에 남북 교류를 통해 지자체가 경제적 이익을 추구한다는 것은 명분상 적절하지 않다. 따라서 장기적으로 지자체는 지역 주민 혹은 기업 등 민간 수요를 파악하고 이를 남북 교류와 연결 및 지원하는 역할을 담당하는 것이 바람직하다. 예컨대 대북 사업을 위한 다양한 정보를 제공하고 사업 추진 과정에서 직면한 문제 해결을 도울 뿐만 아니라 대북 사업 아이템 개발 등을 지원하는 것이다.

현재 국책 사업을 비롯한 남북 경협의 전 영역이 사업의 순조로운 추진과 수익 창출에 어려움을 겪고 있다. 그럼에도 남북 교류가 한 차원 도약하기 위해서는 일방적인 지원과 수혜의 틀에서 벗어나 남북이 상호 이익을 얻는 방식으로 발전해야 한다는 점은 분명하다.

(4) Type IV(북 → 남, 인적 교류)

흔히 남북 교류라면 북한의 인원이 한국을 방문하는 Type IV의 형태를 떠올릴 만큼 이 부문의 사업은 남북 교류에서 상징성을 가진다. 즉, 북한 사람들이 한국을 방문해 한국 사람들과 자유롭게 교류하고 스포츠 및 문화 행사 등을 정례적으로 개최하는 상황이다. 그러나 이러한 형태의 사업은 인도적 지원 사업만큼 필요성과 명분이 절박하지 않기 때문에 현재까지 남북 교류에서 Type IV의 경우는 많이 찾아볼 수 없는 것이 사실이다. 또한 체제 유지를 최우선적으로 내세우는 북한 당국의 경직되고 폐쇄적인 태도 등을 고려할 때 이 부문의 교류가 단기간에 크게 확대되기에는 한계가 있다.

이 문제를 해결하기 위해서는 전반적인 남북 관계가 호전되어야 하겠지만 지자체들이 별도의 준비를 구체적으로 한다면 불가능하지는 않을 것이다. 또한 비공개를 전제로 북한의 전문 인력이 한국의 관련 현장을 방문·답사·연수하는 방안도 고려할 수 있다. 여기서 중요한 것은 한국에서 확실한 신변을 보장받으려는 북한의 무리한 요구를 한국이 수용할 수 있는가이다. 한국에 북한 인력이 내려올 경우, "한국 주민들과 접촉할 수 없다", "한국 신문이나 텔레비전을 보지 않도록 보장하라", "한국 길거리에 있는 반공 포스터를 모두 없애야 한다"라는 등의 요구를 어떻게 지혜롭게 소화할 수 있을지가 관건이다. 아직까지는 북한의 무리한 요구를 수용하기 쉽지 않다.

더욱이 핵실험 등의 문제로 국내 여론이 좋지 않은 상황에서 Type IV의 사업을 무리하게 추진하기도 어렵다. 그러나 남북 관계가 호전될 경우 Type IV의 사업을 추진할 상황은 언제든지 발생할 수 있다. 이에 대비해서 예상 시나리오에 입각한 구체적인 준비를 해두는 작업도 소홀히 해서는 안 된다.

특히 북한은 어린이, 대학생, 예술인 등 비교적 편견이 적고 감정적 교류의 폭이 넓은 대상들의 상호 교류에 대해 대단히 부정적인 입장을 보였다. 또한 동·서독 사례에서도 볼 수 있는 것처럼 상호 간 인적 교류 초기 북한은 이 사업을 정치적으로 이용하거나 자유로운 토론이나 교류를 회피하려고 할 것이다. 그럼에도 진정한 통일 기반 조성을 위해서는 북한 인력의 한국 지역 방문은 충분히 의미 있는 사업이라고 할 수 있다. 그러나 현재와 같은 남북 관계 경색 국면에서는 북한 인력의 한국 방문에 대한 국민들의 동의와 지지를 얻어내는 것이 쉽지 않을 뿐만 아니라, 북한과의 협력을 통해 인적 교류 사업을 추진하는 것 자체가 어렵기 때문에 남북 관계의 현재 상황과 북한의 반응을 면밀히 고려해 점진적으로 추진하는 것이 바람직하다.

3. 지자체 남북 교류 추진 방안

지자체의 남북 교류 추진 방안을 일반화해 설명하는 것은 매우 어려울 뿐만 아니라 바람직하지 않을 수도 있다. 지자체마다 처한 상황이 다르고 지역적 특성에 따라 추진 가능한 사업 영역이 다를 수도 있기 때문이다. 또한 사업의 우선순위를 결정하는 것 역시 개별 지자체가 결정해야 하는 사안이라고 볼 수 있다. 따라서 여기서 제시하는 지자체 남북 교류 추진 방안은 특정 지자체를 염두에 둔 것이 아니고 어떤 지자체들에게는 맞지 않는 사업이 될 수도 있다.

그럼에도 지자체 남북 교류의 모델(ideal type) 몇 가지를 제시하고자 한다. 여기서 지자체 남북 교류 추진 방안 모델을 제시하는 이유는 앞서 제시한 지자체 남북 교류의 추진 목표를 달성하기 위해서는 과거와는 다른, 좀 더 유기적이고 종합적인 접근 방법이 필요하기 때문이다. 따라서 여기서 제시된 남북 교류 모델을 참고해 실제 지자체들의 남북 교류가 다양하고 현실적인 정책으로 발전하기를 바란다.

1) 지속 가능한 사업 모델의 발굴 및 추진

(1) 배경 및 목적

남북 교류 협력 사업이 효과적으로 추진되기 위해서는 일방적 지원의 성격에서 벗어날 필요가 있다. 지금까지의 남북 교류 협력 사업을 엄격하게 평가한다면 대부분이 교류 협력이라기보다는 일방적 지원의 성격이었다고 할 수 있다. 물론 많은 지자체와 민간단체가 자신들의 교류 협력 사업이 호혜적으로 이뤄졌고 성공적이었다고 평가한다. 하지만 외부 지원이 중단되었을 경우 북한의 협력 단위가 자생력을 가질 수 있는지를 생각할 필요가 있다. 남북 교류 사업이 지속적으로 지원을 제공해야만 성과를 낼 수 있다면 이는 남한 주민들의 동의를 얻어낼 수 없다. 즉, 일정한 지원이 이뤄지고 난 다음 북한 협력 단위가 자생력을 가질 수 있어야 하고 그 모델이 다른 지역과 사업 단위로 확산될 수 있어야 할 것이다.

북한 사업 단위가 자생력을 가지기 위해서는 수익 모델의 창출이 필요하다. 지자체 남북 교류가 수익 모델을 창출하는 것은 두 가지 의미가 있다. 첫째는 지원 사업을 통해 수익 모델을 창출함으로써 그 사업에서 창출된 이윤이 다시 그 사업에 투입되는 구조를 만들어내는 측면이다. 이러한 과정을 통해 지자체는 지원 규모를 줄이고 북한 사업 대상 단위의 자생력을 키울 수 있을 것이다. 이러한 모델이 만들어진다면 이를 점차 확산시키는 것도 가능하다.

둘째, 남북 경제 협력 사업으로의 전환 가능성을 확대하는 측면이다. 이윤이 창출되는 구조를 만드는 과정에서 한국 혹은 외부 시장과의 연계를 증대하고, 이를 통해 민간 기업의 참여 여지를 확대하는 결과가 있을 것이며, 나아가 한반도 경제 공동체 실현의 초석을 만들 수 있을 것이다.[11]

이처럼 지자체 남북 교류 협력 사업을 기획함에 있어 외부 경제와의 연계성을 강조하는 이유는 남북 협력 사업의 지속성과 효과성에 대한 고려 때문이다. 과거에 추진한 일방적인 지원 사업은 한국의 지원이 중단되었을 때 그 사업의 성과가 전혀 유지되지 못했고 그래서 다른 지역으로 동일한 사업 모델을 확산시킬 수 없었다. 어떤 사업이든지 그것이 지속 가능하기 위해서는 사업의 결과 이윤이 발생하고 그 이윤이 사업에 재투자되는 구조를 확립해야 한다. 이와 같은 구조를 통해 지원하는 쪽에서는 점차 지원 규모를 줄일 수 있고 지원받는 쪽에서는 자생력을 키울 수 있다. 그래서 한 지역에서 사업이 성공했을 때 그 모델을 다른 지역으로 확산시킬 수 있다.

중앙정부의 정책도 마찬가지지만 지자체의 남북 교류 역시 '이윤 창출'과 관련해 미묘한 문제를 만든다. 정부나 지자체의 남북 교류 추진 목적에서 이윤 창출이라는 부분이 개입되기 힘들기 때문이다. 따라서 이러한 접근법은 명백하게 민간단체 혹은 기업 등과 연계를 고려할 필요가 있다. 즉, 사업 초기 단계에서는 관의 역할이 중요할 수 있지만, 그것이 경협 사업으로 전환되고 이윤이 창출될 수 있는 사업이 되기 위해서는 민간의 아이디어와 참여가 필수적이다.

---

11 최용환 외, 『경기도의 남북경제협력사업 추진방안 연구』(수원: 경기개발연구원, 2009), 41쪽.

(2) 추진 방안[12]

① 농업 협력의 경협 사업 전환

지금까지 지자체가 추진했던 사업들 가운데 가장 성공적인 사업 영역은 농업 협력이었다. 따라서 그간의 경험을 고려했을 때 이미 추진하고 있는 농업 협력 사업을 수익 모델로 전환하는 방안을 고민할 필요가 있다.

예컨대 농업 협력 사업에서 생산된 농산물을 시장에 판매해 그 이익이 전체 사업에 재투자되는 구조로의 발전이 필요하다. 농산물의 판매 시장은 특구나 한국 시장 혹은 해외 시장 등 다양하게 고려할 수 있고, 이 과정에서 한국 시장과의 연계가 이뤄진다면 농산물 위탁 재배 등의 사업으로 발전시킬 수도 있을 것이다.

또한 이러한 사업은 북한 협동농장의 자생력 제고와도 연관되기 때문에 북한에서도 관심을 가질 수 있는 사업이다. 나아가 이윤이 사업에 재투자되는 구조가 확립되면 지자체들은 해당 협동농장에 대한 투자를 줄이고 다른 지역에서 유사한 사업을 추진함으로써 성공 모델을 북한의 다른 지역으로

〈그림 4-2〉 농업 협력 사업의 경제 협력 사업 전환

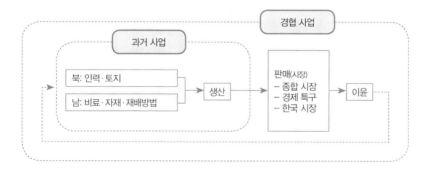

---

12 최용환, 「지방자치단체 남북교류: 평가와 과제」, 2010 북한연구학회 추계학술회의 자료집(2010.10.8).

확산시킬 수 있을 것이다.

②농업 협력 사업과 국제 협력 사업의 연계

극심한 경제난에 시달리고 있는 북한은 식량 증산 분야에 대한 관심이 매우 높다. 이에 경기도와 경상남도 등 몇몇 지자체가 평양 인근 지역에서 벼농사 및 시설 채소 등을 중심으로 한 농업 협력 사업을 추진한 바 있는 것처럼 기존 지자체의 남북 교류 협력 사업 가운데 상당 기간 지속되었던 경우는 대부분이 농업 협력 사업이었다. 이 분야의 협력은 북한이 큰 관심을 보이는 만큼 국제 협력 프로젝트로의 발전 가능성도 높다고 할 수 있다.

예컨대 북한의 농업 분야 수요를 고려해 종자 개량 사업을 국제적인 협력 프로젝트로 진행하고 개량된 종자를 북한에서 재배하는 방식의 사업을 구상할 수 있다. 중요한 것은 이 사업이 연구와 시범 재배에 그쳐서는 안 된다는 것이다. 해당 협동농장에서 생산된 생산품이 북한 국내 시장이나 한국 혹은 해외 시장 등에 판매되고, 그 수익금이 협동농장에 재투자되어 자연스럽게 북한 협력 단위(협동농장)의 자생력 제고까지 이어질 수 있도록 사업이 추진되어야 한다.

종자 개량 사업의 경우 한국의 지자체 및 미국, 일본, 중국 등의 농업 관련 연구 기관과 대학 등이 북한의 농업과학원 등과 함께 프로젝트를 진행할 수 있을 것이다. 이 과정에서 자연스럽게 인적 교류가 이뤄질 수도 있고, 초기 과정에 참여한 주체들은 이후 시범 재배, 생산 등에도 지속적으로 관여함으로써 사업의 파급효과를 높일 수 있다.

종자 개량 연구 등을 해외 연구 기관과 남북 연구 기관이 공동으로 수행한다면 남북 관계 경색 국면에서도 연구 자체의 진행은 가능할 수 있다. 즉, 사업 자체의 안정성과 지속 가능성이라는 측면에서 사업의 일부 영역을 외국 기관과 연계해 추진하는 것도 바람직하다.

〈그림 4-3〉 농업 협력 사업과 국제 협력 사업의 연계

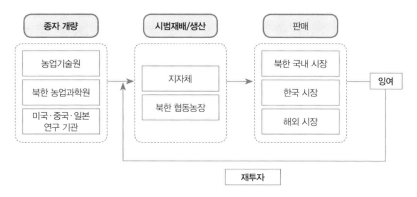

무엇보다 중요한 것은 시장 판매 수익금이 해당 단위에 재투자되어 생산과 판매가 이뤄지고 그 수익금이 다시 투자되는 선순환 구조를 만드는 것이다. 그것은 곧 북한 주민들 혹은 농장 관리인들에게 시장경제적 마인드를 심어주는 과정이 될 것이다. 또한 그것은 북한 협력 단위 종사자들이 외부와 접촉하는 직간접적 계기가 될 수 있을 것이다.

한 지역에서 이러한 선순환 구조가 만들어지면 지자체는 그 지역에 대한 지원 규모를 점차 줄이고 그만큼 다른 지역(혹은 다른 협동농장)에 투자해 또 하나의 선순환 구조형 사업을 추진할 수 있게 될 것이다. 사실 이러한 구조는 제3세계 개발 지원의 기본적인 구상이다. 다만 북한이 여타의 제3세계 국가들과 다른 점은 피지원 단위(supported unit)가 이러한 구조를 만드는 것에 대해 관심이 적다는 것이다. 그 때문에 지원의 효과가 적고 사업의 확산이 어려울 수밖에 없다.

③ 농업 협력의 연관 산업 확대 방안

앞서 언급한 형태의 사업 모델은 단순히 농업 협력 사업에만 그치지 않고 다양한 분야로 확대해 접근할 수 있다. 이미 여러 지자체가 시도한 바 있

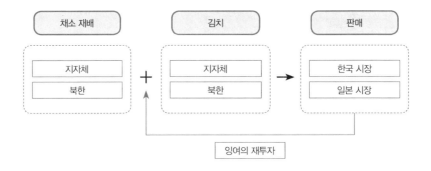

〈그림 4-4〉 농업 협력의 연관 산업 확대 및 해외 연계 사업화

는 시설 채소 사업을 '김치 가공 산업'으로 확대하는 것이 그 예이다. 2007년 이후 한국의 김치 시장 규모는 연평균 3.0%씩 증가하고 있고, 수입 김치는 전량 중국에서 들여오지만 한국에서 중국산 김치에 대한 거부감이 높은 것이 사실이다.[13] 또한 유럽, 일본, 중국 등지에서 김치는 건강식품으로 인기가 높아 김치의 해외 시장 규모 또한 매년 증가하고 있다. 따라서 한국의 지자체와 북한이 공동으로 김치 브랜드를 만들고, 이것을 한국 내 시장은 물론이고 유럽, 일본 등 해외 시장에 판매한다면 수익 창출 가능성은 충분한 것으로 보인다. 창출된 수익을 김치 생산 과정에 재투자해 수익을 재창출하는 선순환 구조의 형성 역시 가능하다.

그리고 이와 같은 과정은 앞서 언급한 사업 모델과 더불어 북한의 협력 단위 정책 결정자들에게 매우 중요한 경험이 될 수 있을 것이다. 또한 이러한 방식의 연관 산업 확대는 지자체 이외에 민간 기업이나 NGO, 남한의 농민 단체 등이 연계되어 추진할 때 더 큰 성과를 거둘 수 있을 것이다.

이상에서 그간 지자체 사업의 성과에 기초해 매우 제한적인 사례들을 예

---

13 안상돈·이삼섭, 「2012 국내김치산업동향 및 소비자 김장계획 조사」, ≪NHERI 리포트≫, 제207호(2012.12.10).

시했지만, 수익 창출과 재투자가 반복되는 선순환 구조형 사업 모델은 개별 지자체의 경험과 능력, 정책적 판단에 따라 더욱 다양하게 마련될 수 있을 것이다. 여기에서 핵심은 어떤 방법으로든 외부 경제와의 연계를 통해서 이윤을 창출하고 이렇게 창출된 이윤이 해당 단위에 재투자되는 구조를 만들어주는 것이라고 할 수 있다.

지자체들이 북한 여러 지역에서 다양한 방법으로 이러한 사업을 추진한다면 중앙정부는 이 가운데 가장 성공적인 모델을 선정·발전시켜 북한 전역으로 확산시키는 역할을 담당할 수 있을 것이다. 반드시 중앙정부가 그런 역할을 담당하지 않더라도 지자체 간 정보 교류와 정책 조율이 활성화되면 이러한 모델의 북한 전 지역으로의 확산은 자연스럽게 이뤄질 수 있다.

2) 중앙 차원의 사업과 지자체 사업의 협력 및 연계

(1) 배경 및 목적

지금까지 지자체의 남북 교류 협력 사업은 중앙정부와 별개로 추진된 경향이 있었다. 물론 중앙정부가 추진했던 대부분의 사업도 지자체를 염두에 두고 진행된 경우는 없었다. 예컨대 개성공단이나 금강산 관광, 남북 도로·철도 연결 사업의 경우 경기도, 강원도 등 접경 지역 지자체가 직간접적으로 영향을 받을 수밖에 없었음에도 배타적인 중앙정부의 사업으로 진행되었다. 반대로 경기도나 강원도의 남북 교류 협력 사업 역시 접경 지역에서 이뤄지고 있는 개성공단과 같은 핵심적인 남북 교류 협력 사업과 무관하게 진행되었다.

중앙정부와 지자체의 사업이 별개로 진행되기보다는 상호 연계성을 제고함으로써 더 큰 성과를 거둘 수 있을 것이다. 예컨대 개성공단은 남북 관계의 부침에도 그 명맥을 유지하고 있는 대표적인 사업이다. 개성공단에 대한 북한 주민들의 평가는 매우 높은 것으로 알려지고 있다.[14] 하지만 개성공단의 경우에도 한계가 없는 것은 아니다. 공단 자체가 안고 있는 '삼통(三通: 통행·통신·통관)'의 한계나 노무 관리 등의 문제 이외에도, 개성공단이 처음 시작할 때 가졌던 북한의 개혁·개방과 관련된 촉매 역할이라는 측면에서 아쉬움이 없을 수 없다. 개성공단에 대해서는 중국의 선전(深圳)과 같은 개혁·개방의 시험장으로서의 역할을 기대했던 것이 사실이기 때문이다.

개성공단이 북한의 개혁·개방을 이끌어내지 못하는 근본적인 이유는 북한 정책 결정자들의 인식 때문이겠지만 개성과 북한 내부 경제의 연계가 이뤄지지 못한 것도 주요한 원인 중 하나이다. 일부 개성공단 입주 업체들의 경우 개성공단 배후 지역에 있는 북한 경공업 공장에 일부 하청을 주는 등 북한 내부 경제와 연계된 사업을 추진한 바 있다.[15] 하지만 2010년 천안함 사건 이후 '5·24조치'가 실시되면서 이러한 연계는 모두 중단되었다.

북한 내부 경제와의 연계성이라는 측면에서 금강산 관광 역시 한계를 보였던 것이 사실이다. 하지만 금강산 관광의 경우 금강산 배후 지역에서 농업 협력 사업을 추진하고, 여기서 생산된 농산물을 금강산 관광객들에게 제공하려는 시도가 있었다.

이런 과거의 경험과 북한의 개혁·개방 유도라는 명분 등을 고려했을 때, 남북 관계 개선 시에 재개나 확대가 분명한 북한의 특구 혹은 당국 차원의 교류 협력 사업에 꾸준히 관심을 가질 필요가 있다. 남북 관계가 개선되었

---

14 이 연구에서는 지자체가 활발하게 남북 교류 협력 사업을 추진했던 2008년 이전에 주로 평양과 평안남도 지역에 거주했던 북한이탈주민들을 대상으로 면접조사를 실시했다(2013.1.20). 이들의 증언에 따르면 북한 거주 당시 금강산 관광에 대해서는 별로 들어보지 못했으나 개성공단에 대해서는 대부분이 알고 있었다. 2008년 개성공단 근로자들의 월급은 북한 돈으로 약 5만 원 정도로 일반 노동자(약 2000원 내외)들에 비해 매우 많았고 한 가족이 한 달을 생활할 수 있는 금액이라고 한다.
15 개성공단 관련 담당자 인터뷰(2012.12.27).

을 때 지자체는 중앙정부 차원에서 추진하는 대규모 사업을 보완적으로 지원함으로써 그 성과를 더욱 확대하는 역할을 수행할 수 있을 것이다.

(2) 추진 방안

김정일 시기 북한이 특구를 개발했거나 계획하고 있는 지역은 개성, 금강산, 신의주(황금평), 나진-선봉 등 북한의 변경 지역들이다. 특구의 입지 자체는 외부와의 협력 가능성 등을 고려해 선정되었겠지만 북한의 최극단 지역들이라는 점에서 개혁·개방에 대한 북한 지도부의 두려움을 반영하고 있다고 볼 수 있다. 북한이 개혁·개방을 두려워하지 않는다면 수도 평양에서 가깝고 양호한 항구를 가지고 있는 남포 등을 특구로 개방하지 않는 이유를 설명하기 어렵기 때문이다.

하지만 김정은 시기에 들어 북한은 전국 각지에 수십 개의 지방 경제개발구를 추가하고 있다. 특구 지역 선정의 이유가 어떠하든 북한이 중국을 대상으로 개발하고 있는 황금평 및 나선 특구, 한국을 대상으로 개방한 개성공단과 금강산 및 개성 등이 현재 북한의 대표적인 특구라는 사실은 분명하다. 또한 외부의 도움이 북한 특구 성공의 핵심이라는 측면에서 이 특구들에 일차적으로 관심을 가질 필요가 있다. 개성 등 남북한이 연계된 특구에서 남북 교류의 성공 모델을 만들 수 있다면 이는 다른 특구 혹은 경제개발구에 확대 적용할 수 있을 것이다. 여기에서 핵심은 지자체가 북한의 특구 내부 그리고 배후 지역에서 남북 교류 협력 사업을 추진함으로써 특구와 북한 내부 경제와의 연계성을 제고하고 그 결과 북한 체제의 개방에 기여할 수 있을 것이라는 점이다.

예를 들어 남북 관계가 개선되었을 경우 개성공단은 사업 확대가 가장 먼저 예상되는 지역이고 개성 관광이나 금강산 관광 역시 재개 가능성이 높은 사업이다. 이 경우, 지자체는 개성공단이나 관광 특구 배후 지역에서 농업 및 경공업 협력 사업을 진행함으로써 개성공단이나 관광 특구 사업을 활용하는 동시에 보완할 수 있을 것이다. 농업 협력 사업으로 생산된 농작물을 개성공단 노동자나 관광객들의 식자재로 공급할 수도 있고, 간단한 경공업 분야의 협력 사업을 통해 북한 지역을 방문하는 관광객들에게 판매할 수 있는 상품을 생산할 수도 있을 것이다. 그뿐만 아니라, 농업 협력에 필요한 농기계 관련 분야의 협력 사업을 추진함으로써 사업 간 상호 연계를 꾀할 수도 있다.

그 밖에 개성공단 배후 지역인 서부 접경 지역은 남북한 공히 인삼 재배 주산지라는 점에서 남북 공동 인삼 브랜드화를 시도하고 그 사업장을 개성공단에 설치할 수도 있다. 그뿐만 아니라 남북 농업 협력 사업으로 잠업 협력을 추진하는 등의 방안도 고려할 수 있다. 개성공단에 입주한 대부분의 업체들이 섬유 및 봉제 분야이고 경기 북부 지역에도 섬유 산업이 밀집되어 있다는 점에서 해당 분야의 남북 협력은 매우 유망하다고 할 수 있다.

개성공단에서 남북한이 협력해 공장을 운영하는 것 혹은 개성이나 금강산 배후 지역에서 남북한이 농업 협력 사업을 추진하는 협동농장 자체가 훌륭한 관광 상품이 될 수 있다는 점에 주목할 필요가 있다. 아울러 금강산 관광의 경우처럼 북한 관광의 활성화가 설악 지구 등 한국의 지역 경제에 부정적 영향을 미치지 않도록 고려해야 할 것이다. 즉, 남북 연계 관광 프로그램 등을 적극 개발해 남북한 모두에게 이익이 되도록 추진하는 것이 사업의 지속성이나 명분 확보라는 측면에서 매우 중요하다.

특구 배후 지역에서의 협력 사업은 개성, 금강산은 물론이고, 최근 개발이 진행되고 있는 북·중 접경 지역의 특구 배후 지역을 대상으로 접근할 수 있다. 북한의 대중국 특구 개방이 북한 경제의 대중국 의존도 심화를 의미한다는 점에서 우려하는 사람들도 많다. 반면에 북한이 중국에나마 개방적 정책을 유지하는 것이 장기적인 관점에서 바람직하다는 의견도 적지 않다.

〈그림 4-5〉 특구 배후 지역 지자체 남북 협력 구상 개념도

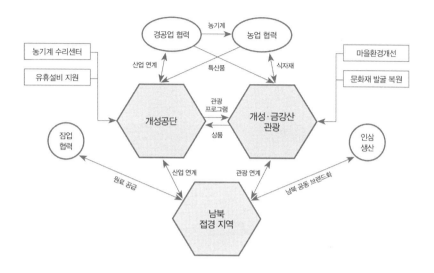

따라서 북·중 접경 특구 배후 지역에서 남북 교류 협력 사업을 추진하는 것은 북한의 대중국 의존도 심화에 대응하는 동시에 북한 경제의 대외 개방성 증진에 기여할 수 있을 것이다.

3) 지자체 간 사업 연계를 통한 시너지 확대

(1) 배경 및 목적

지금까지 지자체의 남북 교류 협력 사업은 중앙정부와의 협력만 부족했던 것이 아니라 지자체 간 협력도 거의 이뤄지지 않았다. 그러다보니 유사한 사업이 여러 지자체에서 동시에 추진되는 사례도 있어서 중복 투자라는 비판도 적지 않았다. 혹은 거의 동일한 지역에서 각기 다른 이슈로 중앙정부와 지자체가 별개의 남북 협상을 진행한 경우도 있었다.

예컨대 강원도와 북한은 남북 접경 지역에서 산림 병충해 방제 사업을

진행한 바 있다. 한편, 경기도와 북한은 남북 접경 지역에서 말라리아 공동 방역 사업을 진행했다.[16] 남북 말라리아 공동 방역이 진행된 지역인 임진강 수계에서는 남북 당국 간에 임진강 수계 홍수 방지를 위한 협상이 수십 차례 개최되었으나 이 과정에서 남북 당국 간 협상 관련 지자체는 참여할 수 없었다. 이 세 가지 사업은 모두 방역·방제와 관련되어 밀접한 연관성이 있는 이슈임에도 지자체 간 혹은 지자체와 중앙정부 간 조율과 협력은 이뤄지지 않았다.

2008년경 한국의 여러 지자체가 관심을 가졌던 양돈 사업의 경우에도 개별 지자체 간에 협력이나 조율이 이뤄지지 않고 진행되었다. 당시 제주도, 전라남도, 전라북도, 경기도 등 여러 지자체가 양돈 사업에 관심을 가지고 참여했지만, 결과적으로는 북한이 사업을 전체적으로 조율하고 한국 지자체와 민간단체들은 동일한 사업의 하위 여러 부문을 담당하는 구조로 진행되었다.[17] 이러한 사례는 지자체 간의 정보 공유와 조율이 이뤄진다면 사업 규모를 확대하거나 효율적인 역할 분담이 가능하다는 것을 시사한다. 특히 한국 지자체들이 동일한 지역에서 혹은 유사한 내용으로 사업을 추진하고자 한다면 지자체 간 연계와 역할 분담을 통해서 사업 규모를 키우고 시너

---

16 경기도가 2008년부터 추진한 말라리아 남북 공동 방역 사업에 2011년부터 인천이 참여했고 2012년부터는 강원도도 참여함으로써 방역 사업을 인천-경기 북부-강원 등 접경지 전역으로 확대해 남북 접경지 전역 방역 벨트를 형성하고 있다. "말라리아 남북공동방역 접경지 전역으로 확대", 연합뉴스, 2012년 2월 14일 자.

17 북한이 평양 근처에서 시행된 사업의 전체적 그림을 가지고 지자체를 포함한 한국의 지원 단체들에게 동일한 사업의 하위 부문들을 나눠 진행했다는 것과 관련된 명확한 증거는 없다. 하지만 남북 교류를 추진했던 지자체 및 민간단체 담당자들의 증언을 종합했을 때, 당시 북한은 양돈 사업을 추진하기 위해서 돼지 공급, 축사, 사료 등으로 분야를 나눠 지자체를 포함한 한국 지원 단체들에게 지원을 요구했던 것으로 보인다.

지 효과를 제고할 수 있을 것이다.

(2) 추진 방안

지자체 간 사업의 연계는 여러 분야에서 가능하지만 여기서는 그간 사업 성과가 상대적으로 높았던 남북 접경 지역을 중심으로 한 사업 모델을 제시하고자 한다.

앞서 언급한 바와 같이 경기도와 인천은 접경 지역에서 말라리아 공동 방역 사업을, 강원도는 산림 병충해 방제 사업을 실시한 바 있고, 중앙정부는 임진강 수계에서의 홍수 및 재난 방지를 위한 남북 협상을 진행한 바 있다. 세 가지 사업은 모두 방역·방제와 관련된 논의들이었고, 별개인 듯 보이지만 사업 연계를 통한 시너지 효과의 극대화를 이룰 수 있는 분야라고 할 수 있다.

최근 점차 피해가 커지고 있는 구제역이나 조류독감과 같은 초국경 질병은 남북한이 공동으로 대처했을 때 그 효과가 큰 분야이다. 구제역, 조류독감 등 가축 질병이 대규모로 발생하는 현상은 한국에만 국한된 현상이 아니다. 2005년 북한도 조류독감으로 평양 인근 닭 사육장 등에서 수십만 마리가 집단 폐사하고 대규모의 매몰 처분이 있었던 것으로 알려졌다.[18] 가축 질병은 철새 등의 이동으로 국경을 넘어 확산될 수 있기 때문에 가축 질병에 대한 공동 연구 및 대처 방안을 마련하는 것은 남북한 모두에게 매우 필요한 사안이다. 2008년 여러 지자체가 관심을 보였다가 남북 관계 경색으로 중단된 축산 분야의 협력 사업이 진행된다면 구제역이나 조류독감 등 가축 질병 방역 체계에 대한 협력은 자연스럽게 관심을 가질 수밖에 없는 분야이다. 가축 질병 등과 관련된 공동 연구 및 방역 등은 사업의 효율성과 현

---

18 "북한 조류독감 비상", 연합뉴스, 2005년 3월 29일 자.

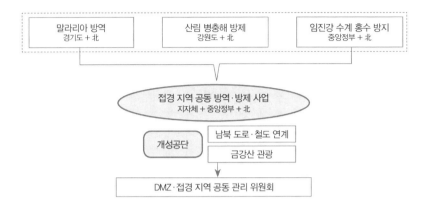

실적 제약 요인 등을 고려할 때 국가 차원의 질병 관리 조직과 함께 추진할 필요가 있다.

초국경 질병에 대한 남북 협력 사업의 경우 접경 지역이라는 특정 지역을 대상으로 한 협의체로 발전시킬 수도 있다. 동·서독의 경우 1972년 체결된 동·서독 기본 조약에 의거해 1973년 1월 31일 국경위원회(Grenzkommission)를 구성한 바 있다. 이 위원회는 국경선 통과와 관련해 발생하는 문제, 예컨대 수자원, 에너지 공급, 재해 방지와 같은 문제를 처리하기 위해 설치되었다. 국경위원회에는 동·서독에서 각기 필요에 따라 임명된 대표단이 파견되었다. 서독의 대표단은 내무성 직원을 단장으로 내독 관계성, 재무성, 동독과 국경을 접한 4개 주(바이에른, 니더작센, 헤센, 슐레스비히홀슈타인)의 대표로 구성되었다. 동독은 외무성 직원을 단장으로 국방성(국경 수비대), 환경 및 수자원 보호성, 내무성 직원 등으로 구성되었다.

독일의 사례를 참고한다면 남북 접경 지역에서 발생할 수 있는 제반 문제를 다루는 제도적 협의 기구를 형성·발전시키는 것은 매우 중요한 과제이다. 물론 이것은 기본적으로 중앙정부의 과제라고 할 수 있겠지만, 이미 접

〈그림 4-7〉 남북 DMZ 및 접경 지역 공동 관리 위원회 단계적 추진 방안

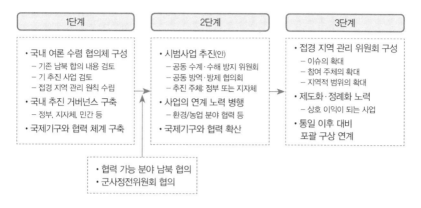

경 지역 지자체들이 남북 공동 방역·방제 사업을 추진한 바 있고, 전라도나 제주도 등이 관심을 가지고 있는 축산 분야 협력 사업 추진에 필수적인 가축 질병 공동 대응이 남북한 모두에게 이익이 되는 분야임을 고려할 때 지자체와 중앙정부가 협력해 관련된 사업을 추진할 수 있을 것이다. 이 과정에서 중앙정부는 북한과의 제도적 협의체를 구성해 접경 지역의 남북한 간 현안 전체를 논의하는 기구를 발전시키고, 지자체는 중앙정부 사업의 본격적 추진을 위한 시범 사업을 수행하는 역할을 담당하는 방식을 생각할 수 있을 것이다.

4) 남북 상호 이익의 창출

(1) 배경 및 목적

남북 교류 협력 사업이 지속성을 가지기 위해서는 북한 협력 단위의 자생력 제고만큼이나 중요한 것이 한국의 이익에 대한 고려이다. 남북한 간에 존재하는 경제력 격차나 대한민국 국민들의 민족주의적 정서를 고려할 때,

북한 주민들의 인도적 참상을 해결하기 위한 지원 사업을 추진하는 것은 언제든지 가능한 사업이다. 하지만 인도적 지원이라 하더라도 얻을 수 있는 이익이 분명할수록 지속적인 사업 추진에 더욱 도움이 된다.

제주도의 대북 감귤 지원 사업이 10년 가까이 지속될 수 있었던 것은 그 사업이 과잉 생산된 감귤의 가격 조절 기능이 있었기 때문이다. 대북 지원의 국내적 효과와 관련된 사례는 다수 발견할 수 있다. 예컨대, 대북 식량 지원 사업은 국내 쌀 수매 가격의 상승으로 이어져 농민들이 반겼던 반면, 대북 비료 지원은 국내 비료 가격의 상승효과 때문에 농민들의 비난을 받아야 했다.

남북 교류 협력 사업의 국내적 효과에 대한 고려는 단순히 대북 지원의 경우에만 해당되는 것은 아니다. 남북 농업 협력 사업을 통해 생산된 농산물을 한국으로 가져오는 경우, 그것의 효과를 면밀하게 검토하지 않으면 결과적으로 실패할 가능성이 매우 높아진다. 해당 작물이 국내에서 거의 재배되지 않거나 해외 의존도가 매우 높다면 큰 문제가 아니지만, 남북 교류 협력 사업을 통해 북한에서 생산된 농작물이 국내 시장을 교란시켜 해당 작물을 재배하는 사람들에게 불이익을 줄 경우 이들의 거센 반발을 예상하는 것은 어렵지 않다.

따라서 남북 교류 협력 사업을 추진할 때도 사업의 지속 가능성 확보를 위해서는 장기적 안목에서 남북한 모두에게 도움이 될 수 있는 분야를 우선적으로 선정하는 것이 중요하다. 과거 경기도가 추진했던 말라리아 공동 방역 사업의 경우, 남북한 모두에게 이익이 되는 사업의 대표적인 사례라고 할 수 있다. 이 외에도 제주도가 추진했던 마늘 임가공 사업이나 경상남도의 통일 딸기 등도 이에 해당하는 사례들이라고 할 수 있다.

지자체가 추진한 사업은 아니지만 개성공단 사업이 남북 관계의 부침에도 불구하고 지속성을 가질 수 있었던 것도 결국은 남북한 모두 그 사업을 통해서 얻을 수 있는 것이 상대적으로 분명했기 때문이다. 물론 개성공단 사업이 가지는 상징성이나 이를 고려한 정치적 판단도 개성공단의 지속성 유지에서 핵심적 요인이라고 볼 수 있으나, 개성공단에서 남북한이 얻을 수 있는 경제적 이익이라는 측면도 사업의 지속성을 유지하는 주요한 동력이었다고 할 수 있다.

(2) 추진 방안

앞서 언급한 바와 같이 대북 쌀이나 감귤 지원 사업은 가격 조절 기능을 수행했다. 이렇게 북한에 대한 지원 사업에도 한국 내부의 경제적 효과를 고려해 추진할 수 있는 사업 영역이 존재한다. 한국의 유휴설비 지원 사업 등이 이러한 사업 영역의 또 다른 사례이다. 유휴설비 지원 사업의 경우도 단순한 지원에 그칠 것이 아니라 그것이 경협 사업으로 전환될 수 있도록 다른 사업과의 시너지 효과를 고려하는 것이 중요하다.

최근 한국은 산업의 순환주기가 빨라지면서 다양한 분야에서의 유휴설비가 발생하고 있다. 이러한 현상은 상대적으로 제조업에서 두드러지고 기계 설비에 대한 고정 투자 비중이 높은 산업 여건을 가진 지역의 경우에는 더욱 그렇다. 그뿐만 아니라 최근 세계 금융 위기로 초래된 경기 침체로 기업들의 부도가 급증하고 내수 부진까지 겹치면서 공장 가동률이 급격히 저하되고 유휴설비 발생도 급증하고 있다. 향후 기업들의 구조 조정 등이 활발히 이뤄진다면 유휴설비의 발생 속도는 더욱 빨라질 것으로 예상된다.

이러한 상황에서 유휴설비 활용도 제고와 남북 경협 활성화를 위해 유휴설비의 일부를 북한으로 이전해 활용하는 방안을 검토할 수 있다. 단순 물자 교역과 원·부자재의 대북 반출을 통한 위탁 가공 교역에서 한걸음 나아가 생산 시설의 대북 이전을 통해 북한 산업 경제의 한국과의 연계성도 제고하는 방안이 될 것이다.

<그림 4-8> 지원 사업의 경제 협력 사업 발전 모델

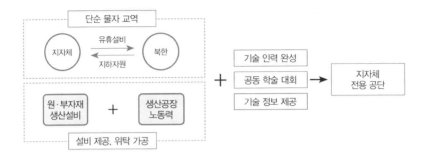

유휴설비의 대북 이전은 국내 기업 구조 조정을 원활히 하고 신규 사업 진출과 창업을 촉진하는 계기가 될 수 있다. 한편, 북한의 경공업 부문 생산 기술과 장비 현대화가 절실히 요구되는 상황에서 국내 유휴설비를 북한으로 이전하는 사업은 북한의 산업 육성에도 크게 기여할 것이다. 특히 노동 집약적인 산업의 유휴설비를 북한으로 이전해 북한 현지의 저임금 노동력을 활용한다면 지리적으로 산업 간 상호 의존성을 높일 수 있고, 문화·언어 면에서도 큰 문제가 없으며, 상대적으로 숙련도가 높기 때문에 시장 확대와 동시에 우회 수출 기지로 활용 가능하다는 점에서 의의가 매우 클 것이다.

물론 가장 적합한 유휴설비 이전 방식이 무엇인지 검토해야 한다. 이전 방식은 크게 단순 물자 교역 방식, 위탁 가공 방식, 합작 투자 방식 등으로 구분할 수 있다.

단순 물자 교역 방식은 국내 유휴설비를 북한으로 반출하고 그 대가로 북한의 지하자원과 북한산 제품 등을 반입하는 형태로 소액 단순 설비의 대북 이전 사업 추진 시 적합할 것이다. 북한의 지하자원 등을 국내로 반입하는 문제는 통일부(남북교류협력지원협회) 등 경험과 정보가 있는 중앙정부 차원의 도움이 필요할 것이다.

합작 투자 방식은 북한 내 투자 여건(기반 시설, 통신 체계, 대금 결제 등) 미흡 등으로 사업 추진에 따른 위험성이 높고 부대 비용이 많이 소요되어 개별 기업이 독자적으로 추진하기에는 어려움이 많을 것으로 보인다.

설비 제공 위탁 가공 방식은 국내 원·부자재와 생산설비 등을 북한으로 이전해 북한의 생산공장 및 양질의 노동력과 결합하는 방식으로 절차가 간편하고 위험부담이 적으며 북한도 추가적인 투자 없이 외화를 가득할 수 있어 충분히 고려할 수 있는 방식이다.

〈그림 4-8〉에서 볼 수 있는 것처럼 특정 지자체에서 남는 자원(유휴설비)을 지원하는 경우에도 그것의 파급효과를 고려하고 다른 사업과의 시너지 효과를 살려서 장기적으로는 산업 협력 혹은 중소기업의 직접 투자를 위한 여건 조성의 방향으로 발전시켜 나아갈 수 있을 것이다.

5) 북한의 개혁·개방 촉진

(1) 배경 및 목적

북한 지도부가 개혁·개방에 대해 커다란 거부감을 보이는 것은 새로운 일이 아니다. 모두가 알고 있는 것처럼 북한은 세계에서 유래를 찾아보기 힘든 폐쇄 체제를 유지하고 있다.

하지만 폐쇄 체제인 북한에서도 변화의 조짐이 전혀 없는 것은 아니다. 한 예로 북한의 이동전화 가입자 수는 지속적으로 증가하는 것으로 알려지고 있다. 2008년 총 4억 달러를 투자하는 조건으로 이집트의 오라스콤(Orascom)이 북한 이동통신 사업권을 따낸 이후, 오라스콤은 북한 체신성과 합작으로 '고려링크'를 설립하고 이동통신 사업을 진행했다. 최근 보도에 따르면 북한 내 휴대폰 사용자가 240만 명을 넘어서는 등 북한 주민들의 휴대폰 수요가 크게 증가하고 있다. 이와 관련해서 영국의 경제지 ≪이코노미스트

(The Economist)≫는 "북한의 휴대전화 사용자들은 국제전화를 쓸 수 없으며 인터넷 접속이 불가능하고 전화와 문자메시지가 감시당하지 않는다고 상상하기는 힘들다"라고 지적하면서 "아직 북한의 휴대전화가 혁명의 도구는 아니지만 어찌 되었든 놀라운 변화를 보여주고 있다"라고 평가했다.[19]

북한의 휴대전화 가입자 수 증가 자체가 의미 있는 변화의 시작이라고 보는 것은 시기상조인지 모르지만, 북한 체제의 개방성 증진과 관련해 기술적 진보가 이뤄지고 있다는 것은 일단 긍정적으로 이해할 필요가 있다.

(2) 추진 방안

우선 북한 젊은 중간 간부들과의 인적 교류에 집중할 필요가 있다. 비정치적 분야, 그들이 원하는 분야에서의 협력 사업이 효과적이다. 과학기술 분야, 농업 분야의 생산성 증대를 위한 협력 사업 등은 북한이 수용할 수 있는 영역이다. 초기에는 북한의 수용력을 고려해 사업을 논의하되, 다양한 아이템으로 논의를 점차 확대하고 이것이 실제 사업에 반영될 수 있어야 한다. 이러한 논의 구조가 제도화되고 상호 신뢰가 쌓인다면 좀 더 구체적인 사업을 진행할 수 있을 것이다.[20]

중간 간부들에게 많은 외부 정보를 알려주고 국제적인 기준을 수용하도록 하는 것이 그 자체로 목적이 된다면, 남북 관계의 현실을 고려할 때 북한의 수용도가 매우 낮을 가능성이 높다. 따라서 북한의 개혁·개방을 유도하기 위해서는 다른 사업을 추진하는 과정에서 매우 자연스럽게 접근하는 것이 현실적이다.

---

19 조종익, "北주민, 휴대전화요금 한달 평균 1만6천원 지불", ≪Daily NK≫, 2012년 2월 12일 자.
20 최용환, 『북한사회의 변화 전망과 대북정책의 방향』, 142쪽.

북한의 중간 간부들이 외부의 정보와 국제적인 기준을 받아들일 수 있도록 하기 위해서는 외부와의 협력 과정에서 성공적인 결과를 이끌어내도록 도와주는 것이 중요하다. 즉, 외부와 협력했을 때 더 많은 성과를 거둘 수 있고 세계적인 기준을 수용하지 않으면 진정한 발전이 어렵다는 것을 끊임없이 인식할 수 있도록 교류 협력 사업을 기획할 필요가 있다.

북한은 이미 1980년대 중반 외부에서 만화영화를 수주해 제작한 경험이 있다. 〈레미제라블〉, 〈왕포〉, 〈삐쁘와 에르꼴〉, 〈에르네스트 밤피레〉, 〈셀라자드〉 등 프랑스 만화영화, 〈사자왕 싱바〉 등 이탈리아 만화영화, 〈은하영웅전설〉 등 일본 만화영화가 북한이 제작한 대표적인 작품들이다.

2005년 개봉된 애니메이션 〈왕후심청〉의 경우, 평양의 조선 4·26아동영화촬영소에서 원·동화 및 채색 작업을 거친 작품이고, 국내에서 선풍적인 인기를 얻고 있는 〈뽀로로〉의 경우도 2002년 처음 제작될 당시 북한 삼천리총회사가 컴퓨터 그래픽 작업에 함께 참여한 작품이다.[21]

한국이나 일본 만화영화가 초당 7컷을 사용하는 데 비해 북한은 초당 12컷 이상을 사용하는 풀컷 애니메이션이기 때문에 화면의 움직임이 부드러운 것으로 알려져 있고, 이는 풍부한 노동력이 있지 않고서는 불가능한 것이다. 즉, 북한은 애니메이션을 제작할 수 있는 손재주를 가진 기술 인력을 다수 보유하고 있다고 할 수 있다. 그럼에도 북한 애니메이션을 국제시장에서 찾아볼 수 없는 것은 수요자 중심의 국제시장에 대한 무지 혹은 의도적인 무시의 결과라고 볼 수밖에 없다.

애니메이션의 경우와 같이 북한이 세계시장에 진출해 성공할 수 있는 분

---

21 김진희, "'뽀로로' 제작에 북한도 참여했다", 《중앙일보》, 2011년 5월 7일 자. 이 보도에 따르면 〈뽀롱뽀롱뽀로로〉 첫 시리즈 50여 편 가운데 7~8편이 평양의 한 스튜디오에서 남북한 공동으로 제작되었다.

야를 발견하고 협력 사업을 진행하면서 자연스럽게 개방적인 사회로 변모하도록 이끄는 것은 매우 중요한 과제이다. 〈왕후심청〉이나 〈뽀로로〉의 경우에서 볼 수 있는 것처럼 일정 기간 안에 이윤을 창출해야만 하는 민간 기업의 경우 북한과의 협력 사업을 지속적으로 추진하기 어렵다. 따라서 해당 분야에 전문성이 있는 지자체나 지자체 산하 비영리 법인들이 초기 과정에서는 이러한 사업을 추진하는 것이 바람직할 수 있다. 그 과정에서 북한산 상품이나 기술이 국제 경쟁력을 확보할 수 있다면 자연스럽게 민간 사업자와 연계를 주선할 수 있을 것이다.

6) 사회·문화 교류

(1) 배경 및 목적

인간의 의식적인 노력에 의해서 평화적 방법으로 통합을 이룩한 가장 대표적인 사례는 유럽이다. 물론 유럽 통합은 아직 완성되지 않았고 최근 금융 위기로 인해 다시 분열 조짐을 보이고 있다. 그럼에도 유럽 통합 사례는 역사상 가장 거대한 프로젝트이고 지난 수백 년 동안 대규모 전쟁으로 얼룩진 서유럽에 평화를 가져온 의식적 노력이다.

유럽 통합은 '유럽석탄철강공동체'라는 경제적 프로젝트로 시작했는데 그 논리적 기반은 '기능주의'였다. 즉, 정치적으로 덜 민감한 사안에서 시작된 국가 간 협력이 정치적으로 민감한 사안까지 확대된 것이다. 하지만 유럽이 경제적 어려움에 직면할 때마다 유럽인들은 자국의 경제 문제에 우선적인 관심을 쏟았고, 유럽 협력의 의지가 자동적으로 정치적 영역으로 확대되지 못했다. 이에 따라 협력하고자 하는 '정치적 의지'가 필요하다는 점을 인식한 '신기능주의' 논리가 제시되기도 했다.

실제 유럽 통합은 다양한 영역에서의 협력과 이를 뒷받침하는 정치적 협상이라는 복합적 과정을 통해 가능했다. 유럽 통합뿐만 아니라 모든 경우에 있어 진정한 통합이 이뤄지기 위해서는 전체를 하나로 묶는 '공통적인 것'에 대한 합의는 필수적이다.

유럽 통합의 경우 전체를 하나로 묶는 힘은 '유럽적인 것'이었다고 할 수 있다. 유럽적인 것이 무엇인가에 대해서는 수많은 논의가 가능하겠지만, 긴 문명사적 맥락에서 유럽 통합은 하나의 거대한 문화적 프로젝트라고 볼 수도 있다. 그런 의미에서 유럽연합의 문화 정책을 살펴보면 유럽연합은 문화적 유럽 시민의 양성을 통한 '유럽의 유럽화'를 지향한다. 유럽 통합은 베네딕트 앤더슨(Benedict Anderson)이 말한 '상상의 공동체(imagined community)'를 만들어가는 과정이라고 할 수 있다.[22]

유럽공동체(EC)를 유럽연합으로 개편한 1992년의 '마스트리히트 조약' 제128조는 유럽연합의 문화 통합 정책의 방향을 〈표 4-2〉와 같이 제시하고 있다.

유럽연합이 제시하는 문화 통합 정책의 근간은 각 회원국의 다양한 문화를 존중하고 진흥시키면서 유럽연합 차원의 문화적 공감대를 정립시키는 것이라고 할 수 있다.[23] 유럽연합과 다른 사례이지만 동·서독 통합 사례도 이와 관련해 커다란 시사점을 준다. 동독의 체제 전환 과정이 폴란드 등 다른 사회주의 국가와 달랐던 점은 체제 전환과 함께 서독과의 통합 문제를 해결해야 했던 것이다.[24]

---

22 김명섭·홍익표, 「문화적 프로젝트로서의 유럽통합과 독일의 문화정책」, ≪21세기 정치학회보≫, 제16집 제1호(2006), 172쪽.

23 백학순, 『남북 사회문화교류 중장기 로드맵 설정 및 추진 전략 연구』(서울: 통일부, 2007), 14~15쪽.

24 정용길, 『독일 1990년 10월 3일: 통일을 생각하며 독일을 바라본다』(서울: 동국대학교출판부, 2009), 316~317쪽.

〈표 4-2〉'마스트리히트 조약' 제128조 유럽연합의 문화 통합 정책의 방향

• 공동체는 국가적이고 지역적인 다양성을 존중하고 공동의 문화유산을 강조함으로써 회원국의 문화유산을 꽃피우는 데 기여한다.
• 공동체는 회원국 사이의 협력을 권장하고 필요하다면 다음과 같은 분야에서 회원국의 활동을 지원하고 보완한다.
  - 유럽 민족들의 문화와 역사의 보급 그리고 그에 대한 지식의 증대
  - 유럽 차원의 중요한 문화유산의 보존과 보호
  - 비상업적 문화 교류
  - 방송 분야를 포함한 예술과 문화 창작
• 공동체와 회원국은 제3국과 문화 분야 관련 국제기구, 특히 유럽평의회(Council of Europe)와의 협력을 권장한다.

대한민국이 궁극적으로 지향하는 것이 통일이라면 이는 결국 통합의 과제와 연관될 수밖에 없다. 그런데 분단 반세기가 지난 지금 남북 주민들은 각기 다른 민족국가에 애국심을 가지고 있고, 생활양식이나 가치관, 사회적·경제적 제도 등도 서로 다른 상태에서 생활하고 있다. 여기에서 분명하게 인식해야 할 것은 통일이란 과거의 어떤 상태로 돌아가는 것이 아니라는 점이다. 남북 통합 혹은 통일의 과제는 미래의 어떤 공동체를 만들어가는 것이고 이는 근대적 의미의 민족건설 과정과 비슷한 것이 될 것이다.[25]

통일이 미래의 어떤 상태를 만들어내는 것이라고 해서 과거를 무시하고 새로운 무엇을 찾는다면 이는 어리석은 일이 될 것이다. 남북한은 수천 년의 역사를 공유하고 있고 동일한 언어를 사용하고 있다. 통일과 통합의 과제가 미래의 어떤 상태를 만들어가는 것이라고 할 때 그 기초는 남북한이 공유하는 역사와 문화에서 출발할 수밖에 없다. 남북한이 공유하는 역사와 문화의 힘은 상호 간의 차이에도 불구하고 남북한이 하나의 민족이라고 인식하는 가장 강력한 원동력이기 때문이다. 그런 의미에서 사회·문화 교류

---

25 최용환, 「한국의 통일 정책 평가와 과제」, 265~266쪽.

는 향후 남북 교류와 관련해 매우 중요한 위치를 차지하는 영역이다.

하지만 지금까지 지자체의 남북한 간 사회·문화 교류는 일회성·전시성 사업으로 평가되었다. 지자체의 사회·문화 교류가 '단체장의 업적용'이라는 비판을 받는 것도 대부분은 지역 행사에 북한 대표단을 초청하거나 '생색내기용' 북한 방문 등의 사례가 있었기 때문이다. 그럼에도 남북한이 공통의 정체성을 만들기 위해서는 지자체 남북 교류 역시 사회·문화 분야 교류에 대한 관심을 가질 필요가 있다.

(2) 추진 방안

사회·문화 분야의 교류는 역사·문화·예술·스포츠 등 매우 다양한 영역을 포괄한다. 문제는 지자체가 사회·문화 교류를 추진함에 있어 어떤 역할을 담당해야 하는가이다.

우선 단기간에 협력이 가능한 분야는 역사 분야이다. 21세기에 들어서도 동아시아 주요 국가 간의 민족주의적 대립과 영토 분쟁은 지속되고 있다. 이 문제에 관한 한 남북한의 이해는 수렴하는 부분이 있기 때문에 학술적인 차원에서의 협력이 가능할 것이다. 특히 북한이 관심을 가지고 있는 고구려나 고려 역사와 관련된 분야에서 시작한다면 좀 더 쉽게 접근할 수 있을 것이다. 실제로 남북 정상회담 이후 남북한 간에 이뤄진 대부분의 학술 교류는 일제 침략 등에 대한 것이었다. 남북역사학자협의회는 2001년부터 4년간 네 차례에 걸쳐 평양에서 남북 공동 학술 토론회를 진행한 바 있다. 남북역사학자협의회는 역사 학술 연구를 공동으로 진행하면서 개성의 만월대 발굴 사업 등을 진행했다.[26]

문제는 남북역사학자협의회와 같이 특정 분야에 전문성을 가진 단체들과

---

26 개성시 송악동의 고려시대 궁궐 유적으로 현재 북한 국보 제122호이다.

달리 지자체가 할 수 있는 역할을 찾아내는 것이다. 지자체의 경우, 개별 단체가 감당하기에는 다소 부담이 있는 사업, 혹은 중·장기적으로 필요하지만 이익이 발생하기 않기 때문에 민간이 추진하기 어려운 분야에 관심을 가질 필요가 있다.

지금까지 지자체가 추진한 사회·문화 분야 남북 교류 사업들을 보면 2006년 서울시의 평양 고구려 안학궁 터 발굴 지원, 2005년 강원도의 남북 강원도 민속 문화 축전 등을 들 수 있다. 성사되지 못했거나 진행 중인 사업들로는 2001년 철원군이 추진한 DMZ 내 궁예도성 남북 공동 유적 조사, 경기도의 개성시 세계문화유산 등재 지원, 인천시의 강화-개성 고려왕릉 세계문화유산 등재 추진 등을 들 수 있다.

여기에 더해 지자체들이 북한의 특정 지역과 교류를 추진하면서 교류 대상 지역의 역사·문화 자원에 관심을 가질 필요가 있다. 이는 북한의 문화 유물 보존·관리와 관련된 정책 때문이다. 첫째, 발굴 및 보존상의 문제로 문화 유물 상당수가 엄격한 고증 없이 복원되고 있다. 고구려 평양성 군사 지휘소인 을밀대의 담장을 요철[27] 없는 막담장으로 복원한다거나 사찰이나 정각의 기둥에 무광택 단청이 아닌 광택성 페인트를 사용하기도 했다. 둘째, 관리 부실로 인한 방치와 훼손 문제로 고분벽화 등이 크게 훼손되고 있다. 유네스코 관계자의 증언에 따르면 고분 내부가 심한 습기와 함께 물이 흐르는 곳이 있을 정도이고 습기 방지를 위해 벽화 위에 만들어 놓은 유리 벽에 성에가 끼어 있는 곳도 있다고 한다. 셋째, 현장성을 무시한 유물·유적의 획일적 집결과 이설(移設)도 문제이다. 유물·유적에 대한 발굴 현장 복원·보존 원칙을 무시하고 유적·유물을 과도하게 한곳에 모아 전시하는 잘못을 범하고 있다. 넷째, 문화 유물의 유실·유출 문제도 심각하다. 1990년대부터 골

---

27 이는 고구려 성곽의 특징으로 '치'라고 한다.

동품의 해외 유출을 금지하고 각급 검찰소를 통해 감시하고 있으나 밀매업자들이 권력기관의 비호 아래 불법 해외 거래를 여전히 계속하는 것으로 알려지고 있다.[28] 이러한 문화재의 훼손 부문은 개별 단체가 접근하기 어려운 사업이다. 따라서 지자체들이 북한 지역과 교류하면서 교류 대상 지역의 문화 자원을 발굴·복원할 수 있도록 지원하는 방안을 마련할 수 있다. 북한에는 무형문화재 개념이 없고, 그나마 일부 무형문화재의 경우는 봉건잔재로 여겨 무시하는 경향을 보이기도 한다. 따라서 유형문화재뿐 아니라 무형문화재를 발굴하고 보전할 수 있도록 조치하는 것은 빠르면 빠를수록 좋다.

이 밖에도 지자체들이 남북 사회·문화 교류 사업을 추진할 수 있는 다양한 자원들을 가지고 있다. 예컨대, 한국의 각 지자체는 여러 종목의 스포츠 팀과 예술 공연단 등을 운영하고 있다. 이러한 자원을 바탕으로 남북 사회·문화 교류를 추진하되 초기에는 북한이 자신감을 가지는 종목(태권도, 사격, 바둑 등)부터 접근하는 것이 사업의 성사 가능성 측면에서 유리할 것이다. 이러한 교류를 통해 남북한 간 인력이 왕래하고 문화와 스포츠를 통해 상호 이해의 폭을 넓히도록 해야 할 것이다. 또한 사회·문화 교류는 그 자체로도 의미가 있지만 이를 통해 다양한 교류로의 확대 계기가 될 수도 있다.

다만, 과거 경험에 비추어 볼 때 북한 인력 초청의 대가로 지나치게 많은 비용을 지불하거나 다른 대가를 지불하는 등의 행태는 지양해야 할 것이다. 뒷돈을 지불하는 방식의 교류는 일회성 교류에는 효과가 있을지 모르지만, 다른 지자체나 단체의 교류에 나쁜 선례를 남기게 되어 중·장기적으로 교류를 위축시키는 효과를 가져오게 될 것이다. 이 외에 남북한의 인력이 상호 방문할 때 육로를 통한 직접 방문이 아니라 중국 등 제3국을 경유하는 행태

---

28 박영정 외, 『남북문화협정 및 그 후속과제에 관한 연구』(서울: 한국문화정책개발원, 2002), 185쪽.

도 시정될 필요가 있다. 제3국을 경유하는 것은 비용이나 시간 낭비를 초래할 뿐만 아니라 남북 교류라는 명분 측면에서도 개선되어야 한다는 점을 지속적으로 북한에 요구할 필요가 있다.

이 외에도 민간이 감당할 수 없는 것 가운데 하나가 남북한 간 용어 표준화 사업이다. 남북 분단이 길어지면서 다양한 분야에서의 이질감이 더욱 심화되고 있다. 한국이 통일을 지향하는 국가라면 통일 이후 사회 통합을 위한 준비를 지금부터라도 진지하게 추진할 필요가 있다. 거창한 것이 아니라 생활에 실질적으로 필요한 것부터 접근할 수도 있을 것이다. 예컨대, 남북한의 자동차 폭을 알아야 통일 이후 차선 폭을 결정할 수 있을 것이다. 북한의 교통 표지판이 어떻게 생겼는지 알아야 통일 이후 남북 주민들이 모두 직관적으로 알아볼 수 있는 교통 표지판을 디자인할 수 있을 것이다. 물론 역사·문화·스포츠 등 다양한 분야에서의 용어 표준화 사업이 필요할 것이다. 용어 표준화와 같이 사업성은 불분명하지만 중·장기적으로 필수적인 부문에 대해서는 공공의 관심이 필수적이다.

문제는 이런 사업들이 단기간에 이윤을 창출하진 않지만 장기적 관점에서 꼭 필요하다는 점이다. 물론 용어 표준화 등의 사업은 중앙정부의 관심과 노력이 무엇보다 중요하지만, 광범위한 분야에 걸쳐 진정한 통합과 통일을 이루기 위해서 좀 더 세밀한 부분까지 보완하는 지자체들의 노력이 더해질 필요가 있다. 따라서 지자체들은 표준화 등의 사업을 주도하기보다 다른 분야 사업을 진행하면서 필요한 자료를 축적하고, 이를 체계화하는 작업은 중앙정부의 도움을 얻는 등 유기적인 협조 체제를 구축해야 할 것이다.

7) 지자체 교류의 지역별·단계별 추진 전략

지금까지 지자체의 남북 교류 추진 방안들을 다양하게 검토했다. 하지만 여기에서 예로 든 사업들이 지자체 남북 교류의 표준 사업이라든가, 모든 지자체가 이와 같은 사업을 추진해야만 한다는 의미는 아니다. 또한 앞에 제시한 사업 방안들은 별개가 아니라 서로 연계·중복된 형태로 추진할 수도 있다. 예컨대, 지속 가능한 사업 모델과 중앙정부 사업과의 연계 모델은 하나로 결합되어 기획·추진될 수 있다. 지속 가능한 사업 모델에서 상정하는 외부 시장이 중앙정부 차원에서 추진하는 개성특구 등이 된다면 이는 하나의 모델로 결합이 가능하다. 또한 지자체 간 사업 연계 역시 중앙정부 사업과 결합이 가능할 것이다. 동시에 이러한 사업 모델이 남북 상호 이익 창출과 연결될 수도 있다. 그뿐만 아니라 지역 특성에 부합하는 사업이란 것 역시 어떤 모델과도 연계되어 추진이 가능하다.

(1) 지자체별 특성에 따른 사업 추진 방향

결국 지자체들은 각 지역의 특성을 고려해 자신들의 지역에 적합한 사업을 기획해야 할 것이다. 또한 남북 교류는 북한이라는 상대방이 존재하는 사업이기 때문에 북한 지역의 사정도 역시 고려해야 할 것이다. 여기에서 개별 지자체에 부합하는 사업을 구체적으로 적시해서 설명할 수는 없지만, 개념적으로 지자체의 특성을 구분해 사업 추진 방향을 제시하기로 한다.

우선 한국의 지자체들을 몇 가지 범주로 나눠 생각할 수 있다.[29] 첫째, 서울, 인천, 부산, 대구, 대전, 광주, 울산 등 대도시 자치단체들이 있다. 도시형 자치단체들은 북한 교류 대상 지역을 선정하는 데서도 도시 지역을 선정하는 것이 바람직하다. 평양, 남포, 개성, 함흥, 신의주, 나선 등 특구 지역 등을 북한 카운터파트로 생각할 수 있다. 남북한의 도시 구조와 역사가 사

---

29 여기서는 광역 자치단체만을 대상으로 한다. 기초 자치단체까지 고려한 자치단체 특성별 교류 방안은 좀 더 심화된 다른 연구의 주제가 될 수 있을 것이다.

뭇 다르지만 도시라는 지역적 공통점에서 교류 아이템을 적극 발굴할 필요가 있다. 즉, 좁은 지역에 많은 사람이 모여 살기 때문에 발생하는 공동 주거, 상하수도, 에너지 수급, 교통, 환경 등 다양한 영역에서 교류 아이템을 찾을 수 있을 것이다. 특히 대도시 간 교류는 이미 동아시아 도시 간 교류[30]가 활성화되는 추세이므로 이를 활용해 남북한보다 더 넓은 틀의 교류 방식을 고민할 필요가 있다. 남북 교류와 국제 교류를 연계시키기 위해서는 섬유 도시인 대구나 빛의 도시를 자처하는 광주 등 각 도시의 특성에 맞는 교류 아이템을 활용하는 노력이 첨가되어야 한다.

　둘째, 인천, 경기, 강원 등과 같은 접경 지역 지자체들이 있다. 접경 지역은 개성공단, 금강산 관광, 남북 도로·철도 연결 등 국가 차원의 교류 협력 사업들이 진행되는 지역이기도 하다. 또한 남북한이 접경하고 있기 때문에 공동 대처가 필요한 분야가 유독 집중되는 지역이기도 하다. 예컨대 산림 병충해나 말라리아 공동 방역과 임진강, 북한강 유역에서의 홍수 방지 등 공동 방재는 이미 남북한 간에 협력 사업이 진행되었거나 협의되었던 이슈들이다. 이 외에도 최근 빈발하고 있는 조류독감, 구제역 등 초국경 질병에

30　동아시아 지역 지자체 간 주요 국제기구는 다음 표와 같다.

기구명	성격	창립 연도	회원 숫자	참가 범위
동북아시아 지역 자치단체 연합(NEAR)	지방정부 간 다자 회의	1996	65	한국 9개 시·도, 일본, 중국, 러시아, 몽골 등 광역 단체
아시아 대도시 네트워크 21*	지방정부 간 다자 회의	2001	11	방콕, 델리, 하노이, 자카르타, 쿠알라룸푸르, 마닐라, 싱가포르, 서울, 타이베이, 도쿄, 양곤
시티넷*	지방정부 간 다자 회의	1988	107	요코하마, 하노이, 뭄바이, 방콕, 수원 등
환 동해권 지방정부 지사·성장 회의 (CARTELL)	지방정부 간 다자 회의	1994	5	강원도, 돗토리 현, 지린 성, 연해주, 몽골 중앙 도
환 동해권 거점 도시 회의*	지방정부 간 다자 회의	1994	9	동해, 속초, 훈춘, 투먼, 요나고, 돗토리 등 기초 단체

*은 도시 간에 성립된 국제기구이다.

대한 공동 대처 등 다양한 이슈가 접경 지역에서 증가하고 있다. 따라서 접경 지역 자치단체들은 북한의 황해도, 강원도 및 개성시 등과의 교류를 중점적으로 추진할 필요가 있다. 특히 접경 지역은 그 특성상 중앙정부의 개입은 물론이고 유엔사나 군사정전위원회 등의 협력도 필수적인 경우가 많다. 따라서 일차적으로는 기존의 방역·방재 사업에서 출발하되, 특구 배후 지역에서의 남북 교류 및 주요 국책 사업 등과의 연계를 통해 중·장기적으로는 남북 접경 지역 공동 관리를 추진할 수 있을 것이다.

셋째, 인천, 부산, 울산 등 항구도시나 충남, 전남, 경남, 제주 등 수산업이나 양식업이 발달한 해안 지역 지자체들은 바다의 활용 등과 관련된 다양한 협력 사업을 구상할 수 있을 것이다. 예컨대, 2차 남북 정상회담에서 합의했던 조선 협력은 중소 조선소가 밀집한 남부 해안 지역 지자체들이 관심을 가져야 할 분야일 것이다. 또한 연·근해 및 외해에서의 양식 등 수산 양식과 관련된 남북 협력 사업이라든가 환 동해권 혹은 환 황해권 국제 항로 개설 및 관광 분야 협력 사업 등도 적극 검토해야 할 부문이다.

넷째, 충청도, 전라도, 경상도 등 내륙 자치단체들 역시 각 지역 특성에 맞는 교류 협력 아이템을 발굴할 필요가 있다. 농업이나 축산업에 장점이 있는 자치단체들은 이미 관련 사업을 추진한 경험이 있는 만큼 기존 경험과 노하우를 최대한 활용해 앞서 언급한 지속 가능한 모델로의 발전을 적극 추진할 필요가 있다. 남북한 모두 각 지역마다 특성이 다르기 때문에 여기에서 사업 아이템을 미리 규정하는 것은 별 의미가 없겠지만, 여러 번 강조하는 바와 같이 각 지역의 산업과 특성을 고려해 교류에 가장 유리한 분야를 선택할 필요가 있다.

예컨대 남북 지역 간 산업 협력 등을 계획한다면 교류를 추진하는 주체인 지자체의 특성과 교류 대상인 북한 지역의 특성을 동시에 고려해야 할 것이다. 〈표 4-3〉은 지자체별로 구분되어 있는 것은 아니지만 북한의 지역

〈표 4-3〉 북한의 산업 입지 여건과 전략 산업 선정

구분	입지 여건 특성	전략 산업 선정
평양 남포권	- 북한 최대 지역이자 중심지 - 전체 인구의 21% 집중 - 북한 최대 시장 - 용수·전력·철도·도로·항만 등 SOC 발달	- 섬유, 의류 - 음식료, - 정밀 화학 신발 - 조선 - 철강, 비철 - 가전, 전자 금속 - 생산자 - 일반 기계 서비스 - 관광
개성 해주권	- 한국의 수도권에 인접 - 통일 이후 경인 지역과의 연계 발전 가능 - 넓은 공업 용지, 풍부한 용수 공급 가능 - 해주항 이용 중국과의 해상 수송 가능 - SOC 부족	- 섬유, 의류 - 음식료, 제지 - 가전, 전자 - 관광

서북권	- 평북의 대표적 공업 도시인 신의주 지역과 평안
	  남·북부 지역 중심의 신흥 공업지역
	- 신의주는 중국 관문, 철로 통한 중국 접근성 높음
	- 전력과 철도 양호하나 기타 SOC는 부족
		- 섬유, 의류 - 신발, 제지
		- 석유화학, - 자동차
		  정밀화학 - 생산자
		- 일반 기계 서비스

원산 함흥권	- 대부분 구릉지대로 동·북부 지역은 산악 지대
	- 해안 지역에 다양한 공업 분포, 동해안의 주요
	  수산업 기지
		- 섬유, 의류 - 음식료
		- 석유화학, - 철강
		  정밀화학 - 일반 기계
		- 조선, - 생산자
		  자동차 서비스
		- 중전기

동북권	- 청진, 김책, 나진·선봉 등 포함
	- 대부분 산악 지대, 철광 니켈 등 금속광물과 비
	  금속광물 등 산재
		- 제지 - 관광
		- 철강, 비철 - 석유화학,
		  금속 석탄화학
		- 일반 기계 - 자동차

금강산권	- 금강산 개발 잠재력 큼 - 주로 해안 도로망을 통한 관광	- 관광

자료: 이석기 외(2007).

별 산업 입지 여건과 이를 고려해 접근이 가능한 전략 산업을 분류한 것이다. 대부분 지역에서 유망한 산업은 역시 경공업 분야이고, 초기에서 교류가 가능한 산업 분야 역시 경공업일 수밖에 없을 것이다.

다만 남북한 간 산업 협력은 북한 지역의 특성을 충분히 고려해 단계적으로 사업을 확대하는 것이 바람직하다. 의류, 직물, 신발, 완구, 가구, 가방 등의 분야는 단기간 협력이 가능하지만 피혁, 원사, 염색 가공, 화섬사, 방적사 등의 분야는 폐수처리나 생산 과정에 필수적인 전력 등 기초 인프라 확보 여부를 고려해 진출해야 한다. 음료, 식료, 담배, 종이 등의 분야는 북한 지역의 원료, 교통, 관련 산업의 집적 등을 고려한 후 진출해야 한다.

(2) 남북 관계 상황에 따른 사업 추진 방향

인도적 지원, 사회·문화 및 인적 교류 등의 분야는 남북 관계의 발전 단계나 지자체 특성과 무관하게 지속적으로 그 규모와 범위를 확대해야 하는 분야라고 할 수 있다. 인도적 지원은 남북한 간의 경제력 격차나 북한의 현실 등을 고려할 때 한동안 지속될 수밖에 없다. 또한 남북한 간 신뢰 회복 단계에서는 비정치적·인도적 분야 지원이 우선 논의될 가능성도 높다.

사회·문화 분야 교류의 경우, 초기는 일회성·전시성이라는 비판을 받을 수 있으나 지속적으로 확대할 필요가 있다. 이를 통해 인적 교류를 확대하거나 앞서 말한 다른 분야 사업이 탄력을 받을 수 있도록 도움을 줄 수 있을 것이다. 또한 사회·문화 및 인적 교류의 확대는 남북 동질성 회복을 위해 가장 시급하고도 중요하며 많은 시간이 필요한 분야라고 할 수 있다.

이상의 논의를 개념적 도표로 표시한 것이 〈그림 4-9〉이다. 앞서 설명한 바와 같이 각 지자체는 자신들의 특성을 고려해 장기 목표를 설정할 수 있을 것이다. 장기 목표는 남북 교류가 활성화되는 국면에서 최종적으로 달성하고자 하는 각 지자체의 비전이라고 할 수 있다. 이 외에 제한적 교류 국면

<그림 4-9> 지자체 특성 및 남북 관계 상황에 따른 남북 교류 협력 사업 추진 개념도

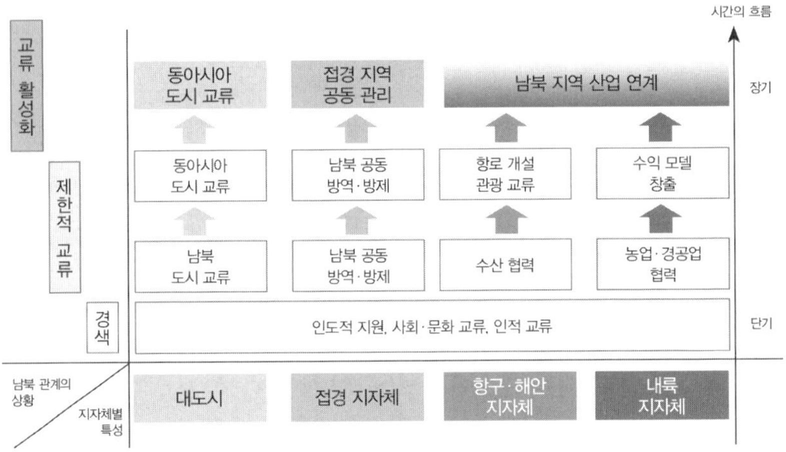

자료: 최용환 외(2013: 162).

에서 각 지자체는 중·단기 목표를 설정하고 이에 부합하는 사업들을 추진할 수 있을 것이다.[31] 다만 인도적 지원, 사회·문화 및 인적 교류 등은 지자체 특성이나 남북 교류의 상황 구분과 무관하게 지속적으로 추진되어야 하는 분야라고 할 수 있다.

---

31 여기서는 경색 국면에서의 사업에 대한 논의는 제외했다. 전반적인 경색 국면에서는 남북 교류 자체가 어렵거나 최소한의 수준에 머무를 것이기 때문이다. 경색 국면에서 지자체가 할 수 있는 사업은 인도적 지원, 상호 이익이 창출되는 사업 등으로 제한될 가능성이 높다.

제5장

결론
다층적·복합적 남북 교류 구상

2015년은 광복 70주년이자 분단 70년이 되는 해이다. 이처럼 분단의 시간이 길어지면서 통일에 대한 의지와 희망까지 점차 약화되는 추세를 보이고 있다. 실제 분단 이전의 기억을 가지고 있는 사람들의 숫자는 크게 줄었고, 남북한 모두 분단 이후에 태어나 전혀 다른 환경에서 자라난 사람들이 대부분인 것이 현실이다.

분단 70년의 시간이 흐르는 동안 남북한 사이에도 많은 사건과 변화가 있었다. 이 가운데 가장 비극적인 사건은 아마도 1950년 한국전쟁일 것이다. 전쟁을 겪고도 통일을 달성하지 못한 결과, 남북한 사이에는 깊은 불신과 적대감이 남았고, 이는 현재에 이르기까지 남북한 그리고 한국 사회 내부 갈등의 원인이 되고 있다. 이러한 갈등 구조는 대북정책에 영향을 미치고, 그 결과는 정권의 변화에 따른 정책 기조의 변화로 나타나고 있다.

물론 남북 관계 악화의 핵심적 원인은 북한이 제공하고 있다. 1990년대부터 시작된 북한 핵 문제는 악화 일로를 걷고 있다. 북한은 이미 세 번의 핵실험을 실시한 국가가 되었고 그들 스스로 핵 보유를 공언하고 있다. 그뿐만 아니라 핵무기의 소형화·다종화를 천명하면서 핵 투발(投發) 수단의

개발에도 속도를 내고 있다. 그 결과 국제사회와 한국 국민들의 대북 인식
은 더욱 악화되고 있다.

북핵 문제의 진행 과정에서, 그리고 한국 사회의 정권 교체를 겪으면서
한국의 대북정책은 많은 변화를 겪었다. 포용과 압박, 양자 회담과 다자 회
담, 비밀 회담과 공개 접촉 등 생각할 수 있는 대부분의 방법을 시도해보았
지만 아직까지 남북 관계는 커다란 변화를 보이고 있지 않다. 많은 사람이
창의적인 방법과 새로운 시도를 고민하는 것도 이 때문이다.

과거를 돌아보면 산업화에 성공한 한국의 자부심과 탈냉전의 충격은 남
북한 체제 경쟁의 사실상 종말을 의미하는 것으로 받아들여졌다. 그 결과
탈냉전 이후 한국의 대북정책은 커다란 변화를 겪었다. 우선 탈냉전 초기
한국은 적극적인 북방 정책과 통일 제안을 내놓으면서 남북 관계의 주도권
을 장악했다. 이 시기에 만들어진 민족공동체 통일방안은 이후 한국 정부
대북정책의 기조를 이루고 있다. 가능한 부문부터 협력 경험을 축적시켜 다
른 부문에서의 협력을 꾀하는 이른바 기능주의적 접근법이 그것이다.

하지만 기능주의적 접근법은 남북 관계에서 아직까지 제대로 기능하지
못하는 것이 현실이다. 그 이유는 첫째, 서로 상대방의 존재 자체를 부정하
면서 탄생한 정부라는 구조적 한계 때문이다. 이른바 햇볕정책을 기조로 삼
았던 김대중 정부 대북정책 역시 햇볕의 은유에서 볼 수 있는 것처럼 포용
을 통해 상대방의 옷을 벗기겠다는 의미를 함축하고 있다. 즉, 남북 관계는
기본적으로 현실주의적 구조에 결박되어 있어 쉽사리 긴장 국면으로의 후
퇴가 반복되는 것이다. 둘째, 기능주의가 작동하기 위해서는 상호 체제의
유사성이 전제되어야 한다. 그렇지만 남북 체제는 그 작동 논리의 기본이
상이하기 때문에 기능주의가 잘 작동하지 못하는 것이다. 즉, 한쪽에서 잘
작동하는 논리라 하더라도 다른 체제에서의 파급효과는 대단히 제한적일
수 있는 것이다. 요약하면 기능주의적 대북정책이 작동하기 위해서는 북한

의 체제 변화를 위한 전략이 선행 혹은 병행되어야 할 필요가 있다.

현 정부의 대북정책은 '한반도 신뢰 프로세스'이다. 이는 남북 관계의 발전과 북핵 해결의 선순환을 추구[1]한다는 한국 정부의 대북정책 기조로 압축된다. 한국 정부는 북한 비핵화 이전이라도 인도적 지원이나 사회·문화 교류 등을 통해 상호 신뢰를 쌓겠다는 입장을 천명하고 있다. 즉, 작은 문제부터 신뢰를 쌓아 큰 문제 해결에 긍정적 결과를 기대한다는 것이다.

하지만 정부 출범 3년이 된 2015년 현재까지 남북 관계의 의미 있는 변화는 발생하지 않았다. 개성공단을 제외한 남북 교류는 사실상 중단된 상태이다. 북한은 한국의 군사훈련과 전단 살포 등을 이유로 남북 관계에 긴장을 조성하는 행위를 반복하고 있다. 그뿐만 아니라 북한 인권 문제가 국제사회의 핵심 의제로 부상하면서 남북 관계 개선의 돌파구를 마련하는 것은 더욱 어려운 상황이 되고 있다. 그런데 북한이 문제를 삼는 군사훈련이나 한국 내 부정적 대북 여론, 북한 내 인권 문제 등은 상시적으로 존재하는 사안이다. 즉, 만약 그것이 남북 관계 개선의 진정한 걸림돌이라면 해결이 거의 불가능한 문제가 될 수도 있다. 신뢰는 기본적으로 관계의 반복 속에서 생성될 수밖에 없는데, 그 첫 단추를 꿰지 못하는 상태가 지속되고 있는 것이다.

그런 의미에서 앞서 검토한 맞대응 전략은 다양한 함의를 준다. 액설로드가 진행한 전략별 대결에서 맞대응 전략은 어떤 전략을 상대해서도 상대보다 더 나은 결과를 이끌어내지 못했지만, 여러 가지 전략과의 반복되는 게임 결과를 합산했을 때는 어떤 전략보다 우수한 결과를 얻었다. 또한 맞대응 전략은 여러 가지 전략이 동시에 겨루는 전략의 생태계에서도 가장 높은 점수를 거뒀다. 특히 다른 전략이 대부분 혹은 과반수를 차지하는 생태계에서도 소수의 맞대응 전략을 가진 행위자가 참여하게 되면 점차 지배적

---

1 국가안보실, 『희망의 새시대 국가안보전략』, 59~60쪽.

인 전략으로 발전하는 것을 알 수 있다.

물론 컴퓨터 시뮬레이션에서 거둔 결과가 현실에서 그대로 작동한다는 것은 지나친 과장일 수 있다. 하지만 맞대응 전략을 제안한 액설로드의 핵심 주장은 정책적 참고가 될 수 있을 것이다. 액설로드는 "첫째, 먼저 협력하라. 둘째, 이후 상대방의 협력과 배신에 대해서는 똑같이 응수하라. 셋째, 먼저 배반하지 마라. 넷째, 상대방의 배반에 대해서 그때마다 응징하되 오래 기억하지 마라. 다섯째, 상대방이 얻는 이득에 대해 상관하지 마라. 여섯째, 상대방을 속이려고 하지 마라"라고 조언한다. 액설로드는 이 조건들이 준수된다면 이기적인 행위자 간에도 상호 협력이 가능하다고 주장한다. 남북 관계는 이해관계가 다른 주체 간의 상호 협력과 이를 통한 신뢰의 형성을 목표로 한다는 점에서 이 주장의 핵심 논리를 기억할 필요가 있다. 물론 맞대응 전략은 상대방의 배신에 반드시 응징한다는 점에서 배신과 응징의 악순환에 빠질 위험성을 가지고 있다. 따라서 상대방의 배신에 대한 응징은 더 큰 보복으로 이어지지 않도록 적절하게 조절되어야 할 것이다.

이 책에서 제안하는 새로운 대북정책은 다층적 관여 전략(Multi Dimensional Engagement Strategy)이다. 이는 여러 주체가 다양한 이슈에서 동시에 관여한다는 점에서 중앙정부 주도의 게임이 아닌 새로운 게임의 방식이다. 이는 기본적으로 남북 협력에서 시작한다는 점에서 전략의 초기 과정은 과거 포용 정책과 유사하다. 하지만 남북한 간의 신뢰를 구축하고 협력의 경험을 확산시키는 과정에서는 맞대응 전략의 논리를 수용한다. 즉, 불가역적인 협력 구조를 형성한 다음에는 이를 기반으로 핵 문제 등 핵심적 사안들을 해결하려는 의도적 노력을 접목시키게 될 것이다.

핵 문제를 포함한 북한의 군사적 위협이 심각한 것은 사실이다. 하지만 핵과 군사적 위협만이 제거된다고 해서 남북한이 진정한 통일을 이룩할 수 있는 것은 아니다. 서로 사고방식이 다르고 자라온 배경과 문화가 다른 것

〈그림 5-1〉 다층적 관여 전략 구상

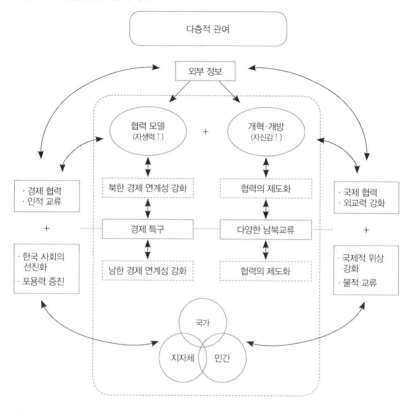

자료: 최용환(2009a: 127)의 내용을 중심으로 재작성.

이 남북한의 현실이다. 남북한 주민 간의 진정한 통합은 정치·경제·사회·문화 등 모든 영역에서의 종합적인 접근이 필요하다. 남북 관계에서 발생하는 다양한 문제는 하나가 해결되고 그다음에 다른 문제가 해결되는 순차적인 방식으로 진행되지 않는다. 여러 문제가 동시다발적으로 발생하거나 해결되어야 한다. 그런 의미에서 다층적 남북 교류는 매우 중요한 의미를 가진다고 할 수 있다. 또한 실현 가능성 측면에서는 초기 과정에서 정책적 지렛대를 충분히 확보하는 것은 매우 중요한 과제가 될 것이다.

〈그림 5-1〉은 이와 같은 구상의 개념도를 보여준다. 복잡해 보이지만 핵심 논리는 단순하다. 지나치게 단순한 논리처럼 보일 수 있지만, 경제 협력을 통해 북한의 젊은 테크노크라트들이 국제적 경험을 쌓도록 기회를 제공하는 것, 다양한 NGO와 지자체가 여러 분야에서 협력 사업을 추진함으로써 남북한 주민 간의 접촉 면을 넓혀주는 것, 기업과 개인들이 북한과 제3국이 동시에 참여하는 사업을 기획해보는 것, 임산부와 어린이 등 취약 계층을 위한 인도적 지원 사업을 계속하는 것, 남북한 공동으로 초국경 질병이나 산림 병충해 방역·방제 사업을 추진하는 것 등이 축적된다면 작지만 의미 있는 변화를 기대할 수 있을 것이다.

개성공단과 같은 경제특구는 남북한 내부 경제와의 연계성을 제고하고, 남북 협력을 제도화함으로써 남북한의 연계성과 북한 스스로의 개혁·개방에 대한 자신감을 제고할 필요가 있다. 북한이 참여하는 국제사회와의 협력을 통해 이른바 글로벌 스탠더드(global standard)를 경험하게 해주고, 한국 사회의 선진화 및 포용력 증진을 통해 북한 주민들 스스로 함께 살고 싶다는 생각을 가지게 하는 것 등은 매우 중요한 과제가 아닐 수 없다.

요약하면 중앙정부를 포함한 여러 행위자가 남북 관계의 주체로 나서서 불가역적인 교류 경험을 축적하고 다층적인 교류 채널을 구축하자는 것이다. 불가역적인 교류 경험과 관련해서는 남북 관계 경색 시기에도 중단되지 않는 개성공단 사례를 참고할 필요가 있다. 개성공단 경우에도 수많은 우여곡절을 겪었지만 남북한 모두 쉽사리 이전 상태로 되돌릴 수 없었다.

반면 금강산 관광 사업의 경우, 여행객 피살 사건을 계기로 사실상 중단 상태가 지속되고 있다. 금강산과 개성공단 사업의 경우를 비교한다면, 북한이 얻을 수 있는 이익과 상징성 및 파급효과, 그리고 얼마나 많은 이해 상관자들이 개입되었는지 등에서 차이점을 찾을 수 있다. 개성공단의 경우, 금강산 관광보다 더 많은 이해 상관자들이 개입되어 있다. 한국의 입장에서는 수백 개 기업의 미래가, 북한의 경우에는 수만 명의 북한 노동자와 그 가족의 생계가 개성공단의 성패에 걸려 있다. 개성공단이나 금강산 모두 남북교류의 상징적인 사업이었다는 점에서 크게 차이가 없지만 사업 중단의 파급효과라는 측면에서 커다란 차이가 있는 것이다. 따라서 불가역적인 남북관계의 구조를 만들기 위해서는 최소한 개성공단 정도의 파급력을 가진 사업이 다양하게 기획될 필요가 있다. 이 과정에서 만들어진 신뢰와 증가된 대북 영향력이야말로 한국이 원하는 북한의 변화를 만드는 힘이 될 수 있을 것이다.

이를 위해서는 우선 대북정책에 대한 국민적 합의가 선행되어야 한다. 정권을 만드는 것은 정당이라는 점에서 대북정책에 대한 국민적 합의는 결국 국회로 대표되는 정치권에서 최종적으로 이뤄질 수밖에 없다. 정권이 바뀌어도 지속성을 가질 수 있는 대북정책에 대한 정당과 정파 간의 합의가 만들어지지 못한다면 앞으로도 대한민국의 대북정책이 아닌 정권의 대북정책만이 존재할 것이다. '남북관계발전에관한법률' 등을 제정하고 있으면서도 정권의 변화에 따라 대북정책 기조가 바뀌는 현실이 교정될 필요가 있다. 즉, 대북정책에 대한 국회와 정당의 역할이 지금보다 강화되어야 할 것이다. 한국 사회 내부에 이른바 남남 갈등이 존재하고, 남북한 간에 정치적·군사적 긴장이 유지되는 상황에서 이데올로기적 대립을 해소하는 것은 결코 쉬운 과제가 아니다. 하지만 남남 갈등을 해소하지 못하는 상황에서 남북한 간의 갈등 구조를 해소하는 것은 사실상 불가능할 것이다.

그런 의미에서 다양한 주체의 참여는 여러 가지 의미를 가진다고 할 수 있다. 첫째, 다수의 주체가 여러 방면에서 다양한 남북 교류 협력 사업을 추진함으로써 작지만 의미 있는 북한 사회의 변화를 꾀할 수 있을 것이다. 이를 통해 남북 교류의 파급효과를 제고하고 다양한 협력 채널을 확보할 수 있을 것이다. 둘째, 다수 주체의 대북 교류는 더 많은 한국 국민의 참여를 전제로 한다. 실제 자신들의 생활과 밀접한 분야에서 더 많은 사람이 대북정책의 주체로 참여함으로써 어떤 통일 교육보다 생생하게 통일의 필요성을 체감할 수 있을 것이다. 한국은 민주주의 제도를 채택하고 있기 때문에 논리적으로는 국민이 원할 때만 일관된 대북정책이 만들어질 수 있다는 점에서 다수 주체의 참여는 남남 갈등 해소에도 기여할 것이다. 요컨대 대북정책의 절반은 대남 정책이라고 할 수 있다.

지속 가능한 대북정책 추진을 위해서는 정책의 초점을 좀 더 실용적인 부문에 맞출 필요가 있다. 이를 통해 불필요한 이데올로기적 논쟁을 줄이고 실질적인 통일 준비가 가능할 것이다. 실제 한국의 대북정책은 정권이 교체될 때마다 새로운 용어와 정책 기조를 내세우지만 그 핵심 논리는 크게 다르지 않다.

초기 단계에서 남북한 모두가 되돌릴 수 없는 협력 구조를 만들 수 있다면, 이를 기초로 북한의 중·장기적 변화를 위한 전략적 사업들을 추진할 수 있을 것이다. 진보 정권 10년 동안 남북 교류는 양적으로 크게 팽창했지만 그 제도적 기반은 너무나 허약했고 협력을 통한 북한의 변화는 실제보다 크게 미흡했다. 반면 보수 정권이 집권할 때 상당한 압력을 가했지만 북한 체제의 내구력은 생각보다 강했고 한국의 대북정책 지렛대는 크게 약화되었다. 그 결과 일방적 대북 지원에 대한 거부감과 남북 관계 경색 구조의 개선이라는 이중적 기대가 높아지고 있는 것이다.

앞서 검토한 바와 같이 이 책은 국가 이외 행위자의 역할에 주목하고 있다. 정치적 변수로부터 상대적으로 자유롭고, 남북 교류 경험을 가지고 있으면서 정부의 대북정책 기조인 작은 통일의 첫 단추를 뀔 수 있는 제3의 행위자에 주목하자는 것이다.

과거 권위주의 정부 시절 남북 관계와 대북정책은 정부의 배타적인 업무 영역에 속하는 사안이었다. 남북 관계 경색 시에도 그 돌파구는 비밀 특사 파견 등의 조치를 통해 이뤄졌다. 최초의 남북 공식 합의인 7·4남북 공동성명 채택에는 이후락, 박성철 등 특사의 비밀 교환 방문이 핵심적 역할을 담당했다. 1985년에도 남북한은 장세동·박철언 일행과 허담·한시애 일행의 교환 방문을 통해 정상회담을 추진한 바 있다. 역사적인 6·15남북정상회담 추진 과정에서도 박지원·송호경의 비밀 회담, 임동원 특보의 방북이 있었음은 주지의 사실이다. 남북 관계의 특성상 이와 같은 고위급 비밀 협의의 유용성은 여전히 유지되고 있다고 보아야 할 것이다. 하지만 노무현 정부 시절에 있었던 대북 송금 특검 사례 등에서 볼 수 있는 것처럼 비밀 회담의 정치적 부담이 증가하고 있는 것이 사실이다.

정부 이외 남북 관계 행위자들은 개인, 기업, NGO, 국제기구 혹은 지자체나 종교 단체 등 매우 다양하다. 정부가 민간단체의 대북 통일 운동 역할을 적극적으로 고려하기 시작한 것은 1998년 결성된 '민화협' 사례라고 할 수 있다. 민화협은 보수와 진보를 총망라한 각 정당 및 통일 운동 단체로 범국민적 민간 기구를 구성해 남남 갈등을 해소하고 민간 차원의 남북 대화도 추진하자는 취지에서 발족했다.[2] 이러한 인식의 변화는 민주화 이후 한국 사회에 나타난 시민사회 역량의 강화 추세를 반영한 것이기도 했다.

탈냉전의 충격이 남북 관계에 변화를 주었다면 탈냉전 이후 민주화의 충격은 한국 내 행위자의 역할 변화를 가져왔다. 민주화 이후 수많은 국내 공공 정책을 둘러싼 갈등의 사례를 보면 이를 확연하게 알 수 있다. 과거 국가의 배타적인 영역에 속하던 문제들도 이제는 국민의 여론을 무시하고는 추진이 어렵거나 불가능한 경우가 증가하고 있다. 댐, 방폐장, 화장장 등 비선호 시설 설치는 물론이고, 사격장, 훈련장, 비행장 이전과 같은 국가 안보와 관련된 시설 이전 등의 경우에도 주민 이해관계를 반영하지 않고는 추진이

---

2   임동원, 『피스메이커』(중앙 books, 2008), 364~365쪽.

불가능한 것이 현실이다.

남북 관계 역시 비국가 행위자의 역할이 크게 증가하고 있다. 정주영과 현대라는 기업을 빼고 개성공단과 금강산 관광 사업을 생각하기 어려운 것도 이 때문일 것이다. 남북 관계가 경색된 국면에서 대북 인도적 지원이나 사회·문화 교류를 추진한 것도 종교 단체나 NGO들이었다. 남북 관계가 경색된 국면에서 한국 정부가 제3국을 통한 우회적 접근을 시도하는 것도 사실은 이러한 맥락이라고 할 수 있다.

물론 아직까지 민간단체의 역량이 국가를 대체할 수 있을 만큼 충분히 강력한 것은 아니다. 특히 남북 관계와 관련해 결성된 국내 민간단체들의 경우 자생력이 취약하다고 보는 것이 더 정확하다. 2000년 이후 남북 관계가 양적으로 크게 성장하던 시기에 활동하던 대다수 대북 민간단체들은 정부 지원에 의존하는 경향을 보였다. 그 결과 보수 정부의 등장과 정부 정책의 변화가 발생하자 민간 대북정책 추진 역량이 크게 위협받게 된 것이다. 물론 아직까지도 남북 관계를 포함한 대부분의 정책 주도권을 중앙정부가 가지고 있는 상황에서 대북 민간단체의 미흡한 역량을 민간단체들만의 잘못이라고 평가하는 것은 공정하지 못한 측면이 있다. 그럼에도 향후 민간단체들이 대북정책의 핵심적 주체로 나서기 위해서는 정책적·재정적 자율성이 크게 제고될 필요가 있다.

이러한 현실을 고려해 이 책에서 주목하는 남북 관계의 행위 주체는 지자체이다. 지자체는 2000년 이후 남북 관계에서 새로운 행위자로 등장했다. 지자체는 반관반민의 성격을 가지고 있다. 지자체는 NGO보다는 정책 기획 능력이나 재정력에서 우위를 보이는 반면, 중앙정부보다는 정치적 변수로부터 자유로운 장점을 가지고 있다. 또한 상당수 지자체는 남북 교류의 경험을 가지고 있고 적극적인 추진 의사를 표명하고 있다.

따라서 이 책에서는 지자체를 중심으로 대북정책의 돌파구를 마련할 것을 제안했다. 물론 지자체만이 국가를 대신해 대북정책의 우회적 행위자가 될 수 있는 것은 아니다. 다만 지자체의 사례를 통해서 다양한 우회 통로가 마련될 수 있음을 보여주고자 한 것이다. 실제에서는 지자체를 포함한 여러 행위 주체가 남북 교류에 참여함으로써 남북 교류의 건강한 생태계가 만들어질 수 있을 것이다.

남북 관계에서 비정부 행위 주체의 역할이 강조된다는 것이 중앙정부의 역할 감소를 의미하는 것이 아니다. 오히려 중앙정부 대북정책의 정책 수단 다양화로 인식하는 것이 더 정확할 것이다. 지자체나 민간에 비해 월등한 자원 동원력을 가진 정부는 원하는 방향에 자원을 집중함으로써 비정부주체 정책의 큰 방향을 잡아 나아갈 수 있다. 다만 정부 정책과 다소 다른 입장을 가진 주체라 하더라도 남북 교류의 생태계 구축을 위해 일부 용인하는 것도 필요하다. 그들은 한국 사회의 선택에 의해 자연 도태될 것이기 때문이다. 물론 남북 관계의 구조상 이는 매우 어려운 결정이 될 것이다. 하지만 대한민국의 정통성과 한국 사회의 다원주의가 가진 힘을 믿지 못하면서 한국 주도의 통일을 요구할 수는 없을 것이다.

남북 교류의 생태계를 구축하기 위해서는 정부 역할이 더 강화될 필요도 있다. 북한과 남북 관계에 대한 더 많은 정보를 제공하고 민간의 통일 역량을 제고하는 것 등이 그것이다. 정부 정책에 대한 사회 내부의 신뢰도를 제고해야 함은 물론이다. 이 책의 제안은 한국 사회가 가진 다원주의의 장점을 최대한 활용해 북한의 변화와 남북 관계의 개선을 꾀하는 것이다. 핵 문제가 심각한 것은 사실이지만 사실 더 큰 문제는 북한이다. 북한 문제가 해결되지 않으면 핵 문제가 해결될 수 없다는 점에서 근본 문제 해결을 위한 다른 차원의 접근을 시도해볼 필요가 있다.

참고 문헌

국내 문헌

강동완·김동진. 2012. 「인도적 대북지원 사회적 합의에 대한 제19대 국회의원 설문조사 결과분석」. "대북지원 사회적 합의의 필요성과 추진방안", 대북협력민간단체협의회·민족화해협력범국민협의회 주최 정책토론회자료집(2012.8.29).

강동완·박정란. 2011. 『한류 북한을 흔들다』. 서울: 늘품플러스.

국가안보실. 2014. 『희망의 새 시대 국가안보전략』. 서울: 국가안보실.

국가안전보장회의. 2004. 『평화번영과 국가안보: 참여정부의 안보정책 구상』. 서울: 국가안전보장회의 사무처.

권영경. 2014. 「북한개발 촉진을 위한 유라시아 이니셔티브의 과제」. 국회 통일미래포럼·한국수출입은행 주최, 북한개발과 국제협력 세미나 자료집(2014.11.26).

김강일. 2013. 「북한의 핵전략과 중국의 정책선택」. ≪성균 차이나 브리프≫, 제1권 제2호.

김규륜 외. 2009. 『신평화구상 실현을 위한 전략과 과제』. 서울: 통일연구원.

김근식. 2014. 「남북합의의 안정성 평가와 새로운 남북합의의 필요조건」. 2014 동아시아평화경제연구원 학술세미나자료집(2014.11.18).

김기석. 2013. 「미국의 재균형정책과 동아시아 지역질서: G2 동학과 지역국가의 대응」. ≪21세기정치학회보≫, 제23집 제3호.

김대중. 2007. 「독일 통일의 교훈과 한반도 문제」. 허문영 외, 『한반도 평화체제: 자료와 해제』. 서울: 통일연구원.

김명섭·홍익표. 2006. 「문화적 프로젝트로서의 유럽통합과 독일의 문화정책」. ≪21세기정치학회보≫, 제16집 제1호.

김병로. 2013. 「북한의 시장화와 계층구조의 변화」. ≪현대북한연구≫, 제16집 제1호.

김병연·양문수. 2012. 『북한경제에서의 시장과 정부』. 서울: 서울대학교출판문화원.

김영삼. 1994. 『김영삼 대통령 연설문집 제2권』. 서울: 대통령비서실.

김웅진 외 편역. 1992. 『비교정치론 강의 2』. 서울: 한울.

김재근·서인석. 2012. 「지방자치단체 국제교류의 구조적 특성 분석」. ≪지방행정연구≫, 제26권 제3호.

김재한. 2006. 「남남갈등과 대북 강온정책」. ≪국제정치연구≫, 제9집 제2호.

김준형. 2009. 「이명박 정부의 대북정책, 그 이(理)와 실(實)」. 경남대 극동문제연구소. "북
  핵문제와 남북관계", 제44차 통일전략포럼 자료집(2009.11.19).

김중호. 2014. 「북한의 경제개발 실태와 국제개발지원 수용 가능성」. 국회 통일미래포럼·
  한국수출입은행 주최, 북한개발과 국제협력 세미나 자료집(2014.11.26).

김태현. 2000. 「남북한 관계의 이상과 현실: 현실주의 국제정치이론의 입장에서 본 남북한
  관계」. 2000년도 한국정치학회 추계학술회의 발표논문집.

김학준. 1987. 「정치적 통합방안으로서의 연방제」. 이상우 엮음. 『통일 한국의 모색』. 서
  울: 박영사.

노무현. 2004.12.13. 「민주평통 운영·상임위원회 합동회의 발언」.

_____. 2006.6.16. 「군 주요 지휘관과의 대화 발언」.

_____. 2006.11.2. 「외국인 투자유치 보고회 발언」.

_____. 2007.1.23. 「대통령 신년연설」.

_____. 2009. 『성공과 좌절: 노무현 대통령 못 다 쓴 회고록』. 서울: 학고재.

노중선. 2000. 『남북대화 백서: 남북교류의 갈등과 성과』. 서울: 한울.

노태우. 1990. 「한민족공동체 통일방안」. 『노태우 대통령 연설문집 제2권』. 서울: 대통령
  비서실.

대한민국정부. 2013. 『(제2차) 남북관계발전 기본계획(2013~2017)』. 서울: 대한민국정부.

무역협회 북경지부. 2014. 「중국 내 북한 노동자의 입국현황 보고 요약」. ≪남북경협 뉴스
  레터≫, Vol. 24. http://www.sonosa.or.kr/newsinter/vol24/sub6.html(최종검색일:
  2014.11.25)

문성민. 2014. 「북한 국민소득 소개 및 소득수준 비교」. 한국은행 경제연구원 엮음. 『통계
  를 이용한 북한 경제 이해』. 서울: 한국은행 경제연구원.

민족통일연구원·한국개발연구원 공편. 1997. 『분단비용과 통일비용』. 서울: 민족통일연구원.

박상필. 2012. 「1990년대 이후 한국 시민사회의 발전: 정부와 시민사회와의 관계를 중심으
  로」. ≪기억과 전망≫, 통권 제27호.

박세일. 2009. 「한반도 위기의 본질과 선진화 포용 통일론」. "전환기에 선 한반도 통일과
  평화의 새로운 모색", 화해상생마당 주최 세미나 자료집(2009.9.2).

박영정 외. 2002. 『남북문화협정 및 그 후속과제에 관한 연구』. 서울: 한국문화정책개발원.

박정희. 1967. 「3대통령 연두교서」(1967.1.17).

_____. 1970. 「연두기자회견」(1970.1.9).

박종철 외. 2013. 『김정은 체제의 변화 전망과 우리의 대책』. 서울: 통일연구원.

박형중. 2004. 『북한의 개혁·개방과 체제변화: 비교사회주의를 통해 본 북한의 현재와 미래』. 서울: 해남.

_____. 2011. 「북한에서 1990년대 정권 기관의 상업적 활동과 시장 확대」. ≪통일연구논총≫, 제20권 제1호.

_____. 2012. 「북한 시장에 대한 정치학적 분석」. ≪한국정치학회보≫, 제46집 제5호.

밥슨, 브래들리(Bradley O. Babson). 2009. "Potential for Economic Modernization in the DPRK." 경기남북포럼 자료집(2009.10.14).

백학순. 2007. 『남북 사회문화교류 중장기 로드맵 설정 및 추진 전략 연구』. 서울: 통일부.

배정호·주시엔핑(朱顯平) 편. 2010. 『중국의 동북지역개발과 한반도: 2010년도 KINU Korea-China 민간전략대화 및 국제적 공동연구』. 서울: 통일연구원.

백낙청. 2009. 「포용정책 2.0버전이 필요하다」. "전환기에 선 한반도 통일과 평화의 새로운 모색", 화해상생마당 주최 세미나 자료집(2009.9.2).

서울대학교 국제문제연구소. 2013. 「민족공동체 통일방안 계승 및 발전 방향 공론화」. 서울: 통일부.

손기웅 외. 2007. 『한반도 통일대비 국내 NGOs의 역할 및 발전방향』. 서울: 통일연구원.

심지연. 2001. 『남북한 통일방안의 전개와 수렴: 1948~2001 자주화·국제화의 관점에서 본 통일방안 연구와 자료』. 서울: 돌베개.

스즈키 마사유키(鈴木正之). 1994. 『金正日과 수령제 사회주의』. 유영구 옮김. 서울: 중앙일보사.

신종호. 2013. 『북중 경제협력 심화와 한국의 대응』. 수원: 경기개발연구원.

아태평화재단. 1995. 『김대중의 3단계 통일론』. 서울: 아태평화출판사.

안상돈·이삼섭. 2012. 「2012 국내김치산업동향 및 소비자 김장계획 조사」. ≪NHERI 리포트≫, 제207호(2012.12.10).

양문수. 2010. 『북한경제의 시장화: 양태·성격·메커니즘·함의』. 서울: 한울.

와다 하루키(和展春樹). 1994. 『역사로서의 사회주의』. 고세현 옮김. 서울: 창작과비평사.

_____. 2002. 『북조선: 유격대국가에서 정규군국가로』. 서동만·남기정 옮김. 서울: 돌베개.

이금순. 2007. 『북한주민의 거주·이동: 실태 및 변화전망』. 서울: 통일연구원.

이금순 외. 2009. 『비핵·개방·3000 구상: 행복공동체 형성방안』. 서울: 통일연구원.

이상숙. 2014. 「중국의 대북 경제제재와 최근 북한·중국 경제관계의 동향」. ≪주요국제문제분석≫, 제28호.

이상우. 1995. 『함께 사는 통일』. 서울: 나남출판.

_____. 1997. 『북한정치입문: 金正日 정권의 특성과 작동원리』. 서울: 나남출판.

이석기. 2014. 「북한의 시장화 실태와 경제현황 및 전망」. "최근 북한의 변화와 남북교류협력 추진방향", 2014 민화협 제5차 전문가 간담회 자료집(2014.11.13).

이승만. 1948. 「북한지역 선거로 남북통일」. 제1회 국회 폐회식 속기록(1948.12.18).

이영학. 2013. 「북한의 세 차례 핵실험과 중국의 대북한 정책 변화 분석」. ≪국제정치논총≫, 제53집 제4호.

이영훈. 2014. 「김정은 집권 이후 북한의 경제특구·개발구 현황과 평가」. "최근 북한의 변화와 남북교류협력 추진방향", 2014 민화협 제5차 전문가 간담회 자료집(2014.11.13).

이우영. 2012. 「최근 북한사회와 주민생활의 변화」. ≪KDI 북한경제리뷰≫, 제14권 제10호.

이종무. 2012. 「대북지원 사회적 합의의 모색 필요성과 추진방안」. "대북지원 사회적 합의의 필요성과 추진방안", 대북협력민간단체협의회·민족화해협력범국민협의회 주최 정책토론회자료집(2012.8.29).

이종석. 2000. 『(새로 쓴) 현대 북한의 이해』. 서울: 역사비평사.

임강택. 2009. 『북한경제의 시장화 실태에 관한 연구』. 서울: 통일연구원.

_____. 2013. 『북한경제의 비공식(시장)부문 실태 분석: 기업활동을 중심으로』. 서울: 통일연구원.

임혁백. 2009. 「민주화 이후 한국 시민사회의 부활과 지속적 발전: 동원적 시민사회에서 제도적 시민사회로의 전환과 신유목적 시민사회의 출현」. ≪OUGHTOPIA: The Journal of Social Paradigm Studies≫, 제24권 제1호.

자카리아, 파리드(Fareed Zakaria). 2008. 『흔들리는 세계의 축: 포스트 아메리칸 월드』. 윤종석 외 옮김. 서울: 베가북스.

장인숙·최대석. 2014. 「김정은 시대 정치사회 변화와 북한주민 의식: 탈북민 의식조사를 중심으로」. ≪북한학연구≫, 제10집 제1호.

전두환. 1982. 『全斗煥大統領演說文集 第2輯』. 서울: 대통령비서실.

정용길. 2009. 『독일 1990년 10월 3일: 통일을 생각하며 독일을 바라본다』. 서울: 동국대학교출판부.

정재흥. 2012. 「중국의 군사력 증강에 따른 지역 안보질서 변화 고찰」. ≪군사논단≫, 통권 제70호.

_____. 2013. 「중국의 동아시아 정책 평가 및 전망: 중국의 부상과 동아시아 안보질서의 변화」. 경남대학교 극동문제연구소 엮음. 『한반도 정세: 2013년 평가와 2014년 전망』. 서울: 경남대학교 극동문제연구소.

정홍모. 2001. 『체제 전환기의 동유럽 국가 연구: 1989년 혁명에서 체제전환으로』. 서울: 오름.

조명철·홍익표. 2009. 『비핵·개방·3000 구상: 남북경제공동체 형성방안』. 서울: 통일연구원.

조민 외. 2009. 『비핵·개방·3000 구상: 한반도 비핵화 실천방안』. 서울: 통일연구원.

조성렬. 2010. 「포괄적 안보교환의 필요성과 추진방향」. "북핵문제 해결을 위한 새로운 접 근법", 평화재단 창립 6주년 기념 심포지엄 자료집(2010.11.16).

조흥식 외. 2010. 『(2009년) 정부의 비영리민간단체 지원 백서』. 서울: 한국NPO공동회의.

중소기업중앙회. 2014. 「중소기업이 본 통일경제 인식조사 결과」(2014.6).

차문석. 2007. 「북한의 시장과 시장경제: 수령을 대체한 화폐」. ≪담론201≫, 제10집 제2호.

청와대. 2009. 『성숙한 세계국가: 이명박 정부 외교안보의 비전과 전략』. 서울: 청와대.

최봉대. 2011. 「북한의 시장 활성화와 시장세력 형성 문제를 어떻게 봐야 하나」. ≪한반도 포커스≫, 제14호.

최성. 2002. 『김정일과 현대북한체제: 북한사회를 움직이는 사람들』. 서울: 한국방송출판.

최완규. 2002. 「남북한 통일방안의 수렴가능성 연구: 연합제와 낮은 단계의 연방제」. ≪북한연구학회보≫, 제6집 제1호.

최용환. 2009a. 『북한사회의 변화 전망과 대북정책의 방향』. 수원: 경기개발연구원.

_____. 2009b. 『경기도의 남북경제협력사업 추진방안 연구』. 수원: 경기개발연구원.

_____. 2009c. 「민주화 이후 군과 지역사회: 협력적 민군관계 형성을 위한 과제」. ≪GRI 연구논총≫, 제11권 제3호.

_____. 2010a. 「한국의 통일 정책 평가와 과제」. ≪신아시아≫, 제17집 제4호.

_____. 2010b. 「지방자치단체 남북교류: 평가와 과제」. 2010 북한연구학회 추계학술회의 자료집(2010.10.8).

_____. 2013. 「북한의 핵폐기는 가능한가?」. 정덕구·장달중 외. 『한국의 외교안보 퍼즐』. 파주: 나남.

_____. 2014a. 「남북교류 Track II는 없는가?」. ≪수은북한경제≫, 가을호.

_____. 2014b. 「남북 고위급회담과 남북관계 전망 및 전략」. "최근 북한의 변화와 남북교 류협력 추진 방향", 민화협 제5차 전문가 간담회 자료집(2014.11.13).

_____. 2014c. 『미국의 동아시아 정책 변화와 한반도』. 수원: 경기개발연구원.

최용환·김영수·박성호. 2006. 『경기도 남북교류 다각화를 위한 중장기 전략 연구』. 수원: 경기개발연구원.

최용환·김동성·신종호·양현모·강동완. 2013. 『지방자치단체의 대북 교류협력 발전방향 모색』. 서울: 통일부.

통일부. 2009. 『2009 통일백서』. 서울: 통일부.

_____. 2014a. 「연도별·거래유형별 현황」. 국정감사 자료.

_____. 2014b. 『제2차 남북관계발전 기본계획: 2014년도 시행계획 주요내용』 서울: 통일부.

통일연구원. 2009. 『북핵 일괄타결(Grand Bargain)방안 추진방향』. 서울: 통일연구원.

_____. 2013. 『한반도 신뢰프로세스 추진전략』. 서울: 통일연구원.

통일원. 1995. 『독일통일백서』. 서울: 통일원.

_____. 1996. 『독일통일 6년, 동독재건 6년-분야별 통합성과와 향후 과제』. 서울: 통일원.

페니히, 베르너(Werner Pfennig). 2009. 「분단-통일: 정상화(Nornalisierung)의 의미(Teilung-Wiedervereinegung: die Bedeutung von Nornalisierung)」. "베를린 장벽 붕괴 20년과 한반도 통일에 주는 교훈 I", 고려대학교 평화연구소·베를린 자유대 한국학연구소 주최 세미나 자료집(2009.9.10).

허문영 외. 2007. 『한반도 평화체제: 자료와 해제』. 서울: 통일연구원.

홍민. 2012. 「북한경제 연구에 대한 위상학적 검토: 수령경제와 시장세력을 중심으로」. ≪KDI 북한경제리뷰≫, 제14권 제1호.

홍양호. 2007. 「지방자치단체의 대북 교류협력 현황과 추진방향」. ≪KDI 북한경제리뷰≫, 제9권 제8호.

황장엽. 2008. 『북한민주화와 민주주의적 전략』. 서울: 시대정신.

히라이 히사시(平井久志). 2012. 『김정은 체제: 북한의 권력구조와 후계』. 백계문·이용빈 옮김. 파주: 한울.

북한 문헌

김일성. 1981. 「조선 인민의 민족적 명절 8·15 해방 15돐 경축대회에서 한 보고」. 『김일성 저작집 14: 1960.1~1960.12』. 평양: 조선로동당출판사.

김정은. 2012.4.16. "김일성 대원수님 탄생 100돐 경축 열병식에서 한 연설". ≪로동신문≫.

김종손. 2012.1.30. "제국주의의 사상문화적 침투책동을 분쇄하여야 한다". ≪로동신문≫.

≪로동신문≫. 1984.1.11, 1991.1.1, 6.25, 8.21.

『조선로동당 규약』. 2010.9.28.

≪조선신보≫. 2013.5.10. "평양 326 전선공장에서 보는 경제관리의 새 시도".

국외 문헌

Almond, Gabriel. 1987. "The Development of Political Development." in Myron Weiner and Samuel Huntington(eds.). *Understanding Political Development: An analytic study*. NY: Little, Brown.

Armstrong, Charles K. 2013. "Ideological Introversion and Regime Survival: North Korea's 'Our-Style Socialism'." Martin K. Dimitrov(ed.). *Why Communism Did Not Collapse: Understanding Authoritarian Regime Resilience in Asia and Europe*. Cambridge University Press.

Axelrod, Robert. 2006. *The Evolution of Cooperation*. NY: Basic Books.

Brzezinski, Zbigniew. 1997. *The Grand Chessboard: American Primacy And Its Geostrategic Imperatives*. NY: Basic Books.

Choi, Yonghwan. 2012. "North Korea's New Leadership and Diplomacy: Legacy and Challenges of the Kim Jong Il Era." *Journal of Peace and Unification*, Vol. 2, No. 1.

Cumings, Bruce. 1993. "The Corporate State in North Korea." in Hagen Koo(ed.). *State and Society in Contemporary Korea*. Ithaca: Cornell University Press.

Frankfurt Allgemeine Zeitung. 1996.5.15.

Grieco, Joseph M. 1998. "Anarchy and the limits of cooperation: a realist critique of the newest liberal institutionalism." *International Organization*, Vol. 42, No. 3.

Gusfield, Joseph R. 1967. "Tradition and Modernity: Misplaced Polarities in the Study of Social Change." *American Journal of Sociology*, Vol. 72.

Haas, Ernst B. 1961. "International Integration: The European and Universal Process." *International Organization*, Vol. 15, No. 3.

Hoagland, Jim. 1995.8.2. "The Trojan Horse at North Korea's Gate." *Washington Post*.

Huntington, Samuel P. 1993. *The Third Wave: Democratization in the Late Twentieth Century*. Oklahoma: University of Oklahoma Press.

International Network for the Human Rights of North Korean Overseas Labor(INHL). 2012. *The Conditions of the North Korean Overseas Labor*(12).

Kaminski, Bartlomiej. 1991. *The Collapse of State Socialism*. NJ: Princeton University Press.

Kant, Immanuel and Mary Campbell Smith. *Perpetual Peace: a philosophical essay*. NY: Cosimo Classics, 2010.

Keohane, Robert O. and Joseph S. Nye. 1977. *Power and Interdependence: World Politics in Transition*. London: TBS The Book Service Ltd.

Kurlantzick, Joshua. 2010.12.2. "Kimpossible: China can't fix North Korea, so don't ask it to try." *The New Republic*. http://www.newrepublic.com/article/79571/kimpossible-jong-il-china-korea(최종검색일: 2015.8.5)

Linge, Christopher. 2006.8.19. "Transforming North Korea." *The Financial Express*.

Linz, Juan J. and Alfred Stepan. 1996. *Problems of Democratic Transition and Consolidation: Southern Europe, South America, and Post-Communist Europe*. Baltimore: Johns Hopkins University Press.

Mann, Jim. 1996.2.13. "US Watches North Korea for Signs of Collapse." *Los Angeles Times*.

McCormack, Gavan. 1993. "Kim Country: Hard Times in North Korea." *New Left Review*(March-April).

Mitrany, David. 1948. "The Functional Approach to World Organization." *International Affairs*, Vol. 24, Iss. 3.

_____. 1966. *A Working peace system*. Chicago: Quadrangle Books.

Morgenthau, Hans J. 1973. *Politics among Nations: the Struggle for Power and Peace*. NY: Knopf.

National Intelligence Council. 2012. *Global Trends 2030: Alternative Worlds*. Virginia: National Intelligence Council.

Niebuhr, Reinhold. 1960. *Moral Man and Immoral Society: A Study in Ethics and Politics*. NY: Charles Scribner's Sons.

Pritchard, Charles L. and John H. Tilelli Jr. 2010. "U.S. Policy Toward the Korean Peninsular." Council on Foreign Relations, *Independent Task Force Report*, No. 64.

Rapoport, Anatol. 1999. *Two-Person Game Theory*. NY: Dover Publications.

Scalapino, Robert A. and Chong-Sik Lee. 1972. *Communism in Korea*. CA: University of CA Press.

Shearlaw, Maeve. 2014.9.29. "Calling comrade Kim: dos and don'ts of using a mobile phone in North Korea." *The Guardian*.

Shin, Chang-Hoon and Myong-Hyun Go. 2014. *Beyond The UN COI Report on Human Rignts in DPRK*. Seoul: The Asan Institute for Policy Studies.

Singer, Peter W. 2003. *Corporate Warriors: The Rise of the Privatized Military Industry*. Ithaca: Cornell University Press.

Smith, R. Jeffrey. 1994.10.23. "US Accord with North Korea May Open Country to Change." *Washington Post*.

So, Alvin Y. 1990. "The Modernization Perspective." *Social Change and Development: Modernization, Dependency and World-System Theories*. Newbury Park: Sage Publication, Inc.

U.S. Department of Defense. 2011. *Military and Security Development Involving the People's Republic of China 2011: Annual Report to Congress*. Virginia: U.S. Department of Defense.

_____. 2012. *The National Military Strategy of the United States of America 2011: Redefining of America's Military Leadership*. Virginia: U.S. Department of De- fense.

_____. 2013. *Military and Security Development Involving the People's Republic of China 2013: Annual Report to Congress*. Virginia: U.S. Department of Defense.

Waltz, Kenneth N. 1959. *Man, the State, and War: A Theoretical Analysis*. NY·London: Columbia Univ. Press.

Williams, Martyn. 2013.5.28. "Koryolink hits 2 million subscribers." *NK News*. http://www.northkoreatech.org/2013/06/02/(최종검색일: 2014.11.21)

Walder, Andrew. 1994. "The Decline of Communist Power: Element of a Theory of Insti- tutional Change." *Theory and Society*. Vol. 23, No. 2.

기 타
2008년 이전 평양과 평안남도 지역에 거주했던 북한이탈주민 면접조사(2013.1.20).

개성공단 관련 담당자 인터뷰(2012.12.27).

≪국민일보≫. 2007.8.16. "지자체 대북사업 20% 공수표 ··· KDI "단체장 욕심에 무리한 추 진 탓"".

국제연합식량농업기구 한국협회. http://fao.or.kr/archives/countries.php(최종검색일: 20 14.11.21)

김진희. 2011.5.7. "'뽀로로' 제작에 북한도 참여했다". ≪중앙일보≫.

≪내일신문≫. 2005.6.13. "'역풍' 맞은 인천시 남북교류사업".

연합뉴스. 2005.3.29. "북한 조류독감 비상".

_____. 2004.4.14. "개성공단 입주 '바늘 구멍', 1,600여 업체 희망".

_____. 2005.6.3. "남북 스포츠교류 '정치쇼' 전락 우려".

_____. 2012.2.14. "말라리아 남북공동방역 접경지 전역으로 확대".

_____. 2014.7.23.

자유아시아방송. 2014.9.9. "북 휴대폰 가입자 240만, 증가세 둔화". http://www.rfa.org
(최종검색일: 2014.11.23)

자치법규정보시스템. http://www.elis.go.kr(최종검색일: 2014.12.2).

조종익. 2012.2.12. "北주민, 휴대전화요금 한달 평균 1만6천원 지불". ≪Daily NK≫.

전국시도지사협의회. http://www.gaok.or.kr/

통계청 개성공단 사업. http://kosis.kr/statHtml/statHtml.do?orgId=101&tblId=DT_1ZGA-
A&vw_cd=&list_id=&seqNo=&lang_mode=ko&language=kor&obj_var_id=&itm_id
=&conn_path=I3

통일부 국정 과제. http://www.unikorea.go.kr/content.do?cmsid=1416(최종검색일: 2014.
11.23)

통일부 허가 법인 현황. http://www.unikorea.go.kr/content.do?cmsid=1776(최종검색일:
2015.8.15)

한국국방연구원 세계분쟁정보. http://www.kida.re.kr/woww/(최종검색일: 2015.8.5)

한국은행. 2014. 북한의 주요경제지표 비교. http://www.bok.or.kr/broadcast.action?m
enuNaviId=2236(최종검색일: 2014.12.1)

FAO 한국협회. http://fao.or.kr/archives/countries.php(최종검색일: 2014.11.21)

지은이 최용환

서강대학교 정치학 박사 학위를 받았고, 현재 경기연구원 공존사회연구실 연구위원이다. 주요 저서로 『새로운 한반도 평화체제의 모색』(2006, 공저), 『북한, 어디로 가는가?』(2009, 공저), 『한국의 외교안보 퍼즐』(2013, 공저) 등이 있다.

엮은이 경기연구원(Gyeonggi Research Institute)

경기연구원은 경기도와 31개 시·군, 지역 기관·단체의 공동 출연으로 1995년에 설립되었고, 경기도의 경쟁력 강화와 삶의 질 향상을 위한 정책개발 연구기관으로서 미래비전, 자치경영, 도시 및 주택, 창조경제, 교통, 환경, 사회경제, 통일동북아, 지방의회 등의 분야에 대한 종합적·전문적 정책연구를 수행하고 있다.

한울아카데미 1832

한국의 대북정책과 지자체의 역할
비정부주체 중심 대북전략 구상

ⓒ 최용환, 2015

지은이 ┃ 최용환
엮은이 ┃ 경기연구원
펴낸이 ┃ 김종수
펴낸곳 ┃ 도서출판 한울
편집책임 ┃ 배유진
편집 ┃ 강민호

초판 1쇄 인쇄 ┃ 2015년 10월 6일
초판 1쇄 발행 ┃ 2015년 10월 20일

주소 ┃ 10881 경기도 파주시 광인사길 153 한울시소빌딩 3층
전화 ┃ 031-955-0655
팩스 ┃ 031-955-0656
홈페이지 ┃ www.hanulbooks.co.kr
등록번호 ┃ 제406-2003-000051호

Printed in Korea.
ISBN 978-89-460-5832-3 93340
※ 책값은 겉표지에 표시되어 있습니다.